해커스 첫토익 LC+RC+VOCA로

단번에 끝낼 수 있습니다.

첫 토익에 대한 막연한 두려움을 없애주니까!

토익 시험의
모든 것을 샅샅이
분석한 한 눈에
미리보는 토익

친절하고 쉽게 설명한 무료 강의가 있으니까!

QR만 찍으면
떠먹여주는
**토린이 맞춤
무료강의 & 노트**

체계적인 훈련으로 첫 시험부터 점수가 나오니까!

출제유형 파악부터
실전문제 풀이까지,
빈틈없는 구성과
쪽집게처럼 알려주는
첫토익 비법

학습시간은 반으로,
학습효과는 두 배로!

무료 학습자료

무료 MP3

(방법) 해커스인강(HackersIngang.com) 접속 후 로그인 ▶
상단 메뉴 [토익 → MP3/자료 → 문제풀이 MP3] 클릭하여 다운받기

[문제풀이 MP3]
바로가기 ▶

무료 온라인 실전모의고사 (2종)

(방법1) 해커스인강(HackersIngang.com) 접속 후 로그인 ▶
상단 메뉴 [토익 → MP3/자료 → 온라인 모의고사] 클릭하여 다운받기

(방법2) 해커스토익(Hackers.co.kr) 접속 ▶ 상단 메뉴 [교재/무료MP3 → 해커스 토익 책 소개 →
해커스 첫토익 LC+RC+VOCA] 클릭 ▶ [온라인 모의토익] 아이콘 클릭하여 이용하기

무료 매월 적중예상특강

(방법) 해커스토익(Hackers.co.kr) 접속 ▶ 상단 메뉴 [교재/무료MP3 → 해커스 토익 책 소개 →
해커스 첫토익 LC+RC+VOCA] 클릭 ▶ [적중예상특강] 아이콘 클릭하여 이용하기

무료 실시간 토익시험 정답확인&해설강의

(방법) 해커스토익(Hackers.co.kr) 접속 ▶ 상단 메뉴 [교재/무료MP3 → 해커스 토익 책 소개 →
해커스 첫토익 LC+RC+VOCA] 클릭 ▶ [채점서비스] 아이콘 클릭하여 이용하기

떠먹여주는 토린이 맞춤 무료강의&노트

(강의) 교재 내 수록된 무료강의 QR코드 스캔하여 이용

(노트) 해커스인강(HackersIngang.com) 접속 후 로그인 ▶
상단 메뉴 [토익 → MP3/자료 → 무료 MP3/자료] 클릭 ▶
본 교재 정보에서 [떠먹여주는 토린이 맞춤 무료강의 노트] 클릭하여 다운받기

[무료강의&노트]
바로가기 ▼

10일 만에 토린이 졸업

해커스 첫토익

어서와, 토익은 처음이지?

LC+RC+VOCA

한 권으로 끝내는 기초입문서!

해커스 어학연구소

10일 만에 토린이 졸업

해커스 첫토익

LC+RC+VOCA

한 권으로 끝내는 기초입문서!

어서와, 토익은 처음이지?

초판 7쇄 발행 2024년 8월 12일

초판 1쇄 발행 2021년 5월 24일

지은이	해커스 어학연구소
펴낸곳	(주)해커스 어학연구소
펴낸이	해커스 어학연구소 출판팀

주소	서울특별시 서초구 강남대로61길 23 (주)해커스 어학연구소
고객센터	02-537-5000
교재 관련 문의	publishing@hackers.com
동영상강의	HackersIngang.com

ISBN	978-89-6542-420-8 (13740)
Serial Number	01-07-01

영어 전문 포털, 해커스토익
Hackers.co.kr
해커스토익

- 최신 출제경향이 반영된 무료 온라인 모의토익
- 무료 매월 적중예상특강 및 실시간 토익시험 정답확인&해설강의 등 다양한 무료 학습 컨텐츠

외국어인강 1위, 해커스인강
HackersIngang.com
해커스 인강

- QR로 만나는 밀착 코칭! 떠먹여주는 토린이 맞춤 무료강의&노트
- 효과적인 LC/VOCA 학습을 돕는 무료 교재 MP3
- 들으면서 암기하는 무료 미니 단어장 MP3
- 토익 스타강사가 쉽게 설명해주는 본 교재 인강

[외국어인강 1위] 헤럴드 선정 2018 대학생 선호브랜드 대상 '대학생이 선정한 외국어인강' 부문 1위

TOEIC,

어떻게 시작해야 하나요?

<해커스 첫토익 LC+RC+VOCA>
한 권으로 단번에 끝!

졸업, 취업, 공무원 시험, 승진 등 다양한 꿈을 이루기 위한 첫걸음인 토익!
꼭 필요한 내용만으로 쉽고 빠르게 첫걸음을 내디딜 수 있도록
<해커스 첫토익 LC + RC + VOCA>가 여러분과 함께합니다.

첫 토익에 대한 막연한 두려움을 없앨 수 있도록
토익 시험의 모든 것을 샅샅이 분석한

한눈에 미리 보는 토익

+

QR만 찍으면 떠먹여주는
친절하고 쉬운

토린이 맞춤 무료강의 & 노트

+

목표 점수를 달성할 수 있도록
출제 유형 파악부터 실전 문제 풀이까지 끝내는

체계적인 구성과 첫토익 비법

<해커스 첫토익 LC+RC+VOCA>로 시작해 보세요!

목차

LC

RC

VOCA

미니 단어장 [별책]

해설집 – 정답·해석·해설 [책 속의 책]

책의 특징과 구성

1

LC, RC, VOCA를 한 권으로 빠르게 끝낼 수 있어요.

〈해커스 첫토익 LC+RC+VOCA〉는 LC, RC, VOCA를 한 권으로 구성하여, 모든 파트를
한 번에 빠르게 학습할 수 있습니다.

LC

각 Part의 빈출 유형이 어떻게 나오는지, 문제를 풀기 위해 무엇
을 알아야 하는지 핵심만 뽑아 담아 쉽게 학습할 수 있습니다.

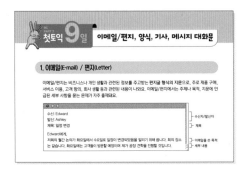

RC

시험에 반드시 나오는 토익 문법과 Part 7 지문 유형별 빈출 표현
을 콕 집어 담아 토익 RC를 푸는 데 꼭 필요한 내용을 확실하게
학습할 수 있습니다.

VOCA

핵심 빈출 단어, 최신 경향이 반영된 예문 및 출제 포인트를 수록
하여 반드시 알아야 하는 어휘만 효과적으로 학습할 수 있습니다.

2 체계적인 훈련으로 기초부터 실전까지 차근차근 준비해요.

〈해커스 첫토익 LC+RC+VOCA〉는 이제 막 시작하는 학습자도 기초부터 실전까지 차근차근 준비할 수 있습니다.

기초 다지기

본격적인 토익 학습을 위해 꼭 필요한 기초 내용을 정리한 기초 다지기 코너가 있어, 토익 기초부터 탄탄히 학습할 수 있습니다.

기출 문제 초간단 풀이

파트별 실전 문제 형태를 확인하고, 문제 풀이 방법을 학습할 수 있습니다.

첫토익 연습 문제/실전 문제

앞서 학습한 내용을 적용하여 문제를 풀어보면서 개념을 확실히 익히는 코너입니다. 실제 토익 시험과 유사한 형태의 문제를 풀어봄으로써 토익 실전 감각을 익힐 수 있습니다.

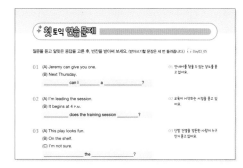

3

토린이 맞춤 무료강의와 첫토익 비법으로 실전에 완벽하게 대비해요.

QR만 찍으면 떠먹여주는 첫토익 특강과 정답을 찾는 비결을 족집게처럼 알려주는 첫토익 비법으로 토린이도 효과적으로 실전에 대비할 수 있습니다.

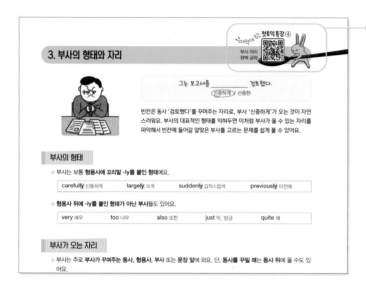

떠먹여주는 첫토익 특강

학습 중 교재 곳곳에 있는 QR코드를 찍으면 해당 Day에서 반드시 알아야 할 포인트와 더 자세한 설명을 강의로 만나볼 수 있습니다.

* 떠먹여주는 첫토익 특강 강의 노트(PDF)는 해커스인강 사이트(HackersIngang.com)에서 무료로 다운로드할 수 있습니다.

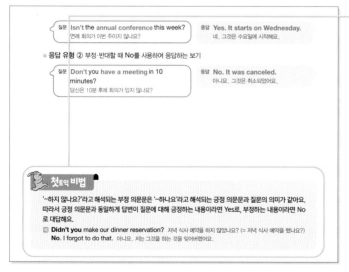

첫토익 비법

쉽고 빠르게 정답을 찾을 수 있는 비결과 토린이들이 실수하기 쉬운 함정 포인트 등 유용한 정보와 팁을 알려주어 실전에 보다 효과적으로 대비할 수 있습니다.

4 상세한 해설과 부가 학습 자료로 확실하게 마무리해요.

〈해커스 첫토익 LC+RC+VOCA〉는 친절한 해설과 다양한 부가 학습 자료를 제공합니다.

해설집

정확한 해석과 쉬운 해설을 수록하여 모든 문제를 완벽히 이해하고 복습할 수 있습니다. 실제 정답의 단서가 되는 부분을 별도로 표시하여 혼자서도 쉽게 학습할 수 있습니다.

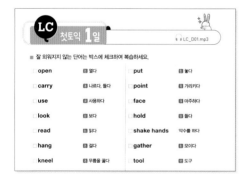

미니 단어장

교재에 수록된 단어를 언제 어디서나 반복 학습할 수 있도록 미니 단어장을 무료로 제공합니다.

* 미니 단어장 MP3는 해커스인강 사이트(HackersIngang.com)에서 무료로 제공됩니다.

무료 온라인 실전모의고사

실제 토익 시험의 유형과 난이도를 완벽하게 반영한 온라인 모의고사를 추가로 풀어보며 실전 감각을 키울 수 있습니다.

* 토익 온라인 모의고사는 해커스인강 사이트(HackersIngang.com)에서 무료로 제공됩니다.

토익 알아보기

토익 소개

■ 토익이란 무엇인가요?

TOEIC은 Test Of English for International Communication의 약자로 영어가 모국어가 아닌 사람들을 대상으로 한 시험입니다. 언어 본래의 기능인 '커뮤니케이션' 능력에 중점을 두고 회사 생활(계약, 물품 구매, 채용 등) 또는 일상 생활(문화, 건강, 외식 등)에 필요한 실용영어 능력을 평가합니다.

■ 토익은 이렇게 구성되어 있어요.

구성		내용	문항 수	시간	배점
Listening Test	Part 1	사진 묘사	6문항	45분	495점
	Part 2	질의 응답	25문항		
	Part 3	짧은 대화	39문항, 13지문		
	Part 4	짧은 담화	30문항, 10지문		
Reading Test	Part 5	단문 빈칸 채우기 (문법/어휘)	30문항	75분	495점
	Part 6	장문 빈칸 채우기 (문법/어휘/문장 고르기)	16문항, 4지문		
	Part 7	지문 읽고 문제 풀기 - 단일 지문 - 이중 지문 - 삼중 지문	54문항, 15지문 - 29문항, 10지문 - 10문항, 2지문 - 15문항, 3지문		
Total		7 Parts	200문항	120분	990점

토린이를 위해 준비했어요.
QR로 확인하는
시험장 안내백서

토익은 이렇게 접수해요.

1. 접수 기간을 TOEIC위원회 인터넷 사이트(www.toeic.co.kr) 혹은 공식 애플리케이션에서 확인하세요.
2. 추가시험은 2월과 8월에 있으며 이외에도 연중 상시로 시행되니 인터넷으로 확인하고 접수하세요.
3. 접수 시, jpg 형식의 사진 파일이 필요하므로 미리 준비해 두세요.

토익 시험날, 준비물은 모두 챙기셨나요?

신분증

연필&지우개

시계

수험번호

* 시험 당일 신분증이 없으면 시험에 응시할 수 없으므로, 반드시 ETS에서 요구하는 신분증(주민등록증, 운전면허증, 공무원증 등)을 지참합니다.
ETS에서 인정하는 신분증 종류는 TOEIC 위원회 인터넷 사이트(www.toeic.co.kr)에서 확인 가능합니다.

토익 시험 당일 일정이 어떻게 되나요?

정기시험/추가시험(오전)	추가시험(오후)	내용
AM 09:30 ~ 09:45	PM 2:30 ~ 2:45	답안지 작성 오리엔테이션
AM 09:45 ~ 09:50	PM 2:45 ~ 2:50	쉬는 시간
AM 09:50 ~ 10:10	PM 2:50 ~ 3:10	신분 확인 및 문제지 배부
AM 10:10 ~ 10:55	PM 3:10 ~ 3:55	듣기 평가(Listening Test)
AM 10:55 ~ 12:10	PM 3:55 ~ 5:10	독해 평가(Reading Test)

* 추가시험은 토요일 오전 또는 오후에 시행되므로 이 사항도 꼼꼼히 확인합니다.
* 당일 진행 순서에 관한 더 자세한 내용은 해커스토익(www.Hackers.co.kr)에서 확인할 수 있습니다.

토익 성적은 이렇게 확인해요.

성적 발표일	시험일로부터 약 10일 이후 (성적 발표 기간은 회차마다 상이함)
성적 확인 방법	TOEIC위원회 인터넷 사이트(www.toeic.co.kr) 혹은 공식 애플리케이션
성적표 수령 방법	우편 수령 또는 온라인 출력 (시험 접수 시 선택) *온라인 출력은 성적 발표 즉시 발급 가능하나, 우편 수령은 약 7일가량의 발송 기간이 소요될 수 있음

토익 미리 보기

PART 1 사진을 적절히 묘사한 보기 고르기 (6문제)

- Part 1은 주어진 4개의 보기 중에서 사진의 상황을 가장 잘 묘사한 보기를 고르는 유형입니다.
- 1번부터 6번까지 총 6문제가 출제되며, 문제지에는 사진만 제시되고 음성으로 4개의 보기를 들려줍니다.

문제 형태

[문제지]

1.

[음성]

Number One.

Look at the picture marked number one in your test book.

(A) A woman is closing a laptop.
(B) A woman is holding a cup.
(C) A woman is looking at some flowers.
(D) A woman is wearing glasses.

해설 (A) [×] 여자가 노트북을 닫고 있지 않으므로 행동을 잘못 묘사한 오답입니다.
  (B) [×] 여자가 컵을 잡고 있지 않으므로 행동을 잘못 묘사한 오답입니다.
  (C) [×] 사진에 꽃이 없으므로 사진에 없는 사물을 이용한 오답입니다.
  (D) [○] 여자가 안경을 쓰고 있는 모습을 정확히 묘사한 정답입니다.

PART 2 질문 듣고 적절한 응답 고르기 (25문제)

- Part 2는 주어진 질문이나 진술에 대한 3개의 응답 중 가장 적절하게 답한 보기를 고르는 유형입니다.
- 7번부터 31번까지 총 25문제가 출제되며, 문제지에는 디렉션만 제시되고 음성으로 질문과 3개의 보기를 들려줍니다.

문제 형태

[문제지]

7. Mark your answer on your answer sheet.

[음성]

Number Seven.

Who moved to a new apartment?

(A) Mr. Kim, I believe.
(B) You can remove it.
(C) The apartment is very close.

해설 새 아파트로 이사한 사람이 누구인지를 묻는 Who 의문문입니다.
  (A) [○] Mr. Kim이라는 사람 이름으로 응답했으므로 정답입니다.
  (B) [×] 질문의 moved와 발음이 일부 같은 remove를 사용하여 혼동을 주는 오답입니다.
  (C) [×] 질문의 apartment를 반복 사용하여 혼동을 주는 오답입니다.

PART 3 대화를 듣고 질문에 답하기 (39문제)

- Part 3는 두 사람 혹은 세 사람이 나누는 대화를 듣고, 그와 관련된 세 문제의 정답을 고르는 유형입니다.
- 32번부터 70번까지 13개 지문, 총 39문제가 출제되며, 문제지에는 질문과 보기가 제시되고 음성으로 질문을 들려줍니다.
- 일부 문제는 시각 자료가 함께 제시되기도 합니다.

문제 형태

[문제지]

32. What is the conversation mainly about?

(A) An orientation session
(B) An accounting period
(C) A vacant position
(D) A supply shortage

[음성]

Questions 32 through 34 refer to the following conversation.

M: I feel that we need to hire another experienced person for the accounting division.

W: Yes. We've been postponing the task for a few weeks now.

M: How about posting a job opening on the employment Web site that we used before?

W: Hmm... In the past, that site hasn't attracted qualified applicants.

M: OK. I'll look for another site.

Number 32. What is the conversation mainly about?

해설 What ~ conversation ~ about을 보고 대화가 무엇에 관한 것인지를 묻고 있음을 알 수 있습니다. 남자의 말 we need to hire ~ accounting division에서 회계부를 위해 경력이 있는 사람을 고용해야 한다고 했으므로 공석인 자리에 대해 이야기하고 있음을 알 수 있습니다. 따라서 (C)가 정답입니다.

PART 4 담화를 듣고 질문에 답하기 (30문제)

- ■ Part 4는 한 사람의 담화를 듣고 그와 관련된 세 문제의 정답을 고르는 유형입니다.
- ■ 71번부터 100번까지 10개 지문, 총 30문제가 출제되며, 문제지에는 질문과 보기가 제시되고 음성으로 질문을 들려줍니다.
- ■ 일부 문제는 시각 자료가 함께 제시되기도 합니다.

문제 형태

[문제지]

73. What does the speaker ask the listener to do?

(A) Give a refund
(B) Bring a receipt
(C) Provide a sample
(D) Return a call

[음성]

Questions 71 through 73 refer to the following telephone message.

My name is Dennis Lehman, and I'm calling because I am unhappy with your company's service. The problem is that one of your employees arrived at my house at 11:20 A.M. My appointment was for 10:15 A.M. As a result, I had to cancel an important meeting. Therefore, I do not think I should pay the full amount for this service. Please call me back immediately to discuss this situation. Thank you.

Number 73. What does the speaker ask the listener to do?

해설 What ~ speaker ask ~ listener to do를 보고 화자가 청자에게 하라고 요청하는 것이 무엇인지를 묻고 있음을 알 수 있습니다. 지문의 후반 Please call me back에서 자신에게 다시 전화해달라고 했으므로 다시 전화하는 것을 요청하고 있음을 알 수 있습니다. 따라서 (D)가 정답입니다.

PART 5 단문 빈칸 채우기 (30문제)

- PART 5는 한 문장의 빈칸에 알맞은 문법 사항이나 어휘를 4개의 보기 중에서 고르는 유형입니다.
- 총 30개 문제 중 문법 문제가 평균 21개, 어휘 문제가 평균 9개 정도 출제됩니다.

문제 형태

1. 문법 문제

영어의 문장 구조 및 여러 문법 사항을 묻는 문제가 출제됩니다.

Reaching an ------- on the final budget took several hours.

(A) agree

(B) agreeable

(C) agreement

(D) agreeably

해설   명사 자리 채우기 문제

빈칸이 관사(an) 다음에 있으므로 명사가 와야 하는 자리입니다. 따라서 명사 (C) agreement(합의)가 정답입니다. 동사 (A) agree (동의하다), 형용사 (B) agreeable(기분 좋은), 부사 (D) agreeably(기분 좋게)는 명사 자리에 올 수 없습니다.

2. 어휘 문제

문장 전체의 의미에 적합한 어휘나, 빈칸 주변의 단어와 함께 어구를 이루는 어휘를 고르는 문제가 출제됩니다.

Tennor Corp. plans to ------- a new microwave that has various cooking functions.

(A) launch

(B) instruct

(C) record

(D) connect

해설   동사 어휘 문제

'Tennor사는 다양한 조리 기능을 가진 새로운 전자레인지를 _____ 할 계획이다'라는 문맥에서 빈칸에 적합한 어휘는 (A) launch (출시하다)입니다. (B) instruct(지시하다), (C) record(기록하다), (D) connect(연결하다)는 문맥에 적합하지 않습니다.

PART 6 장문 빈칸 채우기 (16문제)

- Part 6는 한 지문 내의 4개 빈칸에 알맞은 문법 사항, 어휘, 혹은 문장을 4개의 보기 중에서 고르는 유형입니다.
- 131번부터 146번까지 총 16문제가 출제되며, 이 중 문법 문제가 평균 8개, 어휘 문제가 평균 4개, 문장 고르기 문제가 4개 출제됩니다.

문제 형태

Questions 131-134 refer to the following notice.

Our office space on the 15th floor will be ------- from March 18 to April 27. During this period, staff
131.
members will be given workspaces on one of our other floors in the building. The interior design firm
we have hired will install elegant hardwood flooring. It will also replace the current lighting with LED
lamps. -------. Also, our executive team ------- to change the office layout. After their plan was finalized,
132.   **133.**
a large table was purchased from Leroy Furnishings for the central area. We expect this improvement
to make it easier for employees to work together and that it will increase -------.
134.

131. (A) removed   (B) reduced
(C) referred   **(D) renovated**

132. (A) Employees who work from home will
benefit the most.
(B) Sales team will be able to choose their
favorite type.
(C) Two of you will work together to install
these.
**(D) This change will result in a number of
benefits.**

133. (A) decides   **(B) decided**
(C) will decide   (D) deciding

134. (A) cooperation   (B) registration
(C) variation   (D) position

해설 131. '15층의 사무 공간이 3월 18일부터 4월 27일까지 _____될 것이다'라는 문맥에서 빈칸에 적합한 어휘는 (D) renovated
(개조하다)입니다.

132. 빈칸에 들어갈 알맞은 문장을 고르는 문제이므로 빈칸의 주변 문맥 또는 전체 문맥을 파악합니다. 앞 문장 'It will also
replace the current lighting with LED lamps.'에서 그것, 즉 인테리어 디자인 회사는 현재 조명을 LED 조명으로
교체할 것이라고 했으므로 빈칸에는 이 교체에 대한 내용이 들어가야 함을 알 수 있습니다. 따라서 (D) This change will
result in a number of benefits(이 변화는 많은 이점들을 낳을 것입니다)가 정답입니다.

133. '또한 우리 경영진은 사무실 레이아웃을 바꾸기로 결정한다'라는 문맥인데, 빈칸이 있는 문장만으로는 적절한 시제를 알 수
없으므로 주변 문맥을 확인합니다. 뒤 문장에서 그들, 즉 경영진의 계획이 완료되었다고 했으므로 바꾸기로 결정한 것이
과거에 일어난 일임을 알 수 있습니다. 따라서 과거 시제 (B) decided가 정답입니다.

134. '이 개선이 직원들이 함께 일하는 것을 더 쉽게 만들고 그것이 _____을 증가시키기를 예상한다'라는 문맥에서 빈칸에
적합한 어휘는 (A) cooperation(협동)입니다.

PART 7 지문 읽고 문제 풀기 (54문제)

- Part 7은 제시된 지문과 관련된 질문들에 대해 4개의 보기 중에서 적절한 답을 고르는 유형입니다.
- 147번부터 200번까지 총 54문제가 출제되며, 단일 지문(Single Passage)에서 29문제, 2~3개의 지문을 읽고 문제를 푸는 이중 지문(Double Passages)과 삼중 지문(Triple Passages)에서 총 25문제가 출제됩니다.

문제 형태

1. 단일 지문(Single Passage)

이메일/편지, 광고, 기사, 공고, 메시지 대화문 등의 지문 1개에 2~4개의 문제가 출제됩니다.

Questions 147-148 refer to the following e-mail.

To: Ellen McCall <e.mccall@eliteintl.com>
From: Daria Benini <d.benini@eliteintl.com>
Date: May 10
Subject: New assignment

Dear Ellen,

I'd like you to do a feature article on the author Zelda Brown for our June issue. As you know, her new book, *Society at a Crossroads*, has become quite popular. Large crowds of people have been attending her book signings.

147. What is the purpose of the e-mail?
(A) To ask for a recommendation
(B) To praise a team member
(C) To resolve a misunderstanding
(D) To give an assignment

해설 147. 이메일을 쓴 목적을 묻고 있으므로 지문의 앞부분을 잘 읽어야 합니다. 지문의 앞부분에서 6월호를 위해 작가 Zelda Brown에 대한 특집 기사를 써달라고 한 후, 이에 대한 세부 내용을 설명하고 있습니다. 따라서 (D)가 정답입니다.

2. 이중 지문(Double Passages)

이메일/편지 연계, 공고 연계, 광고 연계, 기사 연계 등 내용상 연계된 이중 지문이 총 2개 지문, 10개 문제가 출제됩니다. 5문제 중 1~2문제는 두 지문의 내용을 모두 참조해야만 정답을 고를 수 있는 연계 문제로 출제됩니다.

Questions 176-180 refer to the following information and e-mail.

Newell Theater

Audition Information for *Lightning Storm*

Newell Theater will be presenting the musical *Lightning Storm* this July. Auditions will take place on Saturday, April 16, from 9 A.M. to 5 P.M.

Actors we are interested in will be called back for a second audition, which will take place on Sunday, April 17. Casting decisions will be finalized on April 24. All selected actors will receive a phone call that day from the director Daniel Naidu, who will provide them with information about the first rehearsal.

To: Maria Haddad <m_haddad@wrpuniversity.com>
From: Daniel Naidu <danielnaidu@newelltheater.com>

Dear Maria,

Thank you for telling me that you will be unable to make it to our rehearsal on June 13 while we talked on the phone. As you know, we planned to go over Act 2, Scene 3, that day. Since you have a solo piece to perform in our musical, I think that we'll just have to rearrange the schedule and rehearse a scene you don't appear in.

---

176. What can be inferred about Mr. Naidu?

(A) He was unable to approve a request.

(B) He wrote the musical *Lightning Storm*.

(C) He will perform in a rehearsal.

(D) He called Ms. Haddad on April 24.

해설 176. Mr. Naidu에 대해 추론하는 문제이므로 Mr. Naidu가 보낸 이메일의 내용을 먼저 확인합니다. 이메일에서 Mr. Naidu 는 Maria Haddad와 통화를 했으며 그녀가 뮤지컬에서 솔로로 공연하는 부분이 있다고 했습니다. 그런데 Mr. Naidu가 Ms. Haddad에게 전화를 한 날짜를 확인할 수 없으므로 안내문을 확인합니다. 안내문에서 모든 선발된 연기자들은 그날, 즉 4월 24일에 감독 Daniel Naidu로부터 전화를 받을 것이라는 두 번째 단서를 찾을 수 있습니다. 두 단서를 종합하면 Mr. Naidu가 4월 24일에 Ms. Haddad에게 전화했다는 사실을 추론할 수 있습니다. 따라서 (D)가 정답입니다.

3. 삼중 지문(Triple Passages)

이메일/편지 연계, 공고 연계, 광고 연계, 기사 연계 등 내용상 연계된 삼중 지문이 총 3개 지문, 15개 문제가 출제됩니다. 5문제 중 1~2문제는 두 지문의 내용을 모두 참조해야만 정답을 고를 수 있는 연계 문제로 출제됩니다.

Questions 186-190 refer to the following Web page, letter, and invitation.

www.wcbc.com/aboutus
The Wilson Children's Book Committee

About Us
Each year, we compile and distribute a list of 500 books published within the last 12 months that meet our criteria for literary excellence. The list is organized according to target age groups and divided into four categories: fiction, nonfiction, poetry, and picture book.

Dear Mr. Gibson,

It gives me great pleasure to tell you that, of the thousands of submissions we received this year, the Wilson Children's Book Committee has selected your book *Moon Stream* for the Mary Earl Prize.

You and a guest are cordially invited to attend
The Wilson Children's Book Committee Best of the Year Awards
The following awards will be presented:
- The Niles Olson Prize (Fiction)
- The Mary Earl Prize (Nonfiction)
- The Angus Barclay Prize (Poetry)
- The Adelie Bolton Prize (Picture Book)

186. What type of book is *Moon Stream*?
(A) Fiction
(B) Nonfiction
(C) Poetry
(D) Picture Book

해설 186. *Moon Stream*이 무슨 종류의 책인지를 묻고 있으므로 *Moon Stream*이 언급된 편지의 내용을 먼저 확인합니다. 편지에서 귀하의 책 *Moon Stream*을 Mary Earl 상을 위해 선정했다고 했습니다. 그런데 Mary Earl 상이 무슨 종류의 책을 위한 상인지 확인할 수 없으므로 초대장을 확인합니다. 초대장에서 Mary Earl 상은 논픽션 작품을 위한 상이라는 두 번째 단서를 찾을 수 있습니다. 두 단서를 종합하면 *Moon Stream*은 논픽션 작품 종류에 속한다는 것을 알 수 있습니다. 따라서 (B)가 정답입니다.

토린이 졸업을 위한
나만의 학습 플랜

10일 완성

단기간에 졸업하세요!

매일 **LC, RC, VOCA**를 하루에 **1일치씩 학습**하는 플랜입니다.
짧은 기간에 집중적으로 학습하길 원하는 분에게 추천합니다.

1일	2일	3일	4일	5일
□ LC 첫토익 1일 □ RC 첫토익 1일 □ VOCA 첫토익 1일	□ LC 첫토익 2일 □ RC 첫토익 2일 □ VOCA 첫토익 2일	□ LC 첫토익 3일 □ RC 첫토익 3일 □ VOCA 첫토익 3일	□ LC 첫토익 4일 □ RC 첫토익 4일 □ VOCA 첫토익 4일	□ LC 첫토익 5일 □ RC 첫토익 5일 □ VOCA 첫토익 5일
6일	**7일**	**8일**	**9일**	**10일**
□ LC 첫토익 6일 □ RC 첫토익 6일 □ VOCA 첫토익 6일	□ LC 첫토익 7일 □ RC 첫토익 7일 □ VOCA 첫토익 7일	□ LC 첫토익 8일 □ RC 첫토익 8일 □ VOCA 첫토익 8일	□ LC 첫토익 9일 □ RC 첫토익 9일 □ VOCA 첫토익 9일	□ LC 첫토익 10일 □ RC 첫토익 10일 □ VOCA 첫토익 10일

일 완성

완벽하게 졸업하세요!

매일 **LC와 RC를 번갈아 학습**하는 플랜입니다. 일일 학습량에 대한 부담을 줄이고, 더욱 꼼꼼하게 학습하길 원하는 분에게 추천합니다.

1일	2일	3일	4일	5일
☐ LC 첫토익 1일 ☐ VOCA 첫토익 1일	☐ RC 첫토익 1일 ☐ VOCA 첫토익 2일	☐ LC 첫토익 2일 ☐ VOCA 첫토익 3일	☐ RC 첫토익 2일 ☐ VOCA 첫토익 4일	☐ LC 첫토익 3일 ☐ VOCA 첫토익 5일
6일	**7일**	**8일**	**9일**	**10일**
☐ RC 첫토익 3일 ☐ VOCA 첫토익 6일	☐ LC 첫토익 4일 ☐ VOCA 첫토익 7일	☐ RC 첫토익 4일 ☐ VOCA 첫토익 8일	☐ LC 첫토익 5일 ☐ VOCA 첫토익 9일	☐ RC 첫토익 5일 ☐ VOCA 첫토익 10일
11일	**12일**	**13일**	**14일**	**15일**
☐ LC 첫토익 6일 ☐ VOCA 첫토익 1일	☐ RC 첫토익 6일 ☐ VOCA 첫토익 2일	☐ LC 첫토익 7일 ☐ VOCA 첫토익 3일	☐ RC 첫토익 7일 ☐ VOCA 첫토익 4일	☐ LC 첫토익 8일 ☐ VOCA 첫토익 5일
16일	**17일**	**18일**	**19일**	**20일**
☐ RC 첫토익 8일 ☐ VOCA 첫토익 6일	☐ LC 첫토익 9일 ☐ VOCA 첫토익 7일	☐ RC 첫토익 9일 ☐ VOCA 첫토익 8일	☐ LC 첫토익 10일 ☐ VOCA 첫토익 9일	☐ RC 첫토익 10일 ☐ VOCA 첫토익 10일

해커스 첫토익 LC+RC+VOCA

LC

LC 기초 다지기

떠먹여주는
토린이 맞춤 무료강의

LC 기초 다지기

유사 발음 구별하기 비슷한 듯 다른 발음들

영어에는 copy와 coffee처럼 발음이 비슷해서 혼동을 주는 단어들이 있어요. 토익에서는 이러한 유사 발음을 이용한 보기가 오답으로 출제된답니다. 지금부터 혼동하기 쉬운 유사 발음들을 함께 익혀볼까요?

① [p] & [f] 🎧 기초_01

[p]는 두 입술을 맞붙였다가 떼며 내는 소리로 'ㅍ'와 비슷하게 들리고, [f]는 윗니로 아랫입술을 살짝 물었다 놓으며 숨을 내쉬게 하여 내는 소리로 'ㅍ'와 'ㅎ'의 중간 소리처럼 들려요.

| [p] | copy[카피] 복사; 복사하다 | pile[파일] 쌓다 | past[패스트] 이전의 |
| [f] | coffee[커피] 커피 | file[파일] 서류철; 철하다 | fast[패스트] 빠른 |

 토익에 이렇게 출제돼요!

(A) He is pouring coffee. (O) 그는 커피를 따르고 있다.

(B) He is making a copy. (X) 그는 복사하고 있다.

→ (A)는 커피를 따르고 있는 남자의 모습을 정확히 묘사한 정답이에요.
   (B)는 coffee와 발음이 유사한 copy를 사용한 오답이에요.

② [b] & [v] 🎧 기초_02

[b]는 두 입술을 맞붙였다가 떼며 내는 소리로 'ㅂ'과 비슷하게 들리고, [v]는 윗니로 아랫입술을 살짝 물었다 놓으며 내는 소리로 'ㅂ'보다 바람 새는 소리가 더 들려요.

| [b] | boat[보우트] 배 | base[베이스] 기초, 기반 | best[베스트] 최고의 |
| [v] | vote[보우트] 투표하다 | vase[베이스] 꽃병 | vest[베스트] 조끼 |

 토익에 이렇게 출제돼요!

(A) Some people are moving to vote. (X)
   몇몇 사람들이 투표하기 위해 이동하고 있다.

(B) Some boats are floating on the water. (O)
   몇몇 배들이 물 위에 떠 있다.

→ (B)는 배들이 물 위에 떠 있는 모습을 정확히 묘사한 정답이에요.
   (A)는 boat와 발음이 유사한 vote를 사용한 오답이에요.

3. [l] & [r] 🎧 기초_03

[l]은 혀끝을 앞니 뒤에 댔다가 떼며 내는 소리로 '(을)르'와 비슷하게 들리고, [r]은 입술을 둥글게 해서 혀를 입천장 가까이 가져가며 내는 소리로 '(우)르'와 비슷하게 들려요.

| [l] | **load**[(을)로드] (짐을) 싣다 | **light**[(을)라잇트] 가벼운 | **lead**[(을)리드] 이끌다 |
| [r] | **road**[(우)로드] 도로 | **right**[(우)라잇트] 옳은 | **read**[(우)리드] 읽다 |

 토익에 이렇게 출제돼요!

Should we load the box onto the truck? 우리가 트럭에 그 상자를 실어야 할까요?
(A) No, let's leave it here. (O) 아니요, 여기에 둡시다.
(B) The road is closed. (X) 도로가 폐쇄되었어요. → load와 발음이 유사한 road를 사용한 오답이에요.

4. [i] & [iː] 🎧 기초_04

[i]는 짧게 끊어서 내는 소리로 '이'처럼 들리고, [iː]는 입술을 옆으로 크게 벌리고 길게 내는 소리로 '이-'와 비슷하게 들려요.

| [i] | **fill**[필] 채우다 | **live**[(을)리브] 살다 | **hit**[힛트] 치다 |
| [iː] | **feel**[피일] 느끼다 | **leave**[(을)리이브] 떠나다 | **heat**[히잇트] 열 |

 토익에 이렇게 출제돼요!

We need to fill the position. 우리는 그 자리를 채워야 해요.
(A) You're right. (O) 당신 말이 맞아요.
(B) I feel better now. (X) 전 이제 좀 나아졌어요. → fill과 발음이 유사한 feel을 사용한 오답이에요.

5. [ou] & [ɔː] 🎧 기초_05

[ou]는 입을 동그랗게 해서 내는 소리로 '오우'와 비슷하게 들리고, [ɔː]는 입을 동그랗게 한 채 발음하는 소리로 '오'와 '아'의 중간 소리처럼 들려요.

| [ou] | **low**[(을)로우] 낮은 | **cold**[코울드] 차가운 | **hold**[호울드] 잡다 |
| [ɔː] | **law**[(을)러어] 법 | **called**[커얼드] 전화했다(call의 과거형) | **hall**[허얼] 홀, 복도 |

 토익에 이렇게 출제돼요!

Would you like a cold drink? 차가운 음료를 드시겠어요?
(A) I called twice. (X) 전 두 번 전화했어요. → cold와 발음이 유사한 called를 사용한 오답이에요.
(B) Yes. I'm thirsty. (O) 네. 전 목이 말라요.

연음 듣기 단어들이 이어지면서 나는 소리

연음이란 단어들이 이어지면서 나는 소리를 말해요. 토익의 대화와 담화에 나오는 긴 문장들을 정확히 듣고 이해하기 위해서는 연음으로 인한 발음의 변화를 알아두는 것이 좋아요. 그럼 연음 규칙에 대해 함께 알아볼까요?

1 똑같거나 비슷한 자음이 연이어 나오면 한 번만 읽어요.

front desk에서 비슷한 자음인 t[트]와 d[드]가 겹치므로, 뒤의 d만 읽어요. 따라서 [프런트데스크]가 아닌 [프런데스크]로 들려요.

 토익에 이렇게 출제돼요! 🎧 기초_06

1. I'll wait at the bus stop. 버스 정류장에서 기다릴게요.
2. Please come back next time. 다음번에 다시 와주세요.
3. We need to send information. 우리는 정보를 보내야 해요.

2 앞 단어의 끝 자음과 뒤 단어의 첫 모음은 이어져서 들려요.

sold out에서 앞 단어의 끝 자음 d[드]와 뒤 단어의 첫 모음 o[아]가 이어져 [솔드아웃]이 아닌 [솔다웃]으로 들려요.

 토익에 이렇게 출제돼요! 🎧 기초_07

1. Please fill out this form. 이 양식을 작성해주세요.
2. You can pick up your luggage now. 당신은 이제 당신의 짐을 찾을 수 있습니다.
3. How much does it cost? 그건 비용이 얼마나 드나요?

미국식·영국식 발음 차이 같은 생김새, 다른 발음

토익에서는 미국식 발음뿐만 아니라 우리에게 다소 낯선 영국, 캐나다, 호주식 발음도 사용돼요. 캐나다 발음은 미국과 비슷하고, 호주 발음은 영국과 비슷하므로, 대표적인 미국식 발음과 영국식 발음의 차이를 알아두는 것이 좋아요. 이제 미국식 발음과 영국식 발음의 차이점에 대해 함께 살펴볼까요?

 Butter

미국 [버러ㄹ!]   영국 [버터!]

🎧 기초_08

r 발음	미국식 영어에서는 단어 끝의 r을 혀를 굴려 [ㄹ]로 발음하지만, 영국식 영어에서는 r을 발음하지 않아요.			
	car	**wear**	**hour**	**door**
🇺🇸	[카아ㄹ]	[웨어ㄹ]	[아우어ㄹ]	[도어ㄹ]
🇬🇧	[카아]	[웨어]	[아우어]	[도어]

t 발음	미국식 영어에서는 모음 사이에 있는 t를 [ㄹ]로, 영국식 영어에서는 정확히 [ㅌ]으로 발음해요.			
	computer	**meeting**	**item**	**data**
🇺🇸	[컴퓨우러ㄹ]	[미이링]	[아이럼]	[데이러]
🇬🇧	[컴퓨우터]	[미이팅]	[아이텀]	[데이터]

a 발음	미국식 영어에서는 [애]에 가깝게, 영국식 영어에서는 [아]에 가깝게 발음해요.			
	ask	**pass**	**answer**	**last**
🇺🇸	[애스크]	[패쓰]	[앤써ㄹ]	[래스트]
🇬🇧	[아스크]	[파아쓰]	[안써]	[라아스트]

o 발음	미국식 영어에서는 [아]에 가깝게, 영국식 영어에서는 [오]에 가깝게 발음해요.			
	topic	**copy**	**option**	**job**
🇺🇸	[타픽]	[카피]	[압션]	[잡]
🇬🇧	[토픽]	[코피]	[옵션]	[좁]

해커스 첫토익 LC+RC+VOCA

PART 1
사진을 적절히 묘사한 보기 고르기

◀ Part 1
시험 소개
바로보기

첫토익 **1**일   **사람이 중심인 사진**

첫토익 **2**일   **사물·풍경이 중심인 사진**

사물·풍경
중심 사진
16%

사람 중심 사진
84%

Part 1 출제 경향

Part 1에는 사람이 중심인 사진과 사물·풍경이 중심인 사진이 나와요.
사람 중심 사진이 총 6문제 중 평균 4~5문제(84%)로 가장 많이 출제
돼요.

첫토익 1일 사람이 중심인 사진

떠먹여 주는 **첫토익특강** ①

Part 1 빈출
동사 형태 (1)

1. 한 사람 사진

한 사람이 등장하는 사진을 보고 사진 속 사람의 **동작**이나 **상태**를 가장 잘 묘사한 보기를 고르는 문제가 출제돼요.

🔊 한 여자가 종이를 보고 있어요(looking).

시험에 꼭 나오는 빈출 표현 🎧 Day01_01

사람의 동작이나 상태를 묘사하는 표현을 익혀두면 보기가 더 잘 들려 정답을 쉽게 고를 수 있어요.

opening
열고 있다

opening a box
상자를 열고 있다

opening the door
문을 열고 있다

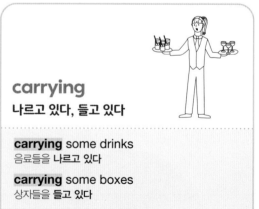

carrying
나르고 있다, 들고 있다

carrying some drinks
음료들을 나르고 있다

carrying some boxes
상자들을 들고 있다

using
사용하고 있다

using an iron
다리미를 사용하고 있다

using a hammer
망치를 사용하고 있다

looking
보고 있다

looking at a notice
공지를 보고 있다

looking out a window
창밖을 보고 있다

reading
읽고 있다

reading a newspaper
신문을 읽고 있다

reading a book
책을 읽고 있다

hanging
걸고 있다

hanging a painting
그림을 걸고 있다

hanging a shirt
셔츠를 걸고 있다

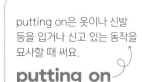

kneeling
무릎을 꿇고 있다

kneeling down on the ground
바닥에 무릎을 꿇고 있다

kneeling on the grass
잔디 위에 무릎을 꿇고 있다

wearing은 옷이나 안경 등을 이미 입었거나 쓰고 있는 상태를 묘사할 때 써요.

wearing
입고 있다, 쓰고 있다

wearing a coat
외투를 입고 있다

wearing glasses
안경을 쓰고 있다

putting on은 옷이나 신발 등을 입거나 신고 있는 동작을 묘사할 때 써요.

putting on
입고 있다, 신고 있다

putting on a coat
외투를 입고 있다

putting on a pair of boots
부츠 한 켤레를 신고 있다

 첫토익 비법

한 사람 사진 문제에서는 모든 보기의 주어가 동일한 사람을 가리켜요. 따라서 보기의 주어는 모두 같지만 동사가 다르므로, 동사에 더 집중해서 들어야 해요.

例 The woman is **reading** a book.　여자가 책을 읽고 있다.
　　The woman is **wiping** a table.　여자가 식탁을 닦고 있다.

2. 여러 사람 사진

두 명 이상의 사람이 등장하는 사진을 보고 사진 속 사람들의 **동작**이나 **상태**를 가장 잘 묘사한 보기를 고르는 문제가 출제돼요. 여러 사람들이 **공통적으로 하는 행동**이나 **등장인물들 중 한 사람**에 대해 묘사한 보기가 정답이 될 수 있어요.

🔊 여자들 중 한 명이 펜을 들고 있어요(holding).

시험에 꼭 나오는 빈출 표현　🎧 Day01_02

여러 사람의 동작이나 상태를 묘사하는 표현을 익혀두면 보기가 더 잘 들려 정답을 쉽게 고를 수 있어요.

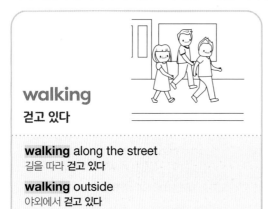

walking
걷고 있다

walking along the street
길을 따라 **걷고 있다**

walking outside
야외에서 **걷고 있다**

standing
서 있다

standing next to a chair
의자 옆에 **서 있다**

standing near a machine
기계 가까이에 **서 있다**

waiting
기다리고 있다

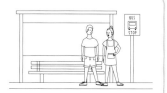

waiting at the bus stop
버스 정류장에서 **기다리고 있다**

waiting in line
줄을 서서 **기다리고 있다**

putting
놓고 있다

putting a book on a bookshelf
책꽂이에 책 한 권을 **놓고 있다**

putting a vase on a cabinet
진열장 위에 꽃병을 **놓고 있다**

pointing
가리키고 있다

pointing at a screen
화면을 **가리키고 있다**

pointing at some flowers
꽃들을 **가리키고 있다**

facing
마주 보고 있다

facing each other
서로 **마주 보고 있다**

holding
들고 있다

holding a document
서류를 **들고 있다**

holding a jacket
재킷을 **들고 있다**

shaking hands
악수를 하고 있다

The men are **shaking hands**.
남자들이 **악수를 하고 있다**.

gathered
모여 있다

gathered in a meeting room
회의실에 **모여 있다**

gathered at a desk
책상에 **모여 있다**

 첫토익 비법

여러 사람 사진 문제에서는 등장인물들의 공통 행동이나 개별 행동을 묘사하기 위해 각기 다른 주어의 보기가 사용될 수 있어요. 따라서 각 보기에 어떤 주어가 쓰였는지, 동작이나 상태를 알맞게 묘사한 동사가 쓰였는지 모두 집중해서 들어야 해요.

- 여러 사람들을 가리키는 주어: They(그들은), People(사람들은) 등
- 한 사람을 가리키는 주어: A woman(한 여자), One of the men(남자들 중 한 명) 등

Part 1 기출 문제 풀이 방법을 익혀보세요. 🎧 Day01_03

STEP 1 사진 관찰하기

음성이 나오기 전에 사진 속 등장인물의 동작이나 상태를 미리 관찰하세요. 여러 사람 사진이라면 사람들이 공통으로 하는 것과 개별 인물들이 하는 것이 무엇인지 확인하세요.

[공통 동작] 손님으로 보이는 사람들이 안내 데스크에 서 있어요.

[개별 동작] 여자들 중 한 명은 펜을 들고 있고, 남자는 종이를 가리키고 있어요.

STEP 2 O·X로 오답 소거하며 정답 고르기

보기를 들으며 O·X로 오답을 소거하고 사진에 등장한 사람의 동작이나 상태를 가장 잘 묘사한 보기를 정답으로 고르세요.

(A) They are opening some boxes. (X)
그들은 상자들을 열고 있다.

→ opening some boxes(상자들을 열고 있다)는 사진 속 사람들의 동작과 무관하므로 오답이에요.

(B) They are shaking hands. (X)
그들은 악수를 하고 있다.

→ shaking hands(악수를 하고 있다)는 사람들의 동작과 무관하므로 오답이에요.

(C) One of the women is holding a pen. (O)
여자들 중 한 명이 펜을 들고 있다.

→ 여자들 중 한 명이 펜을 들고 있는 모습을 정확히 묘사한 정답이에요.

(D) One of the women is entering a lobby. (X)
여자들 중 한 명이 로비에 들어가고 있다.

→ entering a lobby(로비에 들어가고 있다)는 사진 속 어느 여자의 동작과도 무관하므로 오답이에요.

✧ 첫토익 연습문제

사진을 알맞게 묘사한 문장을 모두 고른 후, 빈칸을 받아써 보세요. (음성은 세 번 들려줍니다.) 🎧 Day01_04

01

○──▷ 남자가 바닥에 무릎을 꿇고 도구로 작업하고 있어요.

(A)   (B)

(A) He is _____ on the floor.
(B) He is _____ a tool.

02

○──▷ 사람들이 나란히 걷고 있어요.

(A)   (B)

(A) They are _____ side by side.
(B) They are _____ at a gate.

03

○──▷ 여자가 음료를 나르고 있어요.

(A)   (B)

(A) The woman is _____ at a restaurant.
(B) The woman is _____ a tray.

정답·해석·해설 p. 2

🐰 **첫토익 보카** ....

01 kneel down 무릎을 꿇다   floor 바닥   work with ~을 가지고 작업하다   tool 도구   **02** walk 걷다   side by side
나란히   gate 탑승구   **03** eat 식사하다   restaurant 식당   carry 나르다   tray 쟁반

✦첫토익 실전 문제

앞에서 학습한 내용을 적용하여 실전 문제에 도전해 보세요. 🎧 Day01_05

01

(A)   (B)   (C)   (D)

02

(A)   (B)   (C)   (D)

03

(A)   (B)   (C)   (D)

04

(A)   (B)   (C)   (D)

05

(A)   (B)   (C)   (D)

06

(A)   (B)   (C)   (D)

정답·해석·해설 p. 2

사물·풍경이 중심인 사진

1. 사물 사진

사물이 부각되어 나오는 사진을 보고 사진 속의 **물건**이 놓여 있는 **위치**나 **상태**를 가장 잘 묘사한 보기를 고르는 문제가 출제돼요.

🔊 컵들이 선반 위에 놓여 있다(placed).

시험에 꼭 나오는 빈출 표현 🎧 Day02_01

사물의 상태를 묘사하는 표현을 익혀두면 보기가 더 잘 들려 정답을 쉽게 고를 수 있어요.

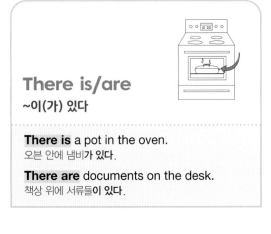

There is/are
~이(가) 있다

There is a pot in the oven.
오븐 안에 냄비가 있다.

There are documents on the desk.
책상 위에 서류들이 있다.

filled with
~으로 가득 차 있다

filled with items
물건들로 가득 차 있다

filled with water
물로 가득 차 있다

placed
놓여 있다

placed on a shelf
선반 위에 **놓여 있다**

placed on the sofa
소파에 **놓여 있다**

positioned
배치되어 있다

positioned along a hallway
복도를 따라 **배치되어 있다**

positioned under a sink
싱크대 아래에 **배치되어 있다**

stacked
쌓여 있다

Packages have been **stacked**.
소포들이 **쌓여 있다**.

on display
전시되어 있다

Some paintings are **on display**.
그림들이 **전시되어 있다**.

stocked with
~으로 채워져 있다

stocked with products
상품들로 **채워져 있다**

stocked with pens
펜들로 **채워져 있다**

posted
게시되어 있다

posted on the bulletin board
게시판에 **게시되어 있다**

posted online
온라인에 **게시되어 있다**

arranged
배치되어 있다

Some chairs have been **arranged**.
의자들이 **배치되어 있다**.

 첫토익 비법

사물 사진에서는 사물의 위치를 묘사할 때 on(~ 위에), by(~ 옆에), in front of(~ 앞에) 등의 전치사를 함께 사용하는 경우가 많으므로 전치사에 주의하며 들어야 해요.

2. 풍경 사진

Part 1 빈출
동사 형태 (2)

도로·건물, 강·바다, 공원 등의 경치가 부각되어 나오는 사진을 보고, **사진 속 풍경**을 가장 잘 묘사한 보기를 고르는 문제가 출제돼요. 사진에 사람이 나올 수도 있지만 여러 무리가 나와서 두드러져 보이지는 않아요.

🔊 배들이 강 위에 떠 있어요(floating).

시험에 꼭 나오는 빈출 표현 🎧 Day02_02

풍경을 묘사하는 표현을 익혀두면 보기가 더 잘 들려 정답을 쉽게 고를 수 있어요.

parked
주차되어 있다

parked in a garage
차고에 주차되어 있다

parked outside
밖에 주차되어 있다

painted
그려져 있다

Some lines are **painted** on a street.
길에 몇 개의 선들이 그려져 있다.

planted
심겨 있다

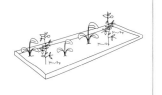

Flowers have been **planted** in a garden.
정원에 꽃들이 **심겨 있다**.

covered with
~으로 덮여 있다

covered with leaves
나뭇잎들로 덮여 있다

covered with table cloth
식탁보로 덮여 있다

floating
떠 있다

floating on the water
물 위에 떠 있다

floating on a river
강 위에 떠 있다

left open
열려 있다

The doors have been **left open**.
문들이 **열려 있다**.

lined up
줄 세워져 있다

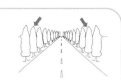

lined up along a road
길을 따라 줄 세워져 있다

set up
세워져 있다, 설치되다

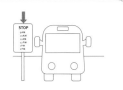

A sign has been **set up**.
표지판이 세워져 있다.

A camera is being **set up**.
카메라가 설치되고 있다.

leaning against
~에 기대어져 있다

Bicycles are **leaning against** the wall.
자전거들이 벽에 기대어져 있다.

첫토익 비법

사람이 나오지 않는 풍경 사진에서 보기에 pedestrians(보행자들), residents(주민들)와 같이 사람을 나타내는 표현이 사용되면 오답일 확률이 높아요.

기출문제 초간단 풀이

Part 1 기출 문제 풀이 방법을 익혀보세요. 🎧 Day02_03

STEP 1 사진 관찰하기

음성이 나오기 전에 사진 속에 어떤 사물들이 등장하는지 확인하고 각 사물의 위치나 상태를 미리 관찰하세요.

↪ [사물] 컵(cup), 수건(towel), 그릇(bowl), 서랍(drawer)
　　이 눈에 띄어요.
　[위치·상태] 수건이 걸이에 걸려 있고, 그릇들은 조리대
　　위에 놓여있어요. 컵들은 선반 위에 놓여 있고, 서
　　랍은 닫혀 있어요.

STEP 2 O·X로 오답 소거하며 정답 고르기

보기를 들으며 O·X로 오답은 소거하고 사진에 등장한 사물의 위치나 상태를 가장 잘 묘사한 보기를 정답으로 고르세요.

(A) Towels are piled in a basket. (X) ────────
수건들이 바구니 안에 쌓여있다.

↪ 수건들이 걸이에 걸려있는 것을 바구니 안에 쌓여있다고 잘못 묘사한 오답이에요.

(B) Bowls are being stacked in a kitchen sink. (X) ──
그릇들이 개수대에 쌓여지고 있다.

↪ 그릇들이 조리대 위에 놓여 있는 것을 개수대에 쌓여지고 있다고 잘못 묘사한 오답이에요.

(C) Cups have been placed on a shelf. (O) ──────
컵들이 선반 위에 놓여 있다.

↪ 컵들이 선반 위에 놓여 있는 모습을 정확히 묘사한 정답이에요.

(D) A drawer has been left open. (X) ──────────
서랍이 열려 있다.

↪ 서랍이 닫혀 있는 것을 열려 있다고 잘못 묘사한 오답이에요.

✦첫토익 연습문제

사진을 알맞게 묘사한 문장을 모두 고른 후, 빈칸을 받아써 보세요. (음성은 세 번 들려줍니다.) 🎧 Day02_04

01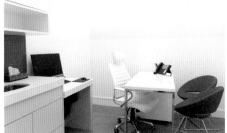

○→ 전화기가 책상 위에 놓여 있어요.

(A)　　　　　　　(B)

(A) Some chairs are _____ the _____.
(B) A telephone has been _____ on a _____.

02

○→ 방 안에 자재들이 있어요.

(A)　　　　　　　(B)

(A) There are some _____ in a _____.
(B) A light is being _____.

03

○→ 접시가 테이블 위에 배치되어 있어요.

(A)　　　　　　　(B)

(A) Plates have been _____ on some _____.
(B) Some _____ are being _____.

정답·해석·해설 p. 4

 첫토익보카 ···

01 face 마주 보다　place 놓다　02 material 자재, 물건　light 조명　set up 설치하다　03 plate 접시　arrange 배치하다 glass 잔

✧첫토익 실전문제

앞에서 학습한 내용을 적용하여 실전 문제에 도전해 보세요. 🎧 Day02_05

01

(A)　　　(B)　　　(C)　　　(D)

02

(A)　　　(B)　　　(C)　　　(D)

03

(A)　　　(B)　　　(C)　　　(D)

04

(A) (B) (C) (D)

05

(A) (B) (C) (D)

06

(A) (B) (C) (D)

정답·해석·해설 p. 4

해커스 첫토익 LC+RC+VOCA

PART 2
질문 듣고 적절한 응답 고르기

◀ Part 2
시험 소개
바로보기

첫토익 **3**일	**의문사가 있는 의문문 ①**
첫토익 **4**일	**의문사가 있는 의문문 ②**
첫토익 **5**일	**의문사가 없는 의문문**
첫토익 **6**일	**기타 의문문**

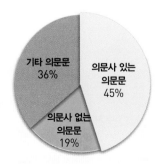

기타 의문문
36%

의문사 있는
의문문
45%

의문사 없는
의문문
19%

Part 2 출제 경향

Part 2에는 의문사가 있는 의문문, 의문사가 없는 의문문, 기타 의문문
이 나와요. 의문사가 있는 의문문이 총 25문제 중 평균 11문제(45%)로
가장 많이 출제돼요.

첫토익 3일 의문사가 있는 의문문 ①

1. Who 의문문

떠먹여 주는 **첫토익특강** ③

Who 의문문에 잘 나오는
직책·부서명

의문사 who(누가)를 사용하여 **특정 행동**이나 **업무**와 관련된 **사람**이 누구인지 묻는 질문이 나와요. **사람 이름**이나 **직책·부서명**을 사용한 응답이 정답으로 출제돼요.

이 프로젝트를 누가(who)
이끌 수 있나요?

Ms. Miller가 할 수 있어요.

시험에 꼭 나오는 빈출 질문과 응답 🎧 Day03_01

● 응답 유형 ① 사람 이름을 사용하여 응답하는 보기

> 질문 **Who** can lead this project?
> 이 프로젝트를 누가 이끌 수 있나요?

응답 **Ms. Miller** can do it.
[사람 이름] Ms. Miller가 할 수 있어요.

● 응답 유형 ② 직책·부서명을 사용하여 응답하는 보기

> 질문 **Who** requested the report?
> 그 보고서를 누가 요청했나요?

응답 1 The **president**, I believe.
[직책] 사장님이신 것 같아요.

응답 2 The **sales department** asked for it.
[부서명] 영업부에서 그것을 요청했어요.

첫토익 비법

Who 의문문처럼 구체적인 정보를 묻는 의문사 의문문에 Yes나 No로 응답한 보기는 오답이에요.

📺 Who is the first speaker? 누가 첫 번째 연설자인가요?
　(X) No, I want to speak to her. 아니요, 저는 그녀와 이야기하고 싶어요.

2. When 의문문

의문사 when(언제)을 사용하여 **어떤 행동**이나 **업무**가 이루어지는 **시점**이 언제인지 묻는 질문이 나와요.
시간, 날짜, 요일을 사용한 응답이 정답으로 출제돼요.

시험에 꼭 나오는 빈출 질문과 응답 🎧 Day03_02

● 응답 유형 ① 시간을 나타내는 표현을 사용하여 응답하는 보기

질문	**When** does Ms. Colbert's speech **begin**? Ms. Colbert의 연설은 언제 시작하나요?

응답 1 **At 10 A.M.**
[정확한 시각] 오전 10시에요.

응답 2 It will start **in an hour.**
[대략적인 시각] 그것은 한 시간 후에 시작할 거예요.

● 응답 유형 ② 날짜, 요일을 나타내는 표현을 사용하여 응답하는 보기

질문	**When** will you **go** to London? 언제 런던으로 가실 건가요?

응답 1 **On April 15.**
[날짜] 4월 15일에요.

응답 2 My flight leaves **on Friday.**
[요일] 제 비행기는 금요일에 떠나요.

 **첫토익 비법**

'연설은 언제 시작하나요?'라는 질문에 '모르겠다', '확인해 보겠다', '아직 결정되지 않았다'처럼 간접적으로
답변한 보기도 정답이 될 수 있어요. Part 2에서는 이런 간접 응답도 정답으로 자주 출제돼요.

3. Where 의문문

의문사 where(어디)를 사용하여 **사물**이나 **건물의 위치** 및 **장소**, **물건**이나 **정보의 출처**를 묻는 질문이 나와요. **위치**, **장소**, **출처**를 나타내는 표현을 포함한 응답이 정답으로 출제돼요.

그 책자는 어디에서(Where) 찾을 수 있나요?

수납장 안에 있어요.

시험에 꼭 나오는 빈출 질문과 응답 🎧 Day03_03

● **응답 유형 ①** 위치·장소를 나타내는 표현을 사용하여 응답하는 보기

질문 **Where** can I **find** the **brochure**?
그 책자는 어디에서 찾을 수 있나요?

응답 1 **It's in the cabinet.**
[위치] 그건 수납장 안에 있어요.

응답 2 **Check the storage room.**
[장소] 창고를 확인해 보세요.

● **응답 유형 ②** 출처를 나타내는 표현을 사용하여 응답하는 보기

질문 **Where** did you **get** these **photos**?
이 사진들을 어디에서 구했나요?

응답 1 **From the Web site.**
[출처] 웹사이트에서요.

응답 2 **Our supervisor sent them.**
[출처] 저희 상사가 그것들을 보내주셨어요.

첫토익 비법

질문에 나오는 의문사는 정답을 결정짓는 중요한 단서가 되므로 놓치지 않도록 주의해야 해요. 특히 where와 when의 발음은 헷갈리기 쉬우니 조심하세요!

기출문제 초간단 풀이

Part 2 기출 문제 풀이 방법을 익혀보세요. 🎧 Day03_04

STEP 1 질문 들으며 묻는 내용 파악하기

의문사, 주어, 동사 등을 잘 들으며 무엇에 대해 묻고 있는지 파악해요.

When **did you visit** the hotel?
호텔을 언제 방문했나요?

→ 호텔을 방문한 시점이 언제인지 묻고 있어요.

STEP 2 O·X로 오답 소거하며 정답 고르기

보기를 들으며 O·X로 오답은 소거하고 질문에 대해 가장 적절한 응답을 한 보기를 정답으로 고르세요.

(A) On the second floor. (X)
2층에요.

→ 시점을 묻는 질문에 장소로 응답한 오답이에요.

(B) No, I don't think so. (X)
아니요, 저는 그렇게 생각하지 않아요.

→ 의문사 의문문에 No로 응답한 오답이에요.

(C) Last Thursday. (O)
지난주 목요일에요.

→ 시점을 묻는 질문에 요일로 응답했으므로 정답이에요.

✦ 첫토익 연습문제

질문을 듣고 알맞은 응답을 고른 후, 빈칸을 받아써 보세요. (받아쓰기할 문장은 세 번 들려줍니다.) 🎧 Day03_05

01 (A) Jeremy can give you one.

(B) Next Thursday.

_____ can I _____ a _____?

01 안내서를 찾을 수 있는 장소를 묻고 있어요.

02 (A) I'm leading the session.

(B) It begins at 4 P.M.

_____ does the training session _____?

02 교육이 시작하는 시점을 묻고 있어요.

03 (A) This play looks fun.

(B) On the shelf.

(C) I'm not sure.

_____ the _____?

03 신발 진열을 정돈한 사람이 누구인지 묻고 있어요.

04 (A) You should relax.

(B) Several rooms.

(C) On the third floor.

_____ is the _____?

04 휴게실이 있는 장소를 묻고 있어요.

05 (A)   (B)   (C)

_____ can you _____?

05 다시 전화를 할 수 있는 시점이 언제인지 묻고 있어요.

06 (A)   (B)   (C)

_____ today's lunch?

06 오늘 점심을 주문한 사람이 누구인지 묻고 있어요.

 첫토익 보카 ┈┈

01 handbook 안내서 **02** training session 교육   lead 지도하다, 이끌다   begin 시작하다   **03** arrange 정돈하다
display 진열   play 연극   shelf 선반   **04** break room 휴게실   relax 휴식을 취하다   several 몇몇의, 여러 가지의   floor 층
05 call back 다시 전화를 하다   different 다른   be back 돌아오다   **06** order 주문하다   enjoy 즐기다   cook 요리하다

52 무료 MP3 · 온라인 실전모의고사 제공   HackersIngang.com

✦ 첫토익 실전 문제

앞에서 학습한 내용을 적용하여 실전 문제에 도전해 보세요. 🎧 Day03_06

01 Mark your answer.   (A)   (B)   (C)

02 Mark your answer.   (A)   (B)   (C)

03 Mark your answer.   (A)   (B)   (C)

04 Mark your answer.   (A)   (B)   (C)

05 Mark your answer.   (A)   (B)   (C)

06 Mark your answer.   (A)   (B)   (C)

07 Mark your answer.   (A)   (B)   (C)

08 Mark your answer.   (A)   (B)   (C)

09 Mark your answer.   (A)   (B)   (C)

10 Mark your answer.   (A)   (B)   (C)

11 Mark your answer.   (A)   (B)   (C)

12 Mark your answer.   (A)   (B)   (C)

정답·해석·해설 p. 7

의문사가 있는 의문문 ②

1. Why 의문문

의문사 why(왜)를 사용하여 **어떤 일의 이유, 원인, 목적**에 대해 묻는 질문이 나와요. because(때문에)를 **포함**하여 **이유나 목적**을 설명하는 응답이 정답으로 자주 출제되는데, 이때 because는 생략될 수도 있어요.

오늘 그 식당은 왜(why) 문을 닫았나요?

주인이 휴가 중이기 때문이에요.

🎧 시험에 꼭 나오는 빈출 질문과 응답   Day04_01

● 응답 유형 ① because (of)를 포함하여 응답하는 보기

> 질문 **Why** is the restaurant **closed** today?
> 오늘 그 식당은 왜 문을 닫았나요?

응답 1 **Because** the owner is on vacation.
주인이 휴가 중이기 때문이에요.

응답 2 **Because of** renovations.
수리 때문이에요.

● 응답 유형 ② because를 생략하여 응답하는 보기

> 질문 **Why** did the meeting start **late**?
> 회의가 왜 늦게 시작됐나요?

응답 **The projector wasn't working.**
프로젝터가 작동하지 않았어요.

🐰 첫토익 비법

Why don't we ~?(우리 ~하는 게 어때요?)로 시작하는 질문은 상대방에게 제안을 할 때 쓰이는 표현이므로 '왜 ~하지 않니?'라고 해석하지 않도록 주의해야 해요.

예 **Why don't we order Chinese food for dinner?** 우리 저녁으로 중국 음식을 주문하는 게 어때요?

2. What 의문문

의문사 what(무엇)을 사용하여 **종류**(What kind), **의견**(What ~ think), **시각**(What time), **비용**(What ~ fee/price) 등의 각종 정보를 묻는 질문이 나와요. What 뒤에 나오는 명사나 동사에 따라 묻는 내용이 달라지며, 질문에서 요청하는 정보를 담은 응답이 정답으로 출제돼요.

어떤 종류의(what kind of)
노트북을 찾으시나요?

화면이 큰 것이요.

시험에 꼭 나오는 빈출 질문과 응답 🎧 Day04_02

● **응답 유형 ① 종류를 나타내는 표현을 사용하여 응답하는 보기**

> 질문 **What kind of** laptop are you looking for?
> 어떤 종류의 노트북을 찾으시나요?

응답 **One that has a big screen.**
[종류] 화면이 큰 것이요.

● **응답 유형 ② 의견을 나타내는 표현을 사용하여 응답하는 보기**

> 질문 **What** do you **think of** our new logo?
> 저희의 새 로고에 대해 어떻게 생각하나요?

응답 **I like** the original one.
[의견] 저는 본래의 것이 더 좋아요.

● **응답 유형 ③ 시각을 나타내는 표현을 사용하여 응답하는 보기**

> 질문 **What time** should we leave tomorrow?
> 저희는 내일 몇 시에 출발해야 하나요?

응답 **At 8 o'clock.**
[시각] 8시에요.

● **응답 유형 ④ 비용을 나타내는 표현을 사용하여 응답하는 보기**

> 질문 **What's** the entrance **fee**?
> 입장료는 얼마인가요?

응답 **It's five dollars.**
[비용] 그건 5달러예요.

첫토익 비법

다음과 같은 보기는 오답일 확률이 높으므로 선택지를 들을 때 소거하는 것이 좋아요.

● 질문에 등장한 단어를 그대로 반복하거나, 발음이 유사한 어휘를 사용한 보기
● 질문에 등장한 단어로 연상할 수 있는 단어를 포함한 보기
● 질문에 주어진 의문사가 아닌 다른 의문사에 맞게 응답한 보기

3. How 의문문

의문사 how(어떻게/얼마나)를 사용하여 **방법**(How do/can), **수량**(How many), **기간**(How long), **의견** (How ~ like) 등에 대해 묻는 질문이 나와요. How 뒤에 나오는 단어에 따라 묻는 내용이 달라지며, 질문에서 요청하는 정보를 담은 응답이 정답으로 출제돼요.

강좌를 어떻게(How) 신청하나요?

이 양식을 작성해서요.

시험에 꼭 나오는 빈출 질문과 응답   🎧 Day04_03

● **응답 유형 ①** 방법을 나타내는 표현을 사용하여 응답하는 보기

> 질문 **How do I register** for a course?
> 강좌를 어떻게 신청하나요?

응답 **By filling out this form.**
[방법] 이 양식을 작성해서요.

● **응답 유형 ②** 정도(수량·기간)를 나타내는 표현을 사용하여 응답하는 보기

> 질문 **How many** shirts do you want?
> 몇 개의 셔츠를 원하시나요?

응답 1 **More than 10.**
[수량] 10장 이상이요.

> 질문 **How long** does the training last?
> 그 교육은 얼마나 오래 지속되나요?

응답 2 **About two weeks.**
[기간] 약 2주요.

● **응답 유형 ③** 의견을 나타내는 표현을 사용하여 응답하는 보기

> 질문 **How did you like** the salad?
> 샐러드는 어땠나요?

응답 **It was delicious.**
[의견] 맛있었어요.

첫토익 비법

How 의문문과 What 의문문은 의문사 뒤에 나오는 단어에 따라 묻는 내용이 달라져요. 따라서 질문의 내용을 정확하게 파악하기 위해서는 의문사와 그 뒤에 나오는 단어를 놓치지 않도록 주의해야 해요.

기출문제 초간단 풀이

Part 2 기출 문제 풀이 방법을 익혀보세요. 🎧 Day04_04

○── **STEP 1** **질문 들으며 묻는 내용 파악하기**

의문사, 주어, 동사 등을 잘 들으며 무엇에 대해 묻고 있는지 파악해요.

Why should the staff arrive early tomorrow? ╰─╮
직원들은 왜 내일 일찍 도착해야 하나요?

➜ 직원들이 왜 내일 일찍 도착해야 하는지 이유를 묻고 있어요.

○── **STEP 2** **O·X로 오답 소거하며 정답 고르기**

보기를 들으며 O·X로 오답은 소거하고 질문에 대해 가장 적절한 응답을 한 보기를 정답으로 고르세요.

(A) Tell the staff. (X) ─────────────➜ 질문의 staff를 반복 사용하여 혼동을 준 오답이에요.
　　직원들에게 말해주세요.

(B) Because there is a seminar. (O) ──➜ Because를 사용하여 세미나가 있기 때문이라는 이유로
　　세미나가 있기 때문이에요.　　　　　　응답했으므로 정답이에요.

(C) I can stay late. (X) ─────────────➜ 질문의 early(일찍)와 내용이 연관된 late(늦게)를 사용
　　저는 늦게까지 남을 수 있어요.　　　하여 혼동을 준 오답이에요.

질문을 듣고 알맞은 응답을 고른 후, 빈칸을 받아써 보세요. (받아쓰기할 문장은 세 번 들려줍니다.) 🎧 Day04_05

01 (A) Yes, please sit down.

(B) I would prefer something smaller.

_____ do you _____ this sofa?

01 소파에 대한 의견을 묻고 있어요.

02 (A) Use this remote control.

(B) Yes, it's very hot.

_____ can I _____ the _____?

02 에어컨을 켜는 방법을 묻고 있어요.

03 (A) I forgot my keys.

(B) Put it outside.

(C) Please sit here.

_____ were you _____?

03 밖에 서 있었던 이유를 묻고 있어요.

04 (A) I'm going to a reception.

(B) At City Hall.

(C) It starts at 8:30.

_____ does the reception _____?

04 환영회가 시작하는 시각을 묻고 있어요.

05 (A)   (B)   (C)

_____ are the employees _____ the conference room?

05 직원들이 회의실로 모이고 있는 이유를 묻고 있어요.

06 (A)   (B)   (C)

_____ are _____ at your hotel?

06 호텔에서 이용 가능한 방의 수량을 묻고 있어요.

정답·해석·해설 p. 10

🐰 **첫토익보카** ....

01 prefer 선호하다 **02** turn on 켜다 air conditioner 에어컨 remote control 리모컨 **03** outside 밖에, 밖으로 forget 놓고 오다 **04** reception 환영회 begin 시작하다 City Hall 시청 **05** employee 직원 gather 모이다 enough 충분한 space 공간 **06** available 이용 가능한 book 예약하다 across 건너편에, 가로질러

앞에서 학습한 내용을 적용하여 실전 문제에 도전해 보세요. 🎧 Day04_06

01　Mark your answer.　　(A)　　(B)　　(C)

02　Mark your answer.　　(A)　　(B)　　(C)

03　Mark your answer.　　(A)　　(B)　　(C)

04　Mark your answer.　　(A)　　(B)　　(C)

05　Mark your answer.　　(A)　　(B)　　(C)

06　Mark your answer.　　(A)　　(B)　　(C)

07　Mark your answer.　　(A)　　(B)　　(C)

08　Mark your answer.　　(A)　　(B)　　(C)

09　Mark your answer.　　(A)　　(B)　　(C)

10　Mark your answer.　　(A)　　(B)　　(C)

11　Mark your answer.　　(A)　　(B)　　(C)

12　Mark your answer.　　(A)　　(B)　　(C)

정답·해석·해설 p. 12

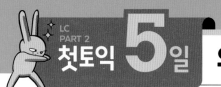

LC
PART 2
첫토익 **5**일 | # 의문사가 없는 의문문

1. Be동사 / 조동사 의문문

Be동사(Is, Are 등) 또는 **조동사**(Do, Have, Should 등)를 사용하여 **사실**을 **확인**하거나 **의견**을 묻는 질문이 나와요. **Yes/No**를 **사용**한 후 적절한 **부연 설명**을 덧붙인 응답이 정답으로 자주 출제되는데, Yes/No는 생략될 수도 있어요.

당신의 보고서를 완성했나요 (Did~)?

네. 저는 어제 그걸 제출했어요.

시험에 꼭 나오는 빈출 질문과 응답 🎧 Day05_01

● 응답 유형 ① Yes/No를 사용하여 응답하는 보기

> 질문 **Did** you **complete** your report?
> 당신의 보고서를 완성했나요?

응답 1 **Yes. I submitted it yesterday.**
네. 저는 어제 그걸 제출했어요.

응답 2 **No, not quite yet.**
아니요, 아직이요.

● 응답 유형 ② Yes/No를 생략하여 응답하는 보기

> 질문 Is it necessary to make more copies of the handouts?
> 유인물들의 복사본을 더 만들 필요가 있을까요?

응답 1 **We need 10 at least.**
(네.) 우리는 적어도 10개가 필요해요.

응답 2 **I think we have enough.**
(아니요.) 제 생각에는 충분한 것 같아요.

첫토익 비법

Be동사/조동사 의문문은 Be동사 또는 조동사 뒤에 나오는 단어들을 잘 들어야 질문의 내용을 정확하게 파악할 수 있으므로, 주요 명사나 동사 등을 놓치지 않도록 주의해야 해요.

2. 부정 의문문

Be동사 또는 **조동사를 not과 함께 사용**하여(Isn't, Don't, Haven't 등) **사실의 진위를 확인**하거나 **자신의 의견에 동의를 구하는** 질문이 나와요. 확인하고자 하는 사실이 **참**이거나 **의견에 동의**하면 **Yes**로, 사실을 **부인**하거나 **의견에 반대**하면 **No**라고 한 후 **부연 설명을 추가한 응답**이 정답으로 자주 출제돼요.

연례 회의가 이번 주이지 않나요(Isn't ~)?

네. 그것은 수요일에 시작해요.

시험에 꼭 나오는 빈출 질문과 응답 🎧 Day05_02

● **응답 유형 ①** 긍정·동의할 때 Yes를 사용하여 응답하는 보기

질문 **Isn't** the **annual conference** this week?
연례 회의가 이번 주이지 않나요?

응답 **Yes. It starts on Wednesday.**
네. 그것은 수요일에 시작해요.

● **응답 유형 ②** 부정·반대할 때 No를 사용하여 응답하는 보기

질문 **Don't** you **have a meeting** in 10 minutes?
당신은 10분 후에 회의가 있지 않나요?

응답 **No. It was canceled.**
아니요. 그것은 취소되었어요.

첫토익 비법

'~하지 않나요?'라고 해석되는 부정 의문문은 '~하나요'라고 해석되는 긍정 의문문과 질문의 의미가 같아요. 따라서 긍정 의문문과 동일하게 답변이 질문에 대해 긍정하는 내용이라면 Yes로, 부정하는 내용이라면 No로 대답해요.

예 **Didn't you** make our dinner reservation? 저녁 식사 예약을 하지 않았나요? (= 저녁 식사 예약을 했나요?)
No. I forgot to do that. 아니요. 저는 그것을 하는 것을 잊어버렸어요.

3. 선택 의문문

두 가지 선택 사항을 or로 연결한 'A or B(A 또는 B)'의 형태를 사용하여 **둘 중 하나를 선택**하도록 하는 질문이 나와요. 질문에 제시된 A와 B 둘 중 **하나를 선택**하는 응답, **둘 다 선택** 혹은 **거절**하는 응답, 그리고 **제3의 선택**을 하는 응답이 정답으로 자주 출제돼요.

시험에 꼭 나오는 빈출 질문과 응답 🎧 Day05_03

● **응답 유형 ① 둘 중 하나를 선택하여 응답하는 보기**

> 질문 Should we take a lunch break **now or later**?
> 지금 점심을 먹을까요, 아니면 나중에 먹을까요?

응답 **Let's go now.**
[둘 중 하나를 선택] 지금 가요.

● **응답 유형 ② 둘 다 선택 또는 거절하여 응답하는 보기**

> 질문 Do you want to leave **today or tomorrow**?
> 오늘이나 내일 중 언제 떠나길 원하세요?

응답 1 **Both are fine.**
[둘 다 선택] 둘 다 좋아요.

응답 2 **Neither is good for me.**
[둘 다 거절] 둘 다 제게는 좋지 않아요.

● **응답 유형 ③ 제3의 선택으로 응답하는 보기**

> 질문 Would you like to take **a train or a bus**?
> 기차와 버스 중 무엇을 타시겠어요?

응답 **A taxi** would be better.
택시가 더 나을 거예요.

🐰 첫토익 비법

'세미나에 갈 건가요, 아니면 사무실에 남아 있을 건가요?'라는 선택 의문문에 '전 지금 보고서를 작성해야 해요.'와 같이 질문에 언급된 선택 사항(사무실에 남는다)을 직접적으로 반복하는 대신 우회적으로 하나를 선택할 수 있어요.

기출문제 초간단 풀이

Part 2 기출 문제 풀이 방법을 익혀보세요. 🎧 Day05_04

STEP 1 질문 들으며 묻는 내용 파악하기

Be동사 또는 조동사 뒤에 나오는 주요 단어들을 잘 들으며 무엇에 대해 묻고 있는지 파악해요.

Is John going to review the report?
John이 그 보고서를 검토할 건가요? ⟶ John이 그 보고서를 검토할 것인지 묻고 있어요.

STEP 2 O·X로 오답 소거하며 정답 고르기

보기를 들으며 O·X로 오답은 소거하고 질문에 대해 가장 적절한 응답을 한 보기를 정답으로 고르세요.

(A) Some typing errors. (X) ⟶ 질문의 review(검토하다)와 관련된 typing errors(오타)
오타요. 를 사용하여 혼동을 준 오답이에요.

(B) No. Mr. Smith will. (O) ⟶ No로 응답한 뒤, Mr. Smith will(Mr. Smith가 할 것이다)
아니요. Mr. Smith가 할 거예요. 이라고 부연 설명했으므로 정답이에요.

(C) I enjoyed the view. (X) ⟶ 질문의 review(검토하다)와 발음이 비슷한 view(경치)를
저는 그 경치를 즐겼어요. 사용하여 혼동을 준 오답이에요.

질문을 듣고 알맞은 응답을 고른 후, 빈칸을 받아써 보세요. (받아쓰기할 문장은 세 번 들려줍니다.) 🎧 Day05_05

01 (A) Yes. At the Star Resort.

(B) A hotel owner.

_____ a hotel room?

01 호텔 방을 예약했는지를 묻고 있어요.

02 (A) It's a current trend.

(B) There's a 50 percent discount.

_____ this _____ currently _____?

02 셔츠가 현재 할인 중인지를 묻고 있어요.

03 (A) No. I didn't have time.

(B) A new branch.

(C) They supply our equipment.

_____ office supplies?

03 사무용품을 주문하지 않았는지를 묻고 있어요.

04 (A) The food was delicious.

(B) Sure, that's a good idea.

(C) I prefer a table inside.

Would you like an _____ or _____ table?

04 실내 또는 야외 테이블 중 무엇을 원하는지를 묻고 있어요.

05 (A)   (B)   (C)

_____ the _____?

05 영화를 봤는지를 묻고 있어요.

06 (A)   (B)   (C)

_____ to _____ a

_____?

06 발표를 준비하기로 되어 있지 않은지를 묻고 있어요.

정답·해석·해설 p.14

🐰 **첫토익 보카**

01 reserve 예약하다 owner 주인, 소유자 **02** currently 현재 on sale 할인 중인 current 최신의, 현재의
trend 유행 **03** office supply 사무용품 branch 지점 supply 공급하다 equipment 용품, 장비 **04** indoor 실내의
outdoor 야외의 delicious 맛있는 prefer ～을 더 좋아하다, 선호하다 inside 내부에 있는, 안의 **05** move 이사하다
place 곳, 장소 **06** be supposed to ～하기로 되어 있다 prepare 준비하다 presentation 발표 already 이미
repair 고치다 interesting 흥미로운 topic 주제

✦ 첫토익 실전문제

앞에서 학습한 내용을 적용하여 실전 문제에 도전해 보세요. 🎧 Day05_06

01 Mark your answer.   (A)   (B)   (C)

02 Mark your answer.   (A)   (B)   (C)

03 Mark your answer.   (A)   (B)   (C)

04 Mark your answer.   (A)   (B)   (C)

05 Mark your answer.   (A)   (B)   (C)

06 Mark your answer.   (A)   (B)   (C)

07 Mark your answer.   (A)   (B)   (C)

08 Mark your answer.   (A)   (B)   (C)

09 Mark your answer.   (A)   (B)   (C)

10 Mark your answer.   (A)   (B)   (C)

11 Mark your answer.   (A)   (B)   (C)

12 Mark your answer.   (A)   (B)   (C)

정답·해석·해설 p.16

LC
PART 2
첫토익 **6**일 ## 기타 의문문

1. 부가 의문문

평서문 뒤에 **꼬리말**(didn't you, is it 등)을 덧붙여 **사실**을 확인하거나 **의견**에 **동의**를 구하는 질문이 나와요. **Yes/No**를 사용한 후 적절한 **부연 설명**을 덧붙인 응답이 정답으로 자주 출제되는데, Yes/No는 생략될 수도 있어요.

당신이 그 셔츠를 디자인하셨죠, 안 그런가요(didn't you)?

네. 이 디자인은 제 것이에요.

시험에 꼭 나오는 빈출 질문과 응답 🎧 Day 06_01

● 응답 유형 ① Yes/No를 사용하여 응답하는 보기

> 질문 **You designed the shirt, didn't you?**
> 당신이 그 셔츠를 디자인하셨죠, 안 그런가요?

응답1 **Yes. This design is mine.**
네. 이 디자인은 제 것이에요.

응답2 **No, I didn't.**
아니요, 제가 하지 않았어요.

● 응답 유형 ② Yes/No 생략하여 응답하는 보기

> 질문 **CB Motors is not going to sign the contract, is it?**
> CB Motors는 그 계약서에 서명하지 않을 것이죠, 그렇죠?

응답1 **They are doing it next week.**
(네.) 그들은 다음 주에 그것을 할 거예요.

응답2 **They decided to go with a different company.**
(아니요.) 그들은 다른 회사와 함께하기로 결정했어요.

첫토익 비법

부가 의문문에서는 꼬리말에 not이 있든 없든, 답변이 질문에 긍정하는 내용이라면 Yes로, 부정하는 내용이라면 No로 응답해요.

2. 평서문

의문문이 아닌 형태로 **정보 제공, 제안·요청, 의견 전달**을 하며 상대의 응답을 요구하는 **진술문**이 나와요.
말한 사람의 의도에 따라 **추가 정보 제공, 수락** 또는 **거절, 동의** 또는 **반대**하는 응답이 정답으로 자주 출제돼요.

> 우리는 아직 그 제품을 받지 못했어요.

> 배달물들은 보통 오후에 도착해요.

시험에 꼭 나오는 빈출 질문과 응답 🎧 Day06_02

● **응답 유형 ①** 추가 정보를 제공하며 응답하는 보기

> 질문 We **haven't received** the **product** yet.
> 우리는 아직 그 제품을 받지 못했어요.

응답 **Deliveries usually arrive in the afternoon.**
[추가 정보] 배달물들은 보통 오후에 도착해요.

● **응답 유형 ②** 수락 또는 거절하며 응답하는 보기

> 질문 **Let's have the presentation** on Friday at 2 P.M.
> 금요일 오후 2시에 발표를 합시다.

응답 1 **That works for me.**
[수락] 저는 그렇게 해도 좋아요.

응답 2 **I have a meeting.**
[거절] 저는 회의가 있어요.

● **응답 유형 ③** 동의 또는 반대하며 응답하는 보기

> 질문 We should consider **hiring** more **staff.**
> 우리는 더 많은 직원을 고용하는 것을 고려해야 해요.

응답 1 **That's a great idea.**
[동의] 아주 좋은 생각이에요.

응답 2 **We have enough already.**
[반대] 우리는 이미 충분해요.

첫토익 비법

평서문에서는 추가 정보나 의견을 얻기 위해 되묻는 응답도 정답으로 자주 나와요.

📖 I'd like to reserve a table for two. 저는 두 명을 위한 테이블을 예약하고 싶어요.
At what time, sir? 몇 시에요?

3. 제안·제공·요청 의문문

Would you like to ~?(~하시겠어요?), Can you~?(~해 주시겠어요?), Would you like me to ~? (제가 ~할까요?), Why don't we ~?(우리 ~하는 것이 어때요?) 등의 표현을 사용하여 상대방에게 **제안· 제공·요청**을 하는 질문이 나와요. 화자가 말한 내용에 대해 **수락**하거나 **거절**하는 응답이 정답으로 자주 출 제돼요.

시험에 꼭 나오는 빈출 질문과 응답 🎧 Day06_03

● **응답 유형 ①** 수락을 나타내는 표현을 사용하여 응답하는 보기

> 질문 **Would you like to** see the revised logo?
> 수정된 로고를 보시겠어요?

응답 **Sure.** I'm not busy now.
[수락] 물론이죠. 전 지금 바쁘지 않아요.

● **응답 유형 ②** 거절을 나타내는 표현을 사용하여 응답하는 보기

> 질문 **Can you** help me move these boxes?
> 이 상자들을 옮기는 걸 도와주실 수 있나요?

응답 **Sorry,** I'm late for a meeting.
[거절] 미안해요, 저는 회의에 늦었어요.

 첫토익 비법

제안·제공·요청 내용에 대해 수락할 때는 Sure(물론이죠), That's a good idea(그거 정말 좋은 생각이네요) 등 과 같은 표현이, 거절할 때는 Sorry(미안해요)가 자주 쓰여요.

Part 2 기출 문제 풀이 방법을 익혀보세요. 🎧 Day06_04

STEP 1 질문 들으며 핵심 내용 파악하기

주요 단어들을 들으며 화자가 전달하고자 하는 핵심 내용이 무엇인지 파악해요.

I think this carpet is too colorful.
저는 이 카페트가 색이 너무 화려하다고 생각해요.

카페트가 색이 너무 화려하다고 생각한다며 자신의 의견을 전달하고 있어요.

STEP 2 O·X로 오답 소거하며 정답 고르기

보기를 들으며 O·X로 오답은 소거하고 질문에 대해 가장 적절한 응답을 한 보기를 정답으로 고르세요.

(A) Please choose the carpet. (X)
카페트를 골라주세요.

질문의 carpet을 반복 사용하여 혼동을 준 오답이에요.

(B) Yellow and green. (X)
노란색과 초록색이요.

질문의 colorful(화려한)과 관련된 yellow(노란색)와 green(초록색)을 사용하여 혼동을 준 오답이에요.

(C) We should choose a different color. (O)
우리는 다른 색상을 골라야 해요.

We should choose a different color(우리는 다른 색상을 골라야 한다)라고 동의했으므로 정답이에요.

질문을 듣고 알맞은 응답을 고른 후, 빈칸을 받아써 보세요. (받아쓰기할 문장은 세 번 들려줍니다.) 🎧 Day06_05

01 (A) I hope you enjoy the trip.

(B) For a month.

I'm _____ Las Vegas _____ .

01 다음 주에 라스베이거스에 간다는 사실을 전달하고 있어요.

02 (A) I'll check the prices.

(B) Yes, I think so.

The _____ tomorrow, _____ ?

02 내일 날씨가 좋을지에 대해 동의를 구하고 있어요.

03 (A) It's hard to understand.

(B) Because it was raining there.

(C) Sure. I'll call him.

_____ ask Mr. Anderson _____

_____ ?

03 Mr. Anderson에게 직접 물어보라고 제안하고 있어요.

04 (A) I totally agree.

(B) It was a long movie.

(C) The projector works fine.

The _____ is _____ .

04 프로젝트가 너무 오래 걸리고 있다는 의견을 전달하고 있어요.

05 (A)   (B)   (C)

Could you _____ ?

05 예약 일정을 변경해 달라고 요청하고 있어요.

06 (A)   (B)   (C)

You are planning to _____, _____ ?

06 일찍 떠날 계획인지 확인하고 있어요.

정답·해석·해설 p. 19

 첫토익 보카

01 hope 바라다   enjoy 즐기다   trip 여행   **02** weather 날씨   price 가격   **03** understand 이해하다
04 totally 전적으로, 완전히   agree 동의하다   work 작동하다   **05** reschedule 일정을 변경하다   reservation 예약
sign up 등록하다   possible 가능한   **06** plan to ~할 계획이다   leave 떠나다   early 일찍   appointment 약속

✦ 첫토익 실전문제

앞에서 학습한 내용을 적용하여 실전 문제에 도전해 보세요. 🎧 Day06_06

01 Mark your answer.　　　　　　(A)　　(B)　　(C)

02 Mark your answer.　　　　　　(A)　　(B)　　(C)

03 Mark your answer.　　　　　　(A)　　(B)　　(C)

04 Mark your answer.　　　　　　(A)　　(B)　　(C)

05 Mark your answer.　　　　　　(A)　　(B)　　(C)

06 Mark your answer.　　　　　　(A)　　(B)　　(C)

07 Mark your answer.　　　　　　(A)　　(B)　　(C)

08 Mark your answer.　　　　　　(A)　　(B)　　(C)

09 Mark your answer.　　　　　　(A)　　(B)　　(C)

10 Mark your answer.　　　　　　(A)　　(B)　　(C)

11 Mark your answer.　　　　　　(A)　　(B)　　(C)

12 Mark your answer.　　　　　　(A)　　(B)　　(C)

정답·해석·해설 p.20

해커스 첫토익 LC+RC+VOCA

PART 3
대화를 듣고 질문에 답하기

◀ Part 3
시험 소개
바로보기

| 첫토익 **7**일 | 회사 생활 |
| 첫토익 **8**일 | 일상 생활 |

일상 생활
31%

회사 생활
69%

Part 3 출제 경향

Part 3에는 회사 생활이나 일상 생활과 관련된 다양한 주제의 대화
가 나와요. 총 13개의 대화 중 회사 생활과 관련된 대화가 평균 9~8개
(69%)로 가장 많이 출제돼요.

첫토익 **7**일 회사 생활

MP3
바로 듣기 ▶

첫토익특강 ⑩
패러프레이징
방법

1. 회사 업무·시설 관리

업무 진행이나 조정, 회의 준비, 제품 개발, 사무기기 및 **시설 보수**에 관한 내용이 자주 나와요. 주로 '주제/
문제점 → 세부 내용 → 요청 및 제안 사항'의 흐름으로 대화가 전개돼요.

남: 제가 작성한 기사를 검토해 주세요.

여: 지금은 일이 있어서 오후에 할게요.

남: 그럼 다른 동료에게 부탁해 볼게요.

시험에 꼭 나오는 빈출 표현 🎧 Day07_01

회사 업무·시설 관리와 관련된 상황과 표현을 익혀두면 대화의 흐름 파악이 쉬워져 질문에 맞는 정답을 더
빠르게 고를 수 있어요.

● 업무 진행·조정

업무의 진행 상황에 대해 논의하거나 일정, 마감 기한을 조정하는 대화 상황이 자주 나와요.

work on ~을 작업하다	**shift** 근무 시간, 교대 근무
on time 제때에, 정각에	**deadline** 마감 기한
submit 제출하다	**assist** 돕다
paperwork 서류 (작업)	**rearrange** 재조정하다

● 회의 준비

회의 또는 발표를 준비하며 안건에 대해 논의하거나 필요한 자료를 요청하는 대화 상황이 자주 나와요.

conference 회의, 학회

bring up (안건을) 제기하다

make a decision 결정하다

board meeting 이사회

budget 예산, 예산안

presentation 발표

sales figures 판매 수치

organize 준비하다

● 제품 개발

제품을 개발하는 과정에서 제품의 디자인, 재질, 가격 등을 논의하는 대화 상황이 자주 나와요.

revision 수정(사항)

match 어울리다

come up with ~을 생각해내다

operate 작동되다, 가동하다

current 현재의

research 연구, 조사; 조사하다

quality 질

competitive 경쟁력 있는

● 사무기기·시설 보수

프로젝터 같은 사무기기나 냉난방 기구 등 사무실 시설의 보수 및 안전 점검 작업을 요청하는 대화 상황이 자주 나와요.

broken 고장 난

maintenance 보수, 관리

remodel 개조하다

out of ~이 다 떨어진

engineer 기술자, 수리공

lock 잠그다

work 작동하다

leak 새다

![첫토익 비법]

Part 3의 정답은 대화에 나온 표현을 그대로 사용하지 않고 패러프레이징하는 경우가 많아요. 회사 업무·시설 관리 관련 대화에 자주 등장하는 패러프레이징 표현을 익혀두면 정답을 더 쉽고 빠르게 찾을 수 있어요.

submit 제출하다 – hand in 제출하다

broken 고장 난 – damaged 손상된

figure 수치, 숫자 – number 숫자

remodel 개조하다 – renovate 개조하다

2. 인사·사내 행사

채용, 지원 및 면접, 직원 교육, 사내 행사에 관한 내용이 자주 나와요. 주로 '주제 → 요청 및 제안사항 → 세부 내용'의 흐름으로 대화가 전개돼요.

여: 교육 자료가 모두 준비되었나요?

남: 아직이요. 저는 그것들을 출력할 시간이 더 필요해요.

여: 교육이 곧 시작되니 제가 지금 바로 인쇄소로 갈게요.

시험에 꼭 나오는 빈출 표현 　🎧 Day07_02

인사·사내 행사와 관련된 상황과 표현을 익혀두면 대화의 흐름 파악이 쉬워져 질문에 맞는 정답을 더 빠르게 고를 수 있어요.

● **채용**

채용 담당자들이 구인 방법을 논의하거나 지원자에게 합격을 알리고 일자리를 제안하는 대화 상황이 자주 나와요.

hire 채용하다, 고용하다	**search for** ~을 찾다
be in charge of ~을 담당하다	**candidate** 지원자, 후보자
job posting 구인 공고	**career** 경력, 직업
attract 끌어 모으다	**recruit** 채용하다

● **지원·면접**

지원자의 지원 동기 및 경력에 대해 이야기하거나 면접 일정을 논의하는 대화 상황이 자주 나와요.

job interview 구직 면접

apply for ~에 지원하다

applicant 지원자

experience 경력, 경험

position (일)자리, 직책

résumé 이력서

degree 학위

reference 추천서

● **직원 교육**

신입 사원이나 직원들을 대상으로 교육을 준비하거나 교육 절차를 안내하는 대화 상황이 자주 나와요.

training session 교육

take place 이루어지다, 열리다

access (컴퓨터에) 접속하다

material 자료

improve 향상시키다

handout 유인물, 인쇄물

orientation 예비 교육

employee 직원

● **사내 행사**

직원들을 위한 연회, 송별회 또는 시상식을 준비하는 대화 상황이 자주 나와요.

appreciation 감사

prepare for ~을 준비하다

take part in ~에 참가하다

encourage 격려하다

banquet 연회

award 상; 수여하다

compensation 보상

retirement 은퇴

🐰 **첫토익 비법**

인사·사내 행사 관련 지문에서는 화자에 대한 정보를 묻는 문제가 자주 출제돼요. 주로 대화 초반에 화자의 신분이나 직업, 일하는 장소에 대한 단서가 언급되므로 대화 초반부를 주의 깊게 들어야 해요.

Part 3 기출 문제 풀이 방법을 익혀보세요. 🎧 Day07_03

○─ **STEP 1** **문제 파악하기**

대화를 듣기 전, 의문사와 주요 단어를 먼저 읽고
무엇을 묻는 문제인지 파악해요.

1. What problem **does the** man mention? ────○

   (A) A business is not currently open.

   (B) A training session was canceled.

   (C) Some materials have not been printed.

   (D) Some new nurses are running late.

→ 남자가 언급하는 문제가 무엇인지 묻고 있어요.

   1. 남자는 무슨 문제를 언급하는가?
     (A) 사업체가 현재 열려 있지 않다.
     (B) 교육이 취소되었다.
     (C) 몇몇 자료들이 출력되지 않았다.
     (D) 몇몇 신입 간호사들이 늦었다.

○─ **STEP 2** **대화 들으며 정답 고르기**

대화를 들으며 정답의 단서가 나오는 부분을 파악
하고, 그 내용을 적절히 표현한 보기를 정답으로
고르세요.

Question 1 refers to the following conversation.

W: Are those training materials for new nurses
   ready?

M: [1]Not yet. I need more time to print them out. ─→

W: But the training session will start in an hour.

M: It's taking longer than expected because we
   only have one printer.

W: I'll go to the print shop right now. It will take
   about 30 minutes.

교육 자료가 모두 준비되었냐는 질문에 아직이라며 출
력할 시간이 더 필요하다는 단서 [1]을 통해 자료가 모
두 출력되지 않았음을 알 수 있어요. 따라서 (C) Some
materials have not been printed(몇몇 자료들이 출
력되지 않았다)가 정답이에요.

1번은 다음 대화에 관한 문제입니다.

여: 새로운 간호사들을 위한 교육 자료가 모두 준비되었나요?

남: [1]아직이요. 저는 그것들을 출력할 시간이 더 필요해요.

여: 하지만 교육이 한 시간 후에 시작될 거예요.

남: 프린터가 하나밖에 없어서 예상했던 것보다 오래 걸리고 있
   어요.

여: 제가 지금 바로 인쇄소로 갈게요. 30분 정도 걸릴 거예요.

대화를 들으며 정답을 고르고, 빈칸을 받아써 보세요. (음성은 두 번 들려줍니다.) 🎧 Day07_04

01 What will the woman most likely do next?

01 여자가 다음에 할 일은?

(A) 건물 관리자에게 연락한다.　(B) 문을 고친다.

> M: Anna, there's _____ the storage
> room door. It doesn't _____. Could you _____?
> W: I'm sorry, but I don't know how. _____ the
> _____.

02 What type of event is the woman preparing for?

02 여자가 준비하고 있는 행사의 종류는?

(A) 결혼 피로연　　　　　(B) 회사 연회

> W: Do you mind _____ to provide food
> for our upcoming _____?
> M: Sure. I'll _____ of _____
> _____ with their prices tomorrow morning.

[03-04]

03 Who most likely is the woman?

04 What does the man like about the dresses?

03 여자의 직업은?

04 남자가 드레스들에 대해 좋아하는 것은?

(A) An engineer

(B) A designer

(A) The patterns

(B) The colors

> M: Sandra, I'd like to _____ our fall
> clothing line.
> W: Do you want to make any changes to _____
> _____?
> M: Not at all. I think they're great, especially _____
> _____. I'm just _____ we should
> _____.

정답·해석·해설 p. 23

🐰 첫토익 보카

01 storage room 창고　lock 잠그다　maintenance worker 관리자　**02** caterer 연회 업체　upcoming 다가오는 appreciation 감사　banquet 연회　available 이용 가능한　price 가격　**03-04** fall 가을　clothing 의류, 옷 especially 특히　fabric 옷감, 직물　wonder if ~일지 궁금하다

✦ 첫토익 실전문제

앞에서 학습한 내용을 적용하여 실전 문제에 도전해 보세요. 🎧 Day07_05

[01-03]

01 Why is the man calling?
   (A) To renew a membership
   (B) To register for a class
   (C) To offer a job
   (D) To refuse a request

02 According to the woman, what has changed?
   (A) A member benefit
   (B) An address
   (C) A job title
   (D) A schedule

03 What will most likely happen on Saturday?
   (A) A training session will be conducted.
   (B) An exhibit will open.
   (C) A brochure will be given.
   (D) A community event will be held.

[04-06]

04 What is the man planning to do?
   (A) Join a project
   (B) Deliver a presentation
   (C) Listen to a speech
   (D) Book a conference room

05 What is the man worried about?
   (A) An inaccurate document
   (B) A lack of information
   (C) An unexpected requirement
   (D) A printing delay

06 What does the man ask Paula to do?
   (A) Print a document
   (B) Revise a contract
   (C) Hire an assistant
   (D) Provide some feedback

[07-09]

07 Where do the speakers most likely work?
(A) At a hotel
(B) At a marketing firm
(C) At a department store
(D) At a publishing company

08 Why will the man be busy tomorrow?
(A) He will go on vacation.
(B) He will train some staffs.
(C) He will write a report.
(D) He will go to a seminar.

09 What will the man probably do next?
(A) Return to his workspace
(B) Watch a marketing video
(C) Speak with a supervisor
(D) Make a reservation

[10-12]

10 What is the conversation mainly about?
(A) An upcoming project
(B) A job opening
(C) A new branch
(D) A corporate gathering

11 What does the man suggest?
(A) Responding to messages
(B) Scheduling an interview
(C) Reposting an advertisement
(D) Extending a deadline

12 Why will the woman delay a task?
(A) To read an e-mail
(B) To update a Web site
(C) To interview an applicant
(D) To attend a meeting

정답·해석·해설 p. 24

일상 생활

1. 쇼핑·편의 시설

상점, 부동산, 병원, 수리점에서 이루어지는 **일상적인 생활**에 관한 내용이 자주 나와요. 주로 '문의 사항 → 세부 내용 → 제안 사항'의 흐름으로 대화가 전개돼요.

> 남: 제가 책 찾는 걸 도와드릴까요?
>
> 여: 전 초보자용 요리책을 찾고 있어요.
>
> 남: 요리책 코너로 안내해 드릴게요.

시험에 꼭 나오는 빈출 표현 🎧 Day08_01

쇼핑·편의 시설과 관련된 상황과 표현을 익혀두면 대화의 흐름 파악이 쉬워져 질문에 맞는 정답을 더 빠르게 고를 수 있어요.

● 상점

상점에서 고객이 제품에 대해 문의하거나, 교환, 환불, 반품 등을 요구하는 상황이 자주 나와요.

exchange 교환하다	**return** 반품; 반품하다
refund 환불; 환불하다	**purchase** 구매하다
defective 결함이 있는	**take care of** ~을 처리하다
for sale 판매 중인	**out of stock** 재고가 없는

● 부동산

부동산에서 임대할 아파트나 사무실을 찾는 상황이 자주 나와요.

real estate 부동산	**owner** 주인
move in 이사 오다	**rental fee** 임대료
recommend 권하다	**look for** ~을 찾다
vacant 빈	**rent** 임대하다; 집세

● 병원

병원에서 진료를 예약하거나 예약 시간 또는 날짜 변경을 요청하는 상황이 자주 나와요.

checkup 건강검진	**receptionist** 접수 담당자
dentist 치과의사	**reschedule** 일정을 변경하다
see a doctor 병원에 가다	**patient** 환자
appointment 예약	**clinic** 병원

● 수리점

수리점에서 고장 난 휴대폰, 노트북 등의 제품 수리를 요청하는 상황이 자주 나와요.

damaged 손상된	**valid** 유효한
technician 기술자	**warranty** 품질 보증서
electronics 전자제품	**out of order** 고장 난
pick up ~을 찾다, 찾아오다	**inspect** 점검하다

첫토익 비법

쇼핑·편의 시설 관련 지문에서는 대화가 끝난 후 다음에 할 일이 무엇인지 묻는 문제가 자주 출제돼요. 주로 대화의 후반부에 언급되는 계획이나 화자의 의지를 나타내는 표현 등이 단서가 되므로 이 부분을 주의 깊게 들어야 해요.

2. 여행·여가

공항·기차역, 호텔, 전시회, 식당에서 이루어지는 **여행이나 여가 생활**에 관한 내용이 자주 나와요. 주로 '주제 → 세부 내용 → 다음에 할 일'의 흐름으로 대화가 전개돼요.

> 여: 보스턴행 10시 30분 기차표는 매진되었어요. 다음 기차는 오후 1시에 떠나요.

> 남: 하지만 저는 정오에 그곳에서 면접이 있어요.

> 여: 버스를 타는 건 어떠세요? 터미널은 여기서 두 블록 거리예요.

시험에 꼭 나오는 빈출 표현 🎧 Day08_02

여행·여가와 관련된 상황과 표현을 익혀두면 대화의 흐름 파악이 쉬워져 질문에 맞는 정답을 더 빠르게 고를 수 있어요.

● 공항·기차역

공항에서 수하물에 대해 이야기하거나 기차역에서 표를 예매하는 상황이 자주 나와요.

direct flight 직항편	**airport** 공항
check (수하물을) 부치다	**holiday** 휴일, 휴가
transfer 환승하다	**sold out** 매진된
go on vacation 휴가를 가다	**station** 역

🌑 호텔

호텔 투숙객이 직원에게 호텔 이용에 관해 문의하는 상황이 자주 나와요.

check in (호텔에) 체크인하다

fully booked 모두 예약된

attendant 안내원, 종업원

front desk 안내 데스크, 프런트

visit 방문하다

suite 스위트룸

parking lot 주차장

accommodate 수용하다

🌑 전시회

박물관, 미술관 등에서 표 또는 회원 카드를 구매하거나, 직원이 특정 전시나 투어에 대해 소개하는 상황이 자주 나와요.

museum 박물관, 미술관

brochure (안내) 책자

admission 입장(료)

on view 전시 중인

exhibition 전시회

membership 회원

misplace 잘못 놓다

closed 문을 닫은

🌑 식당

행사를 위해 식당에 예약을 하거나, 종업원과 손님이 요리에 대해 이야기하는 상황이 자주 나와요.

make a reservation 예약하다

have dinner 저녁 식사를 하다

party 일행, 단체

server 종업원

restaurant 식당

dining 식사

recipe 요리법

order 주문하다

🐰 첫토익 비법

여행과 여가 관련 대화에 자주 등장하는 패러프레이징 표현을 익혀두면 정답을 더 쉽고 빠르게 찾을 수 있어요.

flight 항공편 – plane 비행기

inside 실내에서 – indoors 실내에서

leave 떠나다 – depart 떠나다

return 돌아오다 – come back 돌아오다

Part 3 기출 문제 풀이 방법을 익혀보세요. 🎧 Day08_03

○─ **STEP 1** **문제 파악하기**

대화를 듣기 전, 의문사와 주요 단어를 먼저 읽고 무엇을 묻는 문제인지 파악해요.

1. Where most likely does the conversation ──○ ─▷ 대화가 어디에서 일어나는 것 같은지 묻고 있어요.
   take place?

   (A) At a hotel

   (B) At an airport

   (C) At a train station

   (D) At a concert hall

     1. 대화는 어디에서 일어나는 것 같은가?
       (A) 호텔에서
       (B) 공항에서
       (C) 기차역에서
       (D) 콘서트홀에서

○─ **STEP 2** **대화 들으며 정답 고르기**

대화를 들으며 정답의 단서가 나오는 부분을 파악하고, 그 내용을 적절히 표현한 보기를 정답으로 고르세요.

Question 1 refers to the following conversation.

M: Good morning. [1]I need a ticket for the 10:30 train to Boston.

W: Sorry. It's sold out. The next train departs at 1 P.M.

M: But I have an interview there at noon.

W: How about taking a bus leaving at 10:30 instead? The terminal is only two blocks from here.

M: Thank you. I'll go there now.

보스턴행 기차표가 필요하다고 하는 단서 [1]을 통해 대화가 기차역에서 이루어지고 있음을 알 수 있어요. 따라서 (C) At a train station(기차역에서)이 정답이에요.

1번은 다음 대화에 관한 문제입니다.

남: 안녕하세요. [1]저는 보스턴행 10시 30분 기차표가 필요해요.

여: 죄송합니다. 그건 매진되었어요. 다음 기차는 오후 1시에 떠나요.

남: 하지만 저는 정오에 그곳에서 면접이 있어요.

여: 대신 10시 30분에 떠나는 버스를 타는 건 어떠세요? 터미널은 여기서부터 단지 두 블록 거리예요.

남: 감사합니다. 지금 그곳으로 갈게요.

✧ 첫토익 연습문제

대화를 들으며 정답을 고르고, 빈칸을 받아써 보세요. (음성은 두 번 들려줍니다.) 🎧 Day08_04

01 What **does the** man give to the woman?

(A) 가격표　　　　　　(B) 영수증

M: Excuse me. I'd like to ＿＿＿＿＿＿＿＿＿. Here's
＿＿＿＿＿＿＿＿＿.

W: I see. Just a moment, sir. I'll get my supervisor to
help you with this.

01 남자가 여자에게 주는 것은?

02 According to the man, **what** is available for free?

(A) 주차장　　　　　　(B) 회의실

W: Good morning. I ＿＿＿＿＿＿＿ at your hotel.
Do I need to ＿＿＿＿＿＿＿＿＿?

M: It's ＿＿＿＿＿＿＿＿＿.

W: I see. Thank you for the information.

02 무료로 이용 가능한 것은?

[03-04]

03 Where **most likely does the** woman work?

(A) At an auto repair shop

(B) At a car rental agency

04 What **does the woman ask the** man to do?

(A) Pay for a service

(B) Provide a contact number

M: My car's engine is ＿＿＿＿＿＿＿＿＿.
Can you check it?

W: Sure. Please ＿＿＿＿＿＿＿＿＿＿
on this form. We will call you after we ＿＿＿＿＿＿＿
＿＿＿＿. It should take two hours.

M: OK. I'll wait for your call.

03 여자가 일하는 곳은?

04 남자가 해야 하는 일은?

정답·해석·해설 p. 27

 첫토익 보카 ···

01 return 환불하다　receipt 영수증　supervisor 관리자　**02** book 예약하다　suite 스위트룸　parking lot 주차장
guest 투숙객, 손님　**03-04** loud 시끄러운　noise 소음　form 양식　inspect 점검하다　vehicle 차량

앞에서 학습한 내용을 적용하여 실전 문제에 도전해 보세요. 🎧 Day08_05

[01-03]

01 Why is the woman calling?

(A) To apologize for being late

(B) To confirm an address

(C) To inquire about a trip

(D) To reschedule an appointment

02 What will Dr. Roberts do in Vancouver?

(A) Visit a patient

(B) Attend a seminar

(C) Give an examination

(D) Perform an operation

03 What most likely will the man do next?

(A) Make a phone call

(B) Lead a meeting

(C) Visit a clinic

(D) Take a break

[04-06]

04 Where most likely are the speakers?

(A) At a train station

(B) At a bus terminal

(C) At an airport

(D) At a taxi stand

05 What is the woman required to do?

(A) Pay an extra charge

(B) Fill out a request form

(C) Provide a sales receipt

(D) Check an updated schedule

06 What will the woman probably do next?

(A) Contact her colleague

(B) Review a departure board

(C) Head to a lounge area

(D) Check some luggage

[07-09]

07 Where does the woman most likely work?

(A) At a real estate agency

(B) At a moving company

(C) At a construction firm

(D) At a furniture store

08 Why does the man reject the first option?

(A) His company is relocating.

(B) The price is too high.

(C) He needs more space.

(D) His workplace is not close.

09 What does the man have to do in May?

(A) Pay the bill

(B) Move out of his apartment

(C) Work in a new office

(D) Purchase a car

[10-12]

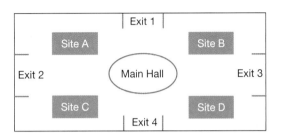

10 Where is the conversation taking place?

(A) At an art museum

(B) At a theater

(C) At a photo studio

(D) At a fashion show

11 What does the man want to do?

(A) Buy a membership

(B) Check a price

(C) See an exhibit

(D) Confirm a schedule

12 Look at the graphic. Which site will the man go to?

(A) Site A

(B) Site B

(C) Site C

(D) Site D

정답·해석·해설 p. 28

PART 4

담화를 듣고 질문에 답하기

◀ Part 4
시험 소개
바로보기

첫토익 **9**일	**음성 메시지와 공지·안내**
첫토익 **10**일	**방송과 연설**

음성 메시지
22%

연설
46%

공지·안내
18%

방송
14%

Part 4 출제 경향

Part 4에는 음성 메시지, 공지·안내, 방송, 연설과 같이 비즈니스 상황이나 일상 생활에서 접할 수 있는 다양한 형태의 담화가 나와요. 총 10개 담화 중 연설 지문이 평균 4~5개(46%)로 가장 많이 출제돼요.

음성 메시지
필수 표현

1. 음성 메시지

음성 메시지는 **전화 수신자에게 남겨진 녹음 멘트**로, 업무·회의 요청, 제품 구매·수리, 예약 확인·변경, 행사 준비에 관한 내용이 자주 나와요. 주로 '전화한 사람 소개 → 전화 목적 → 세부 내용 → 요청 사항'의 흐름으로 담화가 전개돼요.

> 안녕하세요, Mr. Ericson. 마케팅부의 Bella예요. 신제품 광고에서 이번에 나올 휴대폰이 매우 얇다는 걸 강조하는 게 좋을 것 같아요. 제가 몇 가지 아이디어를 생각해봤는데, 검토해 주셨으면 해요.

시험에 꼭 나오는 빈출 표현 🎧 Day09_01

음성 메시지에 자주 나오는 상황과 표현을 익혀두면 담화의 흐름 파악이 쉬워져 질문에 맞는 정답을 더 빠르게 고를 수 있어요.

● **업무·회의 요청**

업무를 진행하는 과정에서 다른 사람의 도움이나 회의를 요청하는 상황이 자주 나와요.

look over ~을 검토하다, 살펴보다	**discuss** 논의하다
hand out 나눠주다, 배포하다	**have a problem** 문제가 있다
opinion 의견	**approve** 승인하다
reach ~ at ... ~에게 ···로 연락하다	**favor** 부탁

● 제품 구매·수리

제품을 구매하기 위해 견적을 요청하거나 제품 배송 및 수리 중 생긴 문제에 대해 문의하는 상황이 자주 나와요.

call ~ back ~에게 다시 전화하다   **inquiry** 문의

wonder if ~일지 궁금하다   **replace** 교체하다

response 응답   **advice** 조언

arrive 도착하다   **delivery** 배송

● 예약 확인·변경

고객에게 예약과 관련된 사항을 전달하거나 예약 일정을 변경하는 상황이 자주 나와요.

change 변경하다   **booking** 예약

instead 대신에   **remind** 상기시키다

notice 통지; 통지하다   **reply** 응답하다

expect 기대하다, 예상하다   **immediately** 즉시

● 행사 준비

은퇴 파티, 야유회 같은 사내 행사나 전시회, 콘서트 등의 외부 행사 준비를 위해 논의하는 상황이 자주 나와요.

participate in ~에 참가하다   **venue** 장소

be held 열리다   **decoration** 장식

fund-raising 모금   **catering** 음식 공급

available 이용할 수 있는   **organizer** 주최자

첫토익 비법

음성 메시지에는 전화의 목적을 묻는 문제가 자주 출제돼요. I'm calling to/about ~(~하려고/~과 관련하여 전화했습니다), I'd like to ~(~하고 싶습니다), I was wondering if ~(~인지 궁금합니다)와 같이 전화의 목적을 알 수 있는 표현을 집중해서 들으세요.

2. 공지·안내

공지 및 안내는 **청자들에게 새로운 사실이나 변경 사항 등을 알리는 지문으로, 사내 공지, 설치·보수 작업 공지, 교통수단이나 매장에서의 안내**에 관한 내용이 자주 나와요. 주로 '주의 환기 및 소개 → 주제/목적 → 세부 내용 → 청자들이 할 일'의 흐름으로 담화가 전개돼요.

> Highland Market에 오신 것을 환영합니다. 저희는 이번 달에 특정 브랜드들에 대해 10 퍼센트 할인을 제공합니다. 이 혜택은 회원에게만 제공되니 고객 서비스 센터에서 멤버십 신청서를 작성하세요.

시험에 꼭 나오는 빈출 표현 🎧 Day09_02

공지 및 안내에 자주 나오는 상황과 표현을 익혀두면 담화의 흐름 파악이 쉬워져 질문에 맞는 정답을 더 빠르게 고를 수 있어요.

● 사내 공지

직원들에게 새로운 업무 관련 소식이나 사내 정책의 변경을 알리는 상황이 자주 나와요.

announcement 공지(사항)	**policy** 정책, 방침
be required to ~하도록 요구되다	**guideline** 지침
deal with ~을 대하다, 다루다	**result** 결과
security 보안	**branch** 지점

설치·보수 작업 공지
새로운 기기의 설치나 보수 공사 작업 진행을 알리는 상황이 자주 나와요.

personnel 직원

workspace 업무 공간

lobby 로비, 휴게실

remodel 개조하다

be set up 설치되다

do repairs 수리를 하다

electrical 전기의

satisfaction 만족

교통 안내
공항 또는 기차역에서 탑승객들에게 비행기나 기차의 운행 시간 변경 및 지연 등을 알리는 상황이 자주 나와요.

flight 항공편

stop by (~에) 잠시 들르다

identification 신분증

belongings 소지품

departure 출발(편)

apologize 사과하다

luggage 짐, 수하물

boarding gate 탑승구

제품·행사 안내
매장에서 고객들에게 특별 기념 행사를 알리거나 신제품을 소개하는 상황이 자주 나와요.

don't miss 놓치지 마세요

release 출시하다

celebration 기념행사

unique 독특한, 특별한

sign up for ~을 신청하다

launch 개시; 개시하다

memorable 기억할 만한

special price 특가

첫토익 비법

공지 및 안내에는 공지가 이루어지는 장소에 대한 문제가 자주 출제돼요. Welcome to ~(~에 오신 것을 환영합니다), Thank you for coming/attending to ~(~에 와 주셔서/참석해 주셔서 감사합니다)와 같이 장소를 예상할 수 있는 표현을 집중해서 들으세요.

Part 4 기출 문제 풀이 방법을 익혀 보세요. 🎧 Day09_03

STEP 1 문제 파악하기

담화를 듣기 전, 의문사와 주요 단어를 먼저 읽고 무엇을 묻는 문제인지 파악해요.

1. Where most likely are the listeners?

   (A) At a supermarket

   (B) At a restaurant

   (C) At a clothing store

   (D) At a bank

청자들이 어디에 있는 것 같은지 묻고 있어요.

1. 청자들은 어디에 있는 것 같은가?
   (A) 슈퍼마켓에
   (B) 식당에
   (C) 옷 가게에
   (D) 은행에

STEP 2 담화 들으며 정답 고르기

담화를 들으며 정답의 단서가 나오는 부분을 파악하고, 그 내용을 적절히 표현한 보기를 정답으로 고르세요.

Question 1 refers to the following announcement.

[1]Welcome to Highland Market, the largest chain of supermarkets in Montreal. We're having a special event to celebrate the launch of this new branch. A 10 percent discount is being provided on certain brands this month. To receive a discount, you need to present one of our special coupons. This is only for our members. To become a member, sign up at the customer service center.

몬트리올에서 가장 큰 슈퍼마켓 체인점에 온 것을 환영한다는 단서 [1]을 통해 청자들이 슈퍼마켓에 있는 것을 알 수 있어요. 따라서 (A) At a supermarket(슈퍼마켓에)이 정답이에요.

1번은 다음 공지에 관한 문제입니다.

[1]몬트리올에서 가장 큰 슈퍼마켓 체인점인 Highland Market에 오신 것을 환영합니다. 저희는 이 새 지점의 개점을 기념하기 위해 특별 행사를 진행하고 있습니다. 이번 달에 특정 브랜드들에 대한 10퍼센트 할인이 제공되고 있습니다. 할인을 받기 위해서 저희의 특별 쿠폰들 중 하나를 제시하셔야 합니다. 이것은 회원에게만 제공됩니다. 회원이 되시려면 고객 서비스 센터에서 등록하세요.

✦첫토익 연습문제

담화를 들으며 정답을 고르고, 빈칸을 받아써 보세요. (음성은 두 번 들려줍니다.) 🎧 Day09_04

01 What will happen next week?   01 다음 주에 일어날 일은?

(A) 제품 시연   (B) 설치 작업

> Attention, all personnel. A new air-conditioning system _____ next week. From Monday to Wednesday, everyone will _____ _____ on Bayman Street. Before you leave on Friday, please remove everything _____ _____.

02 What product did the speaker buy?   02 화자가 산 제품은?

(A) 전자 기기   (B) 비디오 게임

> Hello. My name is Paula Newton. I _____ on your company's Web site. It's been over two weeks, and it still hasn't arrived. Was there a problem? Please _____ to resolve this matter.

[03-04]

03 Where is the announcement taking place?   03 공지가 이루어지는 장소는?

(A) At a warehouse

(B) At a repair shop

04 What will be a feature of the new branch?   04 새로운 지점의 특징은?

(A) A convenient location

(B) A spacious parking lot

> Can I have everyone's attention, please? Since our _____ _____ have been so popular over the past year, I've decided to _____ in the _____. It's conveniently located, as it is only a _____ most residential areas. If you want to relocate to the new shop, please _____ the registration sheet.

정답·해석·해설 p.31

🐰 **첫토익 보카** ··

01 attention 주목하다   personnel 직원들   air-conditioning system 냉난방 장치   be set up 설치되다
location 지점, 장소   remove 치우다   workspace 업무 공간   **02** order 주문하다   resolve 해결하다
matter 사안, 문제   **03-04** popular 인기 있는   decide 결정하다   branch 지점   conveniently 편리하게
drive (차로 가는) 거리   residential area 주거 지역, 주택가   relocate 이전하다   put 적다   registration sheet 등록지

앞에서 학습한 내용을 적용하여 실전 문제에 도전해 보세요. 🎧 Day09_05

[01-03]

01 Who most likely is the speaker?

(A) A delivery person

(B) A taxi driver

(C) A personal assistant

(D) A receptionist

02 What does the speaker mean when he says, "The shuttle runs only from 8 A.M. to 9 P.M."?

(A) A service is unavailable.

(B) A request was approved.

(C) A schedule has been changed.

(D) A ticket will be provided.

03 What does the speaker ask the listener to do?

(A) Book a ticket

(B) Visit a Web site

(C) Pay for a service

(D) Return a call

[04-06]

04 Where is the announcement being made?

(A) In a travel agency

(B) At a train station

(C) At an airport

(D) At a hotel

05 Why should the listeners visit a ticketing counter?

(A) To receive a voucher

(B) To get their luggage

(C) To change a ticket

(D) To show their identification

06 According to the speaker, what is located next to the café?

(A) A restaurant

(B) A lounge

(C) A convenience store

(D) An information booth

[07-09]

07 What did employees complain about?

(A) An equipment

(B) A restroom

(C) A meeting room

(D) An elevator

08 What will happen next week?

(A) A company will relocate.

(B) Machinery will be replaced.

(C) A renovation project will take place.

(D) An announcement will be made.

09 What are some listeners asked to do?

(A) Use different spaces

(B) Fill out surveys

(C) Check an address

(D) Submit some feedback

[10-12]

10 Where does the speaker work?

(A) At a computer store

(B) At a real estate agency

(C) At a furniture company

(D) At a clothing store

11 What did the speaker do this morning?

(A) E-mailed a document

(B) Examined a sample item

(C) Moved to a new office

(D) Approved a project

12 What does the speaker want to discuss?

(A) Production costs

(B) Color options

(C) Additional service

(D) Customer opinions

정답·해석·해설 p.33

MP3
바로 듣기▶

떠먹여 주는 **첫토익특강** ⑭

방송
필수 표현

1. 방송

방송은 라디오나 TV를 통해 새로운 정보나 소식을 전달하는 지문으로, 지역 뉴스, 인물 소개, 교통 방송, 광고에 관한 내용이 자주 나와요. 주로 '프로그램/진행자 소개 → 방송 주제 → 세부 내용 → 다음에 나올 내용'의 흐름으로 담화가 전개돼요.

> 여러분은 Dallas Now를 듣고 계십니다. 8월 7일에 문을 여는 지역 주민 회관에서는 주민들을 위한 다양한 운동 프로그램이 무료로 제공될 것입니다. 이제, 오늘 아침의 일기 예보를 위해 채널을 고정하세요.

시험에 꼭 나오는 빈출 표현 🎧 Day10_01

방송에 자주 나오는 상황과 표현을 익혀두면 담화의 흐름 파악이 쉬워져 질문에 맞는 정답을 더 빠르게 고를 수 있어요.

● **지역 뉴스**

지역에 새로운 시설이 설립된다는 소식을 전하거나 지방 정부의 새로운 정책을 소개하는 상황이 자주 나와요.

stay tuned 채널을 고정하다	**opening** 개장, 개시
profit 수익	**increase** 증가하다
be expected to ~하도록 예상되다	**renovation** 수리, 개조
construction 건설	**city official** 시 공무원

● 인물 소개

방송 진행자가 전문가나 유명인을 초대하여 인터뷰를 진행하기 전에 그들의 업적, 경력 등을 소개하는 상황이 자주 나와요.

host 진행자	**guest** 초대 손님
introduce 소개하다	**invite** 초대하다
commercial break 광고 시간	**speak with** ~와 대화를 나누다
professional 전문적인	**be famous for** ~으로 유명하다

● 교통 방송

도로 공사나 악천후 등으로 교통 체증이 발생하여 우회.도로를 이용할 것을 제안하는 상황이 자주 나와요.

traffic report 교통 방송	**delay** 지연; 지연시키다
alternative 대체의	**route** 도로, 노선
be blocked (길·교통 등이) 막히다	**lane** 차선, 좁은 길
public transportation 대중교통	**take a detour** 우회하다

● 광고

할인 행사 및 사은품을 언급하며 특정 제품이나 서비스의 장점을 홍보하는 상황이 자주 나와요.

perfect for ~에 안성맞춤인	**at no cost** 무료로
low price 저렴한 가격	**voucher** 이용권, 상품권
feature 특징	**convenient** 편리한
advantage 장점	**complimentary** 무료의

첫토익 비법

방송에는 다음에 일어날 일을 묻는 문제가 자주 출제돼요. Next up is ~(다음으로는 ~입니다), Stay tuned for ~ coming up next(다음에 이어질 ~을 위해 채널을 고정하세요)와 같이 다음 방송 순서를 안내하는 표현을 집중해서 들으세요.

2. 연설

연설은 회의나 행사장에서 정보, 지식, 소감을 전달하는 지문으로, 업무 회의, 판매 방안 설명, 사내 교육 안내, 행사 소개에 관한 내용이 자주 나와요. 주로 '주제/목적 → 세부 내용 → 요청 사항'의 흐름으로 담화가 전개돼요.

D-day 7월 5일

우리는 막 Wently Sportswear와의 계약을 갱신했습니다. 그들은 우리가 7월 5일까지 요청된 업무를 완료하기를 원합니다. 몇 가지 프로젝트 관련 사항들을 논의하기 위해 점심 후에 다시 만나도록 합시다.

시험에 꼭 나오는 빈출 표현 🎧 Day10_02

연설에 자주 나오는 상황과 표현을 익혀두면 담화의 흐름 파악이 쉬워져 질문에 맞는 정답을 더 빠르게 고를 수 있어요.

● 업무 회의

회의를 소집하여 직원들에게 새로운 업무 관련 소식이나 변경된 업무 규정을 알리는 상황이 자주 나와요.

call a meeting 회의를 소집하다	**renew** 갱신하다
wrap up 마무리 짓다	**contract** 계약(서)
conduct 수행하다, 이끌다	**oversee** 감독하다
consultant 자문 위원	**reimbursement** 상환

● 판매 방안 설명

제품의 출시 또는 매출을 늘리기 위한 판매 방안이나 고객 설문조사 결과를 반영하기 위한 계획을 설명하는 상황이 자주 나와요.

customer survey 고객 설문조사	**target** 목표, 대상
as well as ~뿐만 아니라	**strategy** 전략
focus on ~에 초점을 맞추다	**advertise** 광고하다
suggestion 제안	**promotion** 홍보 (활동)

● 사내 교육 안내

오리엔테이션이나 전문성 향상, 직원 복지 등을 주제로 하는 워크숍이 어떻게 진행될 것인지 알리는 상황이 자주 나와요.

break 휴식 시간	**goal** 목표, 목적
divide into ~으로 나누다	**pass ~ out** ~을 나누어 주다
proposal 제안	**analysis** 분석
benefit 혜택	**development** 개발

● 행사 소개

시상식, 시설 개관식과 같은 행사를 소개하며 진행 순서를 알려주는 상황이 자주 나와요.

contribute to ~에 기여하다	**charity event** 자선 행사
be pleased to ~하게 되어 기쁘다	**donation** 기부
volunteer 봉사하다; 자원봉사자	**festival** 축제
distribute 나누어 주다, 배부하다	**flyer** 전단, 광고지

첫토익 비법

연설에는 연설의 주제나 목적을 묻는 문제가 자주 출제돼요. I'd like to talk about ~(저는 ~에 대해 이야기하고자 합니다), I called the meeting because ~(저는 ~ 때문에 회의를 소집했습니다)와 같이 주제나 목적을 알 수 있는 표현을 집중해서 들으세요.

Part 4 기출 문제 풀이 방법을 익혀 보세요. 🎧 Day10_03

담화를 듣기 전, 의문사와 주요 단어를 먼저 읽고 무엇을 묻는 문제인지 파악해요.

1. What will be broadcasted next?

(A) Some news stories

(B) A weather report

(C) An exercise program

(D) Some advertising messages

다음에 무엇이 방송될 것인지 묻고 있어요.

1. 다음에 무엇이 방송될 것인가?
   (A) 뉴스 소식들
   (B) 일기 예보
   (C) 운동 프로그램
   (D) 광고 메시지들

STEP 2 담화 들으며 정답 고르기
담화를 들으며 정답의 단서가 나오는 부분을 파악하고, 그 내용을 적절히 표현한 보기를 정답으로 고르세요.

Question 1 refers to the following broadcast.

You're listening to *Dallas Now*. I'm your host, Samantha Cole. A new community center is going to open on August 7. Various exercise programs for residents will be offered for free. [1]Now, stay tuned for this morning's weather report.

오늘의 일기 예보를 듣기 위해 채널을 고정하라는 단서 [1]을 통해 다음에 일기 예보가 방송될 것임을 알 수 있어요. 따라서 (B) A weather report(일기 예보)가 정답이에요.

1번은 다음 방송에 관한 문제입니다.

여러분은 *Dallas Now*를 듣고 계십니다. 저는 진행자 Samantha Cole입니다. 8월 7일에 새로운 지역 주민 회관이 문을 열 것입니다. 주민들을 위한 다양한 운동 프로그램이 무료로 제공될 것입니다. [1]이제, 오늘 아침의 일기 예보를 위해 채널을 고정하세요.

✧ 첫토익 연습문제

질문의 키워드를 읽은 후 대화를 들으며 정답을 고르고, 빈칸을 받아써 보세요. (음성은 두 번 들려줍니다.) 🎧 Day10_04

01 What is the talk mainly about?

(A) 발표 주제　　　　　　(B) 교육 일정

> Welcome, Kolls Corporation interns. I'd like to explain the
> _____ for the _____.
> You'll start _____ on the
> history of our company. After that, there will be a short
> break. Then, Maria Mews, one of our staff members, will
> _____ our office building.

01 담화는 무엇에 관한 것인가?

02 What is the cause of a delay?

(A) 도로 공사　　　　　　(B) 악천후

> It's time for our traffic report. _____
> _____, people traveling on Highway 5 should expect
> longer delays than usual. _____, drivers
> are encouraged to _____.

02 지연의 원인은?

[03-04]

03 What type of business is being advertised?

(A) A camera store

(B) A photography studio

04 What can listeners get on the Web site?

(A) A coupon

(B) A membership card

03 광고되는 업종은?

04 청자들이 웹사이트에서 얻을 수 있는 것은?

> If you _____ of yourself or your
> family, visit Top Shots right now. Our professional
> photographers are _____ all your needs. In
> addition, Top Shots promises that _____
> _____ in only 30 minutes. Visit our
> Web site and download a coupon. You can get a frame
> at no cost _____.

정답·해석·해설 p. 36

🐰 **첫토익 보카** ···

01 corporation 회사, 기업　presentation 발표　history 연혁, 역사　break 휴식 시간　show around 구경시켜 주다
02 due to ~으로 인해　construction 공사　expect 예상하다, 기대하다　delay 지연　usual 평소의　avoid 피하다
encourage 권장하다　alternative 대체의　route 경로, 도로　**03-04** visit 방문하다; 방문　professional 전문적인
photographer 사진작가　needs 필요　in addition 게다가　promise 약속하다　frame 액자　at no cost 무료로

앞에서 학습한 내용을 적용하여 실전 문제에 도전해 보세요. 🎧 Day10_05

[01-03]

01 Where do the listeners most likely work?

(A) At a shopping mall

(B) At a technology company

(C) At a marketing agency

(D) At a consulting firm

02 What did customers complain about?

(A) The style of a commercial

(B) The cost of a service

(C) The length of a warranty

(D) The quality of a component

03 What does the speaker mean when she says, "we cannot overlook this feedback"?

(A) A product will be improved.

(B) A launch will be canceled.

(C) A discount will be offered.

(D) A promotion will be extended.

[04-06]

04 Who is Jessica Leman?

(A) A radio host

(B) A chef

(C) A journalist

(D) A medical doctor

05 Why did Jessica Leman go to China?

(A) To promote her work

(B) To meet a scientist

(C) To conduct research

(D) To explain a project

06 What will the speaker probably do next?

(A) Read a text

(B) Give some advice

(C) Respond to questions

(D) Make a phone call

[07-09]

07 What is the broadcast mainly about?

(A) A funding opportunity

(B) A community event

(C) A new policy

(D) A fitness class

[10-12]

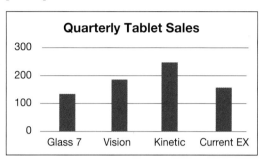

10 Look at the graphic. Which item will be removed from a catalog?

(A) Glass 7

(B) Vision

(C) Kinetic

(D) Current EX

08 According to the speaker, who held a press conference?

(A) A mayor

(B) A school principal

(C) A council member

(D) A doctor

09 What will probably happen next?

(A) A contest will be explained.

(B) A popular song will be played.

(C) A commercial will be aired.

(D) A reporter will discuss a topic.

11 What comes with the new tablet?

(A) A protective case

(B) A portable charger

(C) A writing device

(D) A wireless keyboard

12 What will happen tomorrow?

(A) Sales techniques will be discussed.

(B) A demonstration will be given.

(C) A new branch will open.

(D) Renovations will get underway.

정답·해석·해설 p.37

RC

RC 기초 다지기

PART 5&6   단문/장문 빈칸 채우기

PART 7   지문 읽고 문제 풀기

떠먹여주는
토린이 맞춤 무료강의

RC 기초 다지기

① 이름을 나타내는 명사

book
(책)

love
(사랑)

모든 사람에게는 이름이 있죠? 이와 같이 **명사**는 우리 주위에 있는 모든 것이 갖고 있는 이름이에요. 여러분의 이름, 지금 보고 있는 'book(책)'뿐만 아니라 눈에 보이지 않는 'love(사랑)', 'peace(평화)'까지 모두 명사예요.

② 명사를 대신하는 대명사

he
(그)

they
(그들)

'나 어제 책을 읽었는데, 그거 정말 재미있더라.'에서 '그거'는 앞에 쓰인 명사 '책'을 대신해요. 이처럼 **대명사**는 같은 명사를 반복하지 않고 대신할 때 쓰는 말이에요. 사람을 가리키는 'you(너)', 'he(그)', 'they(그들)'부터 사물을 나타내는 'it(그것)'까지 모두 대명사랍니다.

③ 움직임이나 상태를 나타내는 동사

eat
(먹다)

sleep
(자다)

친구에게 '나는 ….'이라고 말하면 나에 대해 정확히 무엇을 말하려 하는지 모르겠죠? **동사**는 '누가 ~이다.' 또는 '누가 무엇을 ~하다.'에서 '~이다/~하다'에 해당하는 말이에요. 즉, 동사는 문장에서 없어서는 안 될 역할로, 사람이나 사물의 동작, 상태를 나타내요.

④ 명사를 꾸며주는 형용사

tall
(키가 큰)

happy
(행복한)

같은 사람이라도 입는 옷에 따라 분위기가 달라 보일 때가 있어요. 이처럼 명사도 어떤 **형용사**와 함께 쓰이는지에 따라 상태나 성질이 달라진답니다. 책에 'interesting(흥미로운)'을 붙이면 '흥미로운 책'이 되고, 'boring(지루한)'을 붙이면 '지루한 책'이 되는 것처럼요.

⑤ 꾸미기를 좋아하는 부사

quickly
(빠르게)

slowly
(느리게)

'토끼는 빠르게 달린다.'에서 '빠르게'가 동사 '달린다'를 꾸며주고 있어요. 이처럼 **부사**는 여러 단어를 꾸며주어 의미를 더욱 풍부하게 해줘요. 앞서 배운 형용사는 명사만 꾸며주지만, 부사는 동사, 형용사, 또 다른 부사, 그리고 문장 전체까지도 꾸밀 수 있답니다.

⑥ 명사 앞에 오는 전치사

in
(안에)

on
(위에)

'월요일'은 'Monday'인데 '월요일에'는 어떻게 표현할까요? 바로 'on'이라는 전치사를 써서 'on Monday'라고 한답니다. 이처럼 **전치사**는 명사나 대명사 앞에 와서 시간, 장소, 방향, 이유, 목적 등의 여러 가지 뜻을 나타내요.

⑦ 말을 연결해주는 접속사

and
(그리고)

or
(또는)

'수지는 친절하다. 그리고 인기가 많다.'에서 '수지는 친절하다'와 '수지는 인기가 많다'를 '그리고'가 연결해주고 있어요. 이처럼 두 문장을 연결하기 위해 사용한 '그리고(and)'와 같은 것을 **접속사**라고 해요. 접속사는 문장과 문장뿐만 아니라 단어와 단어, 구와 구, 절과 절을 연결할 수도 있답니다.

⑧ 감정을 표현하는 감탄사

Wow!
(와!)

Oops!
(아이쿠!)

'와! 토익 목표 점수를 달성했어요!'에서의 '와!'처럼 기쁨, 놀람, 슬픔과 같은 여러 감정들을 자연스럽게 표현하는 말을 **감탄사**라고 해요. 영어에서는 'Oops!(아이쿠!)', 'Oh!(오!)'와 같은 감탄사가 있어요.

문장 성분 영어 문장을 만드는 재료

영어에서 문장을 만드는 여러 요소들을 문장 성분이라고 해요. 앞서 배운 품사는 각 단어의 의미와 역할로 구별되지만, 문장 성분은 문장 안에서의 역할에 따라 구분된다는 차이점을 꼭 알아두세요.

주어와 동사

I walk. 나는 걷는다.
주어 동사

하나의 문장을 만들기 위해서는 '주어'(나는)와 '동사'(걷는다)가 꼭 필요해요. '누가 ~하다/~이다'에서 '누가'에 해당하는 말이 **주어**이고, '~하다/~이다'에 해당되어 주어의 동작이나 상태를 나타내는 말이 **동사**랍니다.

목적어

I bought a present. 나는 선물을 샀다.
　　　　　목적어

'나는 샀다.'라는 문장은 주어(나는)와 동사(샀다)가 모두 있지만 대상이 무엇인지 알 수 없기 때문에 완전한 문장이 아니에요. '나'가 산 대상에 해당하는 '선물을'이라는 목적어를 넣으면 문장이 완전해지겠죠? 이처럼 **목적어**는 '누가 무엇을 ~하다'에서 '무엇을'에 해당하는 말이에요.

보어

She is happy. 그녀는 행복하다.
주어　　주격 보어

He makes her happy.
　　　　목적어 목적격 보어
그는 그녀를 행복하게 만든다.

'그녀는 행복하다.'에서 '행복하다'는 주어인 '그녀'의 상태를 설명하고 있어요. 또, '그는 그녀를 행복하게 만든다.'에서 '행복하게'는 목적어인 '그녀'의 상태를 설명하고 있어요. 이처럼 **보어**는 주어나 목적어의 성질이나 상태를 보충 설명해줘요.

수식어

I saw the movie yesterday.
　　　　　　　　　수식어
나는 어제 그 영화를 봤다.

'나는 어제 그 영화를 봤다.'라는 문장에서 '어제'는 내가 그 영화를 본 시점을 더 자세하게 설명하고 있어요. 이처럼 **수식어**는 문장에서 반드시 필요하지는 않지만 다양한 위치에서 문장에 여러 의미를 더해주는 역할을 해요.

문장의 5형식 영어 문장의 5가지 형태

앞에서 문장을 만드는 요소들을 배웠으니, 이제 이를 이용해서 5가지 형태의 문장들을 만들어볼까요? 영어에서는 어떤 필수 성분을 쓰는지에 따라 문장의 형식이 정해져요.

1형식

주어 + 동사

1형식은 주어+동사만으로도 완전한 의미를 갖는 문장이에요. 동사 뒤에 수식어가 길게 오더라도, 이를 보어나 목적어로 혼동하면 안 돼요. work(일하다), live(살다), run(달리다)과 같은 동사들이 주로 1형식 문장을 만들어요.

I work. 나는 일한다.
주어 동사

2형식

주어 + 동사 + 보어

2형식은 주어+동사 뒤에 보어가 오는 문장이에요. 주로 become(~이 되다), look(~처럼 보이다), seem(~인 것 같다)과 같은 동사들이 2형식 문장을 만들어요.

James became a teacher. James는 선생님이 되었다.
　　주어　　　동사　　　보어

3형식

주어 + 동사 + 목적어

3형식은 주어+동사 뒤에 목적어가 오는 문장이에요. 주로 like(~을 좋아하다), meet(~을 만나다), believe(~을 믿다)와 같은 동사들이 3형식 문장을 만들어요.

I like the book. 나는 그 책을 좋아한다.
주어 동사　목적어

4형식

주어 + 동사 + 목적어 + 목적어

4형식은 주어+동사 뒤에 우리말 '~에게'에 해당하는 간접 목적어와 우리말 '~을/를'에 해당하는 직접 목적어가 오는 문장이에요. 주로 give(~에게 …을 주다), send(~에게 …을 보내다)와 같은 동사들이 4형식 문장을 만들어요.

He gave me a present. 그는 나에게 선물을 줬다.
주어　동사 간접 목적어 직접 목적어

5형식

주어 + 동사 + 목적어 + 보어

5형식은 주어+동사 뒤에 목적어와 보어가 오는 문장이에요. 주로 make(~을 …로 만들다), find(~이 …라는 것을 알게 되다)와 같은 동사들이 5형식 문장을 만들어요.

The news made me happy. 그 소식은 나를 행복하게 만들었다.
　　주어　　　동사　목적어 목적격 보어

구와 절 말 덩어리

두 개 이상의 단어가 모인 덩어리를 구 또는 절이라고 해요. in the library(도서관에서)처럼 주어와 동사가 없으면 구, if you want (당신이 원한다면)처럼 주어와 동사가 있으면 절이라고 한답니다. 구와 절은 문장 안에서 하나의 품사 역할을 할 수 있어요.

1 명사구/명사절

명사처럼 문장 안에서 주어, 목적어, 보어 역할을 할 수 있어요.

> **명사구** <u>Playing soccer</u> is fun. 축구를 하는 것은 재미있다.
> 　　　　　주어
>
> **명사절** I heard <u>that Mike is a writer</u>. 나는 Mike가 작가라는 것을 들었다.
> 　　　　　　　　　목적어

2 형용사구/형용사절

형용사처럼 명사를 꾸며줘요.

> **형용사구** She is wearing a <u>hat</u> <u>with a blue ribbon</u>. 그녀는 파란 리본이 있는 모자를 쓰고 있다.
> 　　　　　　　　　↑　　명사 수식
>
> **형용사절** I ate the <u>cake</u> <u>that Sally baked</u> 나는 Sally가 구운 케이크를 먹었다.
> 　　　　　　　　　↑　　명사 수식

3 부사구/부사절

부사처럼 동사, 형용사, 또 다른 부사, 문장 전체를 꾸며줘요.

> **부사구** Ms. Lee <u>will leave</u> <u>in the afternoon</u>. Ms. Lee는 오후에 떠날 것이다.
> 　　　　　　　↑　동사 수식
>
> **부사절** <u>I will call you</u> <u>when I arrive</u> 내가 도착할 때 나는 당신에게 전화할 것이다.
> 　　　　　↑　문장 전체 수식

패러프레이징 바꾸어 표현하기

패러프레이징이란 어떤 말이나 글을 같은 의미의 다른 표현으로 바꾸어 전달하는 것이에요. 보통 토익 독해 문제의 보기들이 지문의 내용에서 패러프레이징 되어 나오므로, 알맞은 정답을 고르기 위해서는 패러프레이징을 꼭 학습해야 해요.

1 패러프레이징은 어떻게 사용되나요?

> 지문 Mr. Adams had to delay the meeting. Mr. Adams는 회의를 연기해야 했다.
>
> 질문 What did Mr. Adams have to do? Mr. Adams는 무엇을 해야 했는가?
> (A) Postpone a meeting 회의를 연기한다
> (B) Buy a ticket 표를 산다

→ 지문에서 Mr. Adams가 회의를 연기해야(delay) 했다고 했으므로, 그가 회의를 연기한다(postpone)고 패러프레이징한 (A)를 정답으로 골라야 해요. 이처럼 패러프레이징은 정답을 고르는 게 핵심이 됩니다.

2 패러프레이징 방법에는 어떤 종류가 있나요?

같은 뜻의 표현으로 바꾸기
특정 단어나 구, 절과 비슷한 의미의 표현을 사용하는 방법이에요.

> I tried to fix the computer. 나는 컴퓨터를 고치려고 노력했다.
> = I tried to repair the computer. 나는 컴퓨터를 고치려고 노력했다.

→ fix(고치다)를 같은 의미의 단어인 repair(고치다)로 패러프레이징했어요.

일반화하기
특정 단어나 구를 더 폭넓은 범주의 표현으로 일반화하는 방법이에요.

> You can take a bus or a train to the airport. 당신은 공항으로 버스 또는 기차를 타고 갈 수 있다.
> = You can take public transportation to the airport. 당신은 공항으로 대중교통을 타고 갈 수 있다.

→ a bus or a train(버스 또는 기차)의 더 넓은 범주인 public transportation(대중교통)으로 패러프레이징했어요.

요약하기
한 개 이상의 절이나 문장을 하나의 문장으로 간략하게 요약하는 방법이에요.

> I ordered desks and chairs, but only chairs were delivered.
> 나는 책상과 의자를 주문했는데, 의자만 배달되었다.
> = Desks were not delivered to me. 책상이 나에게 배달되지 않았다.

→ 책상과 의자를 주문했는데 의자만 배달되었다고 한 문장을 책상이 배달되지 않았다는 내용으로 요약한 패러프레이징이에요.

해커스 첫토익 LC+RC+VOCA

PART 5&6

단문 / 장문 빈칸 채우기

◀ Part 5&6
시험 소개
바로보기

첫토익 **1**일	명사	첫토익 **5**일	to 부정사와 동명사
첫토익 **2**일	대명사	첫토익 **6**일	분사
첫토익 **3**일	형용사와 부사	첫토익 **7**일	전치사
첫토익 **4**일	동사	첫토익 **8**일	접속사

문장 고르기
9%

어휘
30%

문법
61%

Part 5&6 출제 경향

Part 5&6에는 문법, 어휘, 문장 고르기 문제가 나와요. 문법 문제가 전체 46문제 중 평균 28개(61%)로 가장 많이 출제돼요.

1. 명사의 형태

> Ms. Clarke는 마케팅 부서에 서류를 전달했다.

'Ms. Clarke'나 '서류'처럼 사람이나 사물 등의 이름을 나타내는 말을 명사라고 해요. 명사의 대표적인 형태를 익혀두면 다른 품사들과 쉽게 구분할 수 있어요.

명사의 대표 형태

● 명사는 주로 -tion/-sion, -ment, -ance/-ence, -ness, -ty, -al과 같은 꼬리말로 끝나요.

-tion/-sion	production 생산	discussion 논의
-ment	agreement 동의	requirement 요건
-ance/-ence	assistance 도움	difference 차이
-ness	business 사업	weakness 약점
-ty	quality 우수함	ability 능력
-al	approval 승인	material 재료

● 직업이나 신분과 같이 **사람**을 나타내는 명사는 주로 -er/-or, -ant/-ent, -ee와 같은 꼬리말로 끝나요.

-er/-or	consumer 소비자	competitor 경쟁자
-ant/-ent	attendant 안내원, 참석자	resident 거주자
-ee	trainee 훈련생	interviewee 면접 대상자

핵심 콕콕 퀴즈 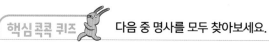 다음 중 명사를 모두 찾아보세요.   정답: ⓐ, ⓒ, ⓔ

01   ⓐ appointment 예약   ⓑ pay 지불하다   ⓒ variety 다양성   ⓓ revise 수정하다   ⓔ user 사용자

해석·해설 p. 41

2. 명사의 종류

그 가게는 _____으로만 결제가 가능하다.
(현금)/ 현금들

빈칸에 들어갈 명사 '현금'은 셀 수 없는 명사이므로 '현금들'은 사용할 수 없어요. 이처럼 빈칸에 들어갈 명사가 셀 수 있는 명사인지 셀 수 없는 명사인지 구별하여 알맞은 것을 고르는 문제가 나와요.

셀 수 있는 명사와 셀 수 없는 명사

◉ 명사에는 개수를 **셀 수 있는 명사**와 **셀 수 없는 명사**가 있어요.

셀 수 있는 명사 (= 가산명사)	일반적인 사물이나 사람	host, factory, customer 등
셀 수 없는 명사 (= 불가산명사)	형태가 분명하지 않은 것	coffee, water, salt 등
	추상적인 개념	cash, information, advice 등
	세상에 하나밖에 없는 지명이나 인명	Seoul, Canada, Thomas 등

셀 수 있는 명사와 셀 수 없는 명사의 구별

◉ **셀 수 있는 명사**는 하나임을 나타내는 단수일 때 **명사 앞에 관사 a(n)를 쓰고**, 둘 이상을 의미하는 복수일 때는 **명사 뒤에 -(e)s를 붙여야** 해요.

Mr. Anderson / is writing / a (**report** / ~~reports~~). Mr. Anderson은 / 작성하고 있다 / 보고서를
→ 셀 수 있는 명사 앞에 관사 a가 있으므로 단수 형태가 와야 해요.

CA Solutions / provides / investment recommendations / for (**clients** / ~~client~~).
→ 셀 수 있는 명사 앞에 관사가 없으므로 복수 형태가 와야 해요.
CA Solutions사는 / 제공한다 / 투자 추천들을 / 고객들에게

◉ **셀 수 없는 명사**는 명사 앞에 관사 a(n)를 쓰거나 명사 뒤에 -(e)s를 **붙일 수 없어요.**

(**Information** / ~~An information~~) / about our products / is available / in the brochure.
→ 셀 수 없는 명사는 앞에 관사 a(n)를 쓸 수 없어요.
정보는 / 저희 제품들에 대한 / 얻을 수 있다 / 책자에서

핵심 콕콕 퀴즈 둘 중 알맞은 것을 고르세요. ⓔ 월요

02 The consultant / gave / useful (ⓐ advice, ⓑ advices) / for free.
그 상담가는 / 해 주었다 / 유용한 조언을 / 무료로
해석·해설 p. 41

3. 명사 자리

_____ 은 오전 8시에 시작합니다.

등록 / 등록하다

빈칸에는 동사 '등록하다'가 아닌 명사 '등록'이 들어가야 자연스럽죠? 이처럼 명사가 올 수 있는 자리를 파악해서 빈칸에 들어갈 명사를 고르는 문제가 나와요.

명사가 오는 자리

● 명사는 문장에서 **주어, 목적어, 보어 자리**에 와요.

주어 자리   **Registration** / begins / at 8 A.M.   등록은 / 시작한다 / 오전 8시에
　　　　　　　　주어 자리

목적어 자리   People / can read / **news** / online.   사람들은 / 읽을 수 있다 / 뉴스를 / 온라인으로
　　　　　　　　　　　　　　목적어 자리

보어 자리   They / are / **members** / of the committee.   그들은 / 이다 / 구성원들 / 그 위원회의
　　　　　　　　　　　　보어 자리

● 명사는 주로 **관사 a(n)/the, 소유격, 형용사 뒤**에 와요.

관사 뒤   The executives / are watching / **a presentation** / now.
　　　　　　　　　　　　　　　　　　　　　관사　　　　　　　　　경영진들은 / 보고 있다 / 발표를 / 지금

소유격 뒤   Dr. Lambert / explained / **his research** / to his colleagues.
　　　　　　　　　　　　　　　　　소유격　　　　　Dr. Lambert는 / 설명했다 / 그의 연구를 / 그의 동료들에게

형용사 뒤   The **new policy** / lets / employees / work / from home.
　　　　　　　　　　형용사　　　　　　　　　　　새 정책은 / 허용한다 / 직원들이 / 일하는 것을 / 집에서

 **핵심 콕콕 퀴즈**　　둘 중 알맞은 것을 고르세요.　　　　　　　　　　　　　　　　　ⓔ 담정

03 Payment / will be made / after the (ⓐ completion, ⓑ complete) / of the project.
　　대금은 / 지불될 것이다 / 완료 후에 / 프로젝트의
　　　　　　　　　　　　　　　　　　　　　　　　　　　　　　　　　　해석·해설 p. 41

4. 사람명사와 사물·추상명사

> 그 강사는 _____ 들에게 자료들을 나눠주었다.
> (참가자) / 참가

빈칸에는 '참가'라는 추상명사보다 '참가자'라는 사람명사가 나오는 것이 문맥 상 더 자연스러워요. 이처럼 사람명사와 사물·추상명사 중에서 문맥에 어울리는 것을 고르는 문제가 나와요.

사람명사와 사물·추상명사의 구별

◎ 사람명사와 사물·추상명사는 모두 명사 자리에 올 수 있지만, **문장 안에서 가장 자연스러운 의미를 만드는 명사를 써야 해요.**

The instructor / handed out / the materials / to the (**participants** / ~~participation~~).
→ '참가자들에게 나눠주었다'라는 문맥이 자연스러우므로 '참가자들(participants)'이라는 사람명사가 와야 해요.

그 강사는 / 나눠주었다 / 자료들을 / 참가자들에게

Staff (**participation** / ~~participants~~) / in the conference / was encouraged / by management.
→ '직원의 참여가 권장되었다'라는 문맥이 자연스러우므로 '참가(participation)'라는 추상명사가 와야 해요.

직원의 참여가 / 회의에서 / 권장되었다 / 경영진에 의해

토익에 잘 나오는 사람명사와 사물·추상명사

◎ 토익에 잘 나오는 사람명사와 사물·추상명사를 구별해서 알아두면 문맥에 맞는 명사를 더욱 쉽게 고를 수 있어요.

assistant 조수 - assistance 도움	instructor 강사 - instruction 설명, 교육
applicant 지원자 - application 지원(서)	competitor 경쟁자 - competition 대회, 경쟁
user 사용자 - usage 사용	participant 참가자 - participation 참가, 참여
consultant 상담가 - consultation 상담	recipient 수상자, 수령인 - receipt 영수증, 수령
investor 투자자 - investment 투자	advisor 조언자, 고문 - advice 충고, 조언
employer 고용주, employee 직원 - employment 고용	

핵심 콕콕 퀴즈 둘 중 알맞은 것을 고르세요. ⓑ 답정

04 The terms of (ⓐ employee, ⓑ employment) / are clearly written / in the contract.
고용의 조건은 / 명확히 쓰여 있다 / 계약서에

해석·해설 p. 41

첫토익 연습문제

빈칸에 들어갈 알맞은 것을 고르세요.

01 Mr. Chan paid for the ------- with his credit card.

    (A) expenses   (B) expensive

01 관사 the 뒤, 동사 paid for의 목적어 자리에 올 수 있는 것을 골라야 해요.

02 The Lasry Gallery is holding an ------- of modern art.

    (A) exhibited   (B) exhibition

02 관사 an 뒤, 동사 is holding의 목적어 자리에 올 수 있는 것을 골라야 해요.

03 The ------- for photographers will take place in New York.

    (A) competitor   (B) competition

03 '대회가 개최되다'라는 의미가 되어야 자연스러워요.

04 All passengers must show their ------- before boarding.

    (A) identification   (B) identify

04 소유격 their 뒤에 올 수 있는 것을 골라야 해요.

05 The firm has a ------- to construct the apartment building.

    (A) permit   (B) permits

05 관사 a 뒤에 올 수 있는 것을 골라야 해요.

06 You need a ------- to return this item.

    (A) receipt   (B) recipient

06 '영수증이 필요하다'라는 의미가 되어야 자연스러워요.

정답·해석·해설 p. 41

 첫토익보카

01 pay for (대금을) 지불하다　02 hold 열다, 개최하다　modern art 현대 미술　03 take place 개최되다
04 passenger 승객　boarding 탑승　05 firm 회사　construct 건설하다　06 return 반품하다

첫토익 실전문제

보기 중 빈칸에 가장 적절한 것을 고르세요.

PART 5

01 Mr. Harvey is the top salesperson in his -------.
(A) divide
(B) divided
(C) division
(D) divisible

02 The filmmakers at this year's film festival showed great -------.
(A) create
(B) creatively
(C) creative
(D) creativity

03 ------- to the building will be limited because of renovations.
(A) Access
(B) Accesses
(C) Accessed
(D) Accessible

04 The ------- of the firm's logo was made by Ace Agency.
(A) designable
(B) designer
(C) design
(D) designed

05 All ------- of our Web site will get discounts on concert tickets.
(A) usable
(B) users
(C) used
(D) usage

06 Abiz Media offered ------- to many young performers last month.
(A) contract
(B) contracted
(C) contracts
(D) contractual

07 The Dover Foundation has provided ------- to low-income families in the local area for 14 years.
(A) assisted
(B) assistive
(C) assistance
(D) assistant

08 The pamphlet explains the ------- of the new technology.
(A) beneficial
(B) benefits
(C) benefited
(D) beneficially

정답·해석·해설 p.42

1. 대명사의 종류

> Mr. Walker는 오늘 출근하지 않았다. 그는 휴가중이다.

앞에 나온 명사 'Mr. Walker'를 반복하지 않기 위해 '그'라는 말을 썼어요. 이처럼 앞에 나온 명사의 반복을 피하기 위해 명사 대신 쓰는 말을 대명사라고 해요. 대명사는 그 쓰임에 따라 인칭대명사, 지시대명사, 부정대명사로 나뉘어요.

대명사의 종류

● 대명사에는 **인칭대명사, 지시대명사, 부정대명사**가 있어요.

인칭대명사	사람이나 사물을 가리키는 대명사	she 그녀　　I 나　　it 그것
지시대명사	가깝거나 멀리 있는 대상을 가리키는 대명사	this / these 이것 / 이것들 – 가까운 대상 that / those 저것 / 저것들 – 멀리 있는 대상
부정대명사	막연한 수나 양을 나타내는 대명사	others 다른 몇 개　　some 몇몇

● 인칭대명사는 **인칭, 성, 수, 격**에 따라 **형태가 달라져요**.

인칭·성·수	격		주격 ~은/는/이/가	소유격 ~의	목적격 ~을/를/에게	소유대명사 ~의 것	재귀대명사 ~ 자신
1인칭	단수(나)		I	my	me	mine	myself
	복수(우리)		we	our	us	ours	ourselves
2인칭	단수(당신)		you	your	you	yours	yourself
	복수(당신들)		you	your	you	yours	yourselves
3인칭	단수	남성(그)	he	his	him	his	himself
		여성(그녀)	she	her	her	hers	herself
		사물(그것)	it	its	it	–	itself
	복수		they	their	them	theirs	themselves

핵심 콕콕 퀴즈 우리말에 해당하는 인칭대명사를 쓰세요.

정답 (1) I (2) him (3) hers

01 (1) 나는 : _____　　　(2) 그를 : _____　　　(3) 그녀의 것 : _____

해석·해설 p. 43

2. 인칭대명사

> _____ 새 계약서에 서명했다.
>
> 그녀는 / 그녀를

빈칸은 문장의 주어 자리이므로 목적격인 '그녀를'이 아닌 주격 '그녀는'이 들어가야 자연스럽죠? 이처럼 빈칸에 들어갈 알맞은 격의 인칭대명사를 고르는 문제가 나와요.

인칭대명사의 격에 따라 오는 자리

● 인칭대명사의 **주격**은 **주어 자리**, 목적격은 **목적어 자리**, 소유격은 **명사 앞**에 와요.

주격   **She** / signed / the new contract.   그녀는 / 서명했다 / 새 계약서에

        주어 자리

목적격   Danny / gave / **them** / some brochures.   Danny는 / 주었다 / 그들에게 / 몇몇 책자를

                    목적어 자리

소유격   Mr. Stevens / checked / <u>his</u> voicemail.   Mr. Stevens는 / 확인했다 / 그의 음성메시지를

                          명사 앞

소유대명사

● 소유대명사는 '**소유격 + 명사**'를 대신한 것으로 '**~의 것**'으로 해석되며, **주어, 목적어, 보어** 자리에 와요.

I / will start / <u>my speech</u>. **Hers** / is finished.   나는 / 시작할 것이다 / 나의 연설을   그녀의 것은 / 끝났다

                            주어 (= Her speech)

The supervisor / read / <u>Edward's report</u>. She / didn't read / <u>mine</u>.

                                           목적어(= my report)

        상사는 / 읽었다 / Edward의 보고서를   그녀는 / 읽지 않았다 / 나의 것을

재귀대명사

● 재귀대명사는 **주어**와 **목적어**가 **같은 대상**일 때 **목적어 자리**에 와요.

주어 = 목적어   Ms. Jones / introduced / **herself** / at the meeting.

               주어   목적어(= Ms. Jones)   Ms. Jones는 / 소개했다 / 그녀 자신을 / 회의에서

 **핵심 콕콕 퀴즈**   둘 중 알맞은 것을 고르세요.   ⓑ 답정

02 Mr. Ford / was late / for (ⓐ him, ⓑ his) interview.   Mr. Ford는 / 늦었다 / 그의 면접에

해석·해설 p. 43

3. 지시대명사

그 이력서는 다른 지원자의 _____ 보다 인상적이었다.
　　　　　　　　　　　　　　(것)/ 것들

앞에 나온 명사 '이력서'는 단수 명사이므로 단수를 나타내는 지시대명사 '것'을 쓰는 것이 자연스러워요. 이처럼 빈칸에 들어갈 알맞은 형태의 지시대명사를 고르는 문제가 나와요.

지시대명사 that / those

● 지시대명사 that과 those는 멀리 있는 사람이나 사물을 가리키는 것 이외에도, **두 대상을 비교할 때 비교 대상이 되는 명사의 반복을 피하기 위해** 써요. 이때, **비교 대상이 단수 명사나 셀 수 없는 명사이면 that, 복수 명사이면 those**를 써야 해요.

that　　Ms. Lee's résumé / was more impressive / than **that** of the other applicant.
　　　　　　단수 명사　　　　　　　　　　　　　　　　(= résumé)
　　　　　　　　　　　　　　　　　　　　　　Ms. Lee의 이력서는 / 더 인상 깊었다 / 다른 지원자의 것보다

those　Our products / are cheaper / than **those** of our competitors.
　　　　　　복수 명사　　　　　　　　　(= products)
　　　　　　　　　　　　　　　　　　우리의 제품들은 / 더 싸다 / 우리의 경쟁사들의 것들보다

● 지시대명사 those는 '~한 사람들'이라는 의미로, 'those who ~'의 형태로 자주 써요.

Those who arrive early / will get / a free gift.　일찍 도착하는 사람들은 / 받을 것이다 / 경품을
　'~한 사람들'

지시형용사

● this/these는 '이 ~', that/those는 '저 ~'라는 의미로 명사 앞에서 명사를 꾸며주는 **지시형용사**로도 쓰여요. **단수 명사 앞에는 this/that이, 복수 명사 앞에는 these/those가** 와요.

this/that + 단수 명사　　**This** elevator / is out of order.　이 엘리베이터는 / 고장이 났다
　　　　　　　　　　　　　　단수 명사

these/those + 복수 명사　**Those** cars / were manufactured / domestically.
　　　　　　　　　　　　　　복수 명사　　　　　　　　　　　　저 자동차들은 / 제조되었다 / 국내에서

 핵심 콕콕 퀴즈　　　둘 중 알맞은 것을 고르세요.　　　　　　　　　　　　정답 ⓑ

03　(ⓐ This, ⓑ These) e-mails / were sent / by Ms. Han.
　　　이 이메일들은 / 보내졌다 / Ms. Han에 의해서
　　　　　　　　　　　　　　　　　　　　　　　　　　　　　　　　해석·해설 p.43

4. 부정대명사

전구들 중 몇몇은 교체되어야 한다.

'몇몇'은 앞에 나온 전구들을 가리키는 말로, 불특정한 다수의 '전구 몇 개'를 의미해요. 이처럼 특별히 정해지지 않은 막연한 수의 사람이나 사물을 나타내는 표현을 부정대명사라고 해요.

some / any

○ some과 any는 '**몇몇, 약간**'이라는 의미의 **대명사**로 쓰여요. some은 주로 **긍정문**에, any는 주로 **부정문, 의문문, 조건문**에 쓰여요. some과 any는 명사 앞에 와서 명사를 꾸며주는 **부정형용사**로도 쓰이며, some은 '**몇몇의, 약간의**', any는 '**몇몇의, 어떤, 하나도 없는**'의 의미를 나타내요.

some   **Some** of the light bulbs / need / to be replaced.
          부정대명사   긍정문   전구들 중 몇 개는 / 필요하다 / 교체되는 것이

any   Mr. Lopez / has not finished / **any** reports / yet.
                  부정문   부정형용사   Mr. Lopez는 / 끝내지 않았다 / 어떤 보고서도 / 아직

one / another / other

◐ one은 '**(정해지지 않은 어떤) 하나**'라는 의미로, another는 '**(이미 언급된 것 이외의) 또 다른 하나**'라는 의미로 쓰여요.

The old laptop / broke down, / so / Ms. Dwight / purchased / a new **one**.
                       그 오래된 노트북이 / 고장이 났다 / 그래서 / Ms. Dwight는 / 구입했다 / 새것을

WXZ Inc / will be launching / an app / in June, / and / **another** / in July.
                   WXZ사는 / 출시할 것이다 / 애플리케이션을 / 6월에 / 그리고 / 또 다른 하나를 / 7월에

◐ others는 '**(이미 언급된 것 이외의) 다른 몇몇**'이라는 의미로, the other(s)는 '**나머지 전부**'라는 의미로 쓰여요.

Some of the staff / commute / by bus. **Others** / take / the subway.
                 어떤 직원들은 / 통근한다 / 버스로   다른 직원들은 / 탄다 / 지하철을

The company / hired / three workers. One / is a secretary, / and / **the others** / are lawyers.   그 회사는 / 고용했다 / 세 명의 직원들을   한 명은 / 비서이다 / 그리고 / 나머지 전부는 / 변호사들이다

핵심 콕콕 퀴즈   둘 중 알맞은 것을 고르세요.   ⓑ 답장

04   Mr. Yoon / doesn't have / (ⓐ some, ⓑ any) experience / in the engineering field.
     Mr. Yoon은 / 가지고 있지 않다 / 어떤 경험도 / 공학 분야에서
                                              해석·해설 p.43

빈칸에 들어갈 알맞은 것을 고르세요.

01 The guests mistakenly left ------- suitcases at the hotel.

(A) their   (B) they

01 명사 앞에 올 수 있는 인칭대명사를 골라야 해요.

02 Ms. Verma borrowed a cellphone because ------- was missing.

(A) her   (B) hers

02 주어 자리에 올 수 있는 인칭대명사를 골라야 해요.

03 We have two types of hotel rooms, so please choose -------.

(A) one   (B) the others

03 '하나를 선택하다'라는 의미가 되어야 자연스러워요.

04 ------- can check the order status on the Web site.

(A) You   (B) Your

04 주어 자리에 올 수 있는 인칭대명사를 골라야 해요.

05 Mr. Clark named ------- head of the committee.

(A) he   (B) himself

05 목적어 자리에 올 수 있는 인칭대명사를 골라야 해요.

06 ------- who are selected for the job will receive an e-mail next week.

(A) Those   (B) They

06 '직무에 선발된 사람들'이라는 의미가 되어야 자연스러워요.

정답·해석·해설 p.43

🐰 **첫토익보카** ....

01 mistakenly 실수로   leave 두고 가다   suitcase 여행 가방   **02** borrow 빌리다   missing 없어진   **03** choose 선택하다
04 order 주문   status 상태   **05** name 지명하다   head 회장, 지도자   committee 위원회   **06** select 선발하다, 선정하다
receive 받다

✦ 첫토익 실전문제

보기 중 빈칸에 가장 적절한 것을 고르세요.

01 After Ms. Rivers finished her first project, she started on -------.

(A) she   (B) any

(C) their   (D) another

02 The board members were impressed by Mr. Kim, so they hired ------- immediately.

(A) he   (B) him

(C) his   (D) himself

03 To ask about our products, ------- should call the customer service department.

(A) you   (B) your

(C) yours   (D) yourself

04 ------- of the three applicants has good speaking skills, and the others have sales experience.

(A) One   (B) Others

(C) Some   (D) Another

PART 6

Questions 05-08 refer to the following letter.

Dear Mr. Peck,

I'm writing to request your service. Our firm will be holding a major event and ------- would like you to plan it. The event is to promote luxury apartments in Boston. -------. A ------- has not yet been selected for the event, so we ask you to offer three options. The spaces you recommend should be large and attractive. Regarding the event itself, we have gathered ------- ideas. We would like to share these with you and hear your opinion.

Best regards,

Blair Walsh

05 (A) you   (B) we

(C) he   (D) theirs

06 (A) You can pick up a copy at the real estate office.

(B) We are pleased to hear you enjoyed the showing.

(C) The goal is to encourage guests to buy one.

(D) Thank you for providing your suggestions.

07 (A) host   (B) time

(C) venue   (D) theme

08 (A) some   (B) others

(C) that   (D) the others

정답·해석·해설 p.44

1. 형용사의 형태와 자리

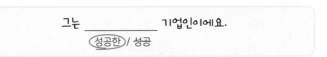

그는 ＿＿＿＿＿＿ 기업인이에요.
(성공한)/ 성공

빈칸은 명사 '기업인'을 꾸며주는 자리로, 형용사 '성공한'이 오는 것이 자연스러워요. 형용사의 대표적인 형태를 익혀두면 이처럼 형용사가 올 수 있는 자리를 파악해서 빈칸에 들어갈 형용사를 고르는 문제를 쉽게 풀 수 있어요.

형용사의 형태

● 형용사는 주로 -al, -ous, -tic, -ful, -y, -able/-ible, -tive/-sive와 같은 꼬리말로 끝나요.

-al	additional 추가적인	personal 개인적인
-ous	generous 관대한	nervous 불안해하는
-tic	realistic 현실적인	automatic 자동의
-ful	successful 성공적인	useful 유용한
-y	heavy 무거운	scary 무서운
-able/-ible	enjoyable 즐거운	possible 가능한
-tive/-sive	active 활동적인	expensive 비싼

형용사가 오는 자리

● 형용사는 주로 **명사 앞**이나 **보어 자리**에 와요.

명사 앞　Mr. Ross / is a **successful** businessman.　Mr. Ross는 / 성공한 기업인이다
　　　　　　　　　　　　　　　명사

보어 자리　The service / at the repair shop / was **expensive**.　서비스는 / 그 수리점에서의 / 비쌌다
　　　　　　　　　　　　　　　　　　　주격 보어

　　　　　Erica / thought / the instruction manual / **useful**.
　　　　　　　　　　　　　　　　　　　목적격 보어
　　　　　　　　　　　　　　　　Erica는 / 생각했다 / 그 사용 설명서가 / 유용하다고

 **핵심 콕콕 퀴즈**　둘 중 알맞은 것을 고르세요.　　　　　　　　　　　　ⓑ 팁정

01 The company / needs / to protect / the (ⓐ person, ⓑ personal) information / of its employees.
　그 회사는 / 필요하다 / 보호하는 것이 / 개인 정보를 / 그것의 직원들의　　　　　　　　해석·해설 p.45

2. 토익에 잘 나오는 여러 가지 형용사

떠먹여 주는 첫토익특강③

수량 형용사의
이해

> 그 회사의 새로운 스마트 워치는 _____ 평가를 받았다.
> 호의적인 / 가장 좋아하는

빈칸에는 '가장 좋아하는'보다 '호의적인'이 나오는 것이 문맥상 더 자연스러워요. 이처럼 여러 형용사들 중에서 문맥에 가장 잘 어울리거나 적합한 형태를 완성하는 것을 고르는 문제가 나와요.

혼동하기 쉬운 형용사

● 토익에는 **형태가 비슷하지만 의미가 달라** 혼동을 주는 형용사들이 잘 나와요.

favorite 가장 좋아하는 - favorable 호의적인	successful 성공적인 - successive 연속적인
economic 경제의 - economical 절약하는	respectful 정중한 - respective 각각의
forgetful 잘 잊어버리는 - forgettable 잊혀지기 쉬운	considerate 사려 깊은 - considerable 상당한

Keilar Technology / received / (**favorable** / favorite) reviews / of its new smart watch.
→ '호의적인 평가'라는 의미이므로, favorite(가장 좋아하는)이 아닌 favorable(호의적인)이 와야 해요.
　　　　　　　　　　　　　　　　Keilar Technology사는 / 받았다 / 호의적인 평가들을 / 그것의 새 스마트 워치에 대해

Experts / are worried / about the (**economic** / economical) situation / in the country.
→ '경제 상황'이라는 의미이므로, economical(절약하는)이 아닌 economic(경제의)이 와야 해요.
　　　　　　　　　　　　　　　　　　전문가들은 / 걱정한다 / 경제 상황에 대해 / 그 나라의

토익에 잘 나오는 형용사 표현

● 토익에는 '**be + 형용사 + 전치사**' 형태의 숙어 표현도 잘 나와요.

be available for ～이 가능하다	be familiar with ～에 익숙하다
be responsible for ～에 책임이 있다	be eligible for ～할 자격이 있다
be aware of ～을 알고 있다	be skilled in/at ～에 능력이 있다

Department managers / **are responsible for** / the actions of their employees.
　　　　　　　　　　　　　　　　　부서 관리자들은 / 책임이 있다 / 직원들의 행동들에

 핵심 콕콕 퀴즈　둘 중 알맞은 것을 고르세요.　　　　　　　　　　　　ⓑ 답정

02　The construction / took / a (ⓐ considerate, ⓑ considerable) amount of time.
　　그 공사는 / 걸렸다 / 상당한 양의 시간이
　　　　　　　　　　　　　　　　　　　　　　　　　　　　　　　해석·해설 p. 45

3. 부사의 형태와 자리

그는 보고서를 _____ 검토했다.

신중하게 / 신중한

빈칸은 동사 '검토했다'를 꾸며주는 자리로, 부사 '신중하게'가 오는 것이 자연스러워요. 부사의 대표적인 형태를 익혀두면 이처럼 부사가 올 수 있는 자리를 파악해서 빈칸에 들어갈 알맞은 부사를 고르는 문제를 쉽게 풀 수 있어요.

부사의 형태

● 부사는 보통 **형용사에 꼬리말 -ly를 붙인** 형태예요.

carefully 신중하게	largely 크게	suddenly 갑작스럽게	previously 이전에

● **형용사 뒤에 -ly를 붙인 형태가 아닌** 부사들도 있어요.

very 매우	too 너무	also 또한	just 막, 방금	quite 꽤

부사가 오는 자리

● 부사는 주로 **부사가 꾸며주는 동사, 형용사, 부사 또는 문장 앞**에 와요. 단, **동사를 꾸밀 때는 동사 뒤에 올 수도** 있어요.

동사 앞   The director / **carefully** reviewed / the report.   관리자는 / 신중하게 검토했다 / 그 보고서를

동사 뒤   The new rule / applies / **immediately**.   그 새로운 규칙은 / 적용된다 / 즉시

형용사 앞   The rent / is **too** high / in this neighborhood.   집세가 / 너무 비싸다 / 이 지역에서는

부사 앞   The product / was made / **surprisingly** quickly.   그 제품은 / 만들어졌다 / 놀랄 만큼 빠르게

문장 앞   **Fortunately**, / I / got / the recipe / online.   다행히도 / 나는 / 구했다 / 그 요리법을 / 온라인에서

핵심 콕콕 퀴즈   둘 중 알맞은 것을 고르세요.   ⓑ 답정

03   Ms. Parker / travels / (ⓐ regular, ⓑ regularly) / for business.
    Ms. Parker는 / 여행한다 / 정기적으로 / 사업을 위해   해석·해설 p.45

4. 토익에 잘 나오는 여러 가지 부사

새 정책이 _____ 발표될 것입니다.
(곧) / 아직

빈칸에는 '아직'이 아닌 '곧'이라는 부사가 들어가야 문맥이 자연스럽죠? 이처럼 여러 부사들 중에서 문맥에 가장 잘 어울리는 것을 고르는 문제가 나와요.

시간 부사

🔹 시간 부사는 **시간**이나 **시점**을 나타내는 부사예요.

already 이미	still 여전히, 아직	yet 아직
soon 곧	ago ~ 전에	once 한때, 이전에

The new policy / will be announced / **soon**. 새 정책이 / 발표될 것이다 / 곧

빈도 부사

🔹 빈도 부사는 '**얼마나 자주**' 일이 발생하는지를 나타내는 부사예요.

always 항상	almost 거의	often 자주
frequently 종종	usually 보통	sometimes 때때로
once 한 번	seldom 거의 ~않다	never 결코 ~않다

Ms. Conan / **frequently** / meets / with her clients. Ms. Conan은 / 종종 / 만난다 / 그녀의 고객들과

접속 부사

🔹 접속 부사는 **앞뒤 절의 의미를 연결**해주는 부사로, 주로 콤마와 함께 **문장의 맨 앞**에 위치하여 두 개의 문장을 의미적으로 연결해줘요.

however 그러나	thus 그러므로	furthermore 더욱이
nevertheless 그럼에도 불구하고	therefore 그러므로	additionally 게다가

Mr. Harris / lost / his passport. **Therefore**, / he / could not board / the plane.
Mr. Harris는 / 잃어버렸다 / 그의 여권을   그러므로 / 그는 / 탑승할 수 없었다 / 비행기에

둘 중 알맞은 것을 고르세요.

ⓔ 달용

04 Houses in Springdale / (ⓐ seldom, ⓑ ago) come up / for sale.
Springdale에 있는 집들은 / 거의 나오지 않는다 / 판매를 위해

해석·해설 p.45

다음 문장을 읽고, 빈칸에 들어갈 알맞은 것을 고르세요.

01 The Q-150 drill is a ------- machine.

    (A) powerful   (B) powers

01 명사 machine을 앞에서 꾸밀 수 있는 것을 골라야 해요.

02 The ------- lost files were recovered.

    (A) mistaken   (B) mistakenly

02 형용사 lost를 앞에서 꾸밀 수 있는 것을 골라야 해요.

03 Mr. Trenton ------- understood the manager's instructions.

    (A) perfectly   (B) perfect

03 동사 understood를 앞에서 꾸밀 수 있는 것을 골라야 해요.

04 All seats on Flight 881 are ------- reserved.

    (A) sometimes   (B) already

04 '좌석들이 이미 예약되었다'라는 의미가 되어야 자연스러워요.

05 SuperMax Advertising's new campaign was -------.

    (A) innovate   (B) innovative

05 be동사 뒤의 보어 자리에 올 수 있는 것을 골라야 해요.

06 Security guards are ------- required to lock the doors at night.

    (A) strict   (B) strictly

06 be동사 + p.p.형(are required) 사이에 올 수 있는 것을 골라야 해요.

정답·해석·해설 p.46

첫토익 보카)...

01 machine 기계   02 lost 유실된   recover 복구하다   03 understand 이해하다   instruction 지시 (내용), 설명
04 reserved 예약된   06 security guard 경비원   required 요구되는   lock 잠그다

✦ 첫토익 실전문제

보기 중 빈칸에 가장 적절한 것을 고르세요.

PART 5

01 The head chef ------- developed a new menu for the dinner banquet.

(A) thought
(B) thoughts
(C) thoughtful
(D) thoughtfully

02 ------- information about local attractions can be found on the city's Web site.

(A) Add
(B) Additional
(C) Addition
(D) Additionally

03 The Meritt 560 backpack is ------- durable and light.

(A) impress
(B) impressive
(C) impressively
(D) impression

04 The manager ------- has not confirmed the budget for the fund-raising event.

(A) once
(B) ago
(C) quite
(D) still

05 Mr. Bloom created a highly ------- advertisement for a car.

(A) effective
(B) effect
(C) effectiveness
(D) effectively

06 Living Essential is planning to open a second branch in Florida -------.

(A) already
(B) often
(C) soon
(D) very

07 The factory worker ------- used the dangerous machinery.

(A) caution
(B) cautious
(C) cautiously
(D) cautioned

08 The Lake District has ------- introduced some new parking policies.

(A) success
(B) successfully
(C) successive
(D) successes

정답·해석·해설 p.46

1. 동사의 시제 ① 현재 / 과거 / 미래

> Mr. Evans는 보통 화요일마다 재고를 확인한다.
> 그는 지난주 화요일에도 재고를 확인했다.

동사는 '확인한다', '확인했다'와 같이 시간의 변화에 따라 다양한 형태로 나타낼 수 있어요. 이처럼 동사의 형태를 바꾸어 어떤 행동이나 사건이 일어난 시간을 표현하는 것을 시제라고 해요.

현재 / 과거 / 미래

● **현재 시제(동사원형 + -(e)s)**는 **현재의 상태, 반복되는 일이나 습관**, 그리고 **일반적인 사실**을 나타낼 때 써요. 아래 표현들이 현재 시제와 함께 자주 쓰여요.

| usually 보통 | always 항상 | often 자주, 종종 | every day 매일 | these days 요즘 |

Mr. Evans / usually / **checks** / inventory / on Tuesdays.

Mr. Evans는 / 보통 / 확인한다 / 재고를 / 화요일마다

● **과거 시제(동사원형 + -(e)d)**는 **과거에 일어난 일**이나 **과거의 동작, 상태**를 나타낼 때 써요. 아래의 표현들이 과거 시제와 함께 자주 쓰여요.

| last + week/month/year 지난주/달/해에 | yesterday 어제 | ago ~ 전에 | in + 과거 연도 ~년에 |

The company / **developed** / the new navigation system / last year.

그 회사는 / 개발했다 / 새로운 주행 지시 시스템을 / 지난해에

● **미래 시제(will/be going to + 동사원형)**는 **미래의 상황에 대한 추측·예상**이나 **의지, 계획** 등을 나타낼 때 써요. 아래의 표현들이 미래 시제와 함께 자주 쓰여요.

| tomorrow 내일 | soon 곧 | in the near future 가까운 미래에 |
| by/until + 미래 시간 표현 ~까지 | next + week/month/year 다음 주/달/해에 | |

Lee / **will complete** / the survey / tomorrow. Lee는 / 완료할 것이다 / 그 설문 조사를 / 내일

 **핵심 콕콕 퀴즈** 둘 중 알맞은 것을 고르세요. ⓑ 답장

01 The citizens / (ⓐ elected, ⓑ will elect) / a new mayor / next week.
시민들은 / 선출할 것이다 / 새 시장을 / 다음 주에

해석·해설 p.47

2. 동사의 시제 ② 현재 진행, 현재 완료 / 과거 완료

그녀는 그 회사에서 20년 동안 _____.

일해왔다 / 일한다

문장에 현재 완료 시제와 함께 쓰이는 표현인 '20년 동안'이 있으므로 '일한다'보다는 '일해왔다'라는 완료 시제를 써야 해요. 이처럼 특정 시제와 함께 쓰이는 표현을 보고 빈칸에 알맞은 시제의 동사를 고르는 문제가 나와요.

현재 진행

● 현재 진행 시제(be + -ing)는 **현재 진행 중인 일**이나 **동작**을 나타낼 때 쓰이며, 특히 now(지금), right now(지금 당장)와 함께 자주 쓰여요.

Panjan Inc. / **is building** / a new branch office / now.

Panjan사는 / 짓는 중이다 / 새로운 지점 사무실을 / 지금

현재 완료 / 과거 완료

● 현재 완료 시제(have/has + p.p.)는 **과거에 발생한 일**이나 **상태**가 **현재에 계속**되고 있거나 **완료**된 것을 나타낼 때 써요. 아래의 표현들이 현재 완료 시제와 함께 자주 쓰여요.

since + 과거 시점 ~ 이래로	for + 기간 ~ 동안	over the last[past] + 기간 지난 ~ 동안

Ms. Lang / **has worked** / at the company / for 20 years.

Ms. Lang은 / 일해왔다 / 그 회사에서 / 20년 동안

● 과거 완료 시제(had + p.p.)는 과거의 어떤 시점을 기준으로 그보다 더 앞선 시간에 발생된 일을 나타낼 때 쓰이며, **과거의 특정 시점을 나타내는 표현**이 함께 나와요.

The secretary / **had left** / the office / before the CEO arrived.

과거의 특정 시점(CEO가 도착한 시점)

그 비서는 / 떠났다 / 그 사무실을 / 최고 경영자가 도착하기 전에

 **핵심 콕콕 퀴즈** 둘 중 알맞은 것을 고르세요.

ⓑ 답정

02 Ms. Brown / (ⓐ attended, ⓑ has attended) / the conference / for 10 years.

Ms. Brown은 / 참석해왔다 / 그 학회에 / 10년 동안

해석·해설 p.47

3. 주어와 동사의 수일치

Standard package _____ a room with two beds.

(includes)/ ~~include~~

스탠다드 패키지는 두 개의 침대가 있는 객실을 포함합니다.

주어 package가 단수이므로 빈칸에는 단수 동사 includes를 써야 해요. 이처럼 빈칸에 주어의 수와 일치하는 동사를 고르는 문제가 나와요.

단수 주어와 단수 동사의 수일치

● 셀 수 있는 단수 명사, 셀 수 없는 명사는 단수 주어로 취급되어 뒤에 **단수 동사**를 써요. 단수 동사는 동사에 -(e)s를 붙인 3인칭 단수형을 써요.

The package / **includes** / a room / with two single beds.
  셀 수 있는 단수 명사   단수 동사   그 상품은 / 포함한다 / 객실을 / 두 개의 싱글 침대가 있는

Ms. Burn's advice / **sounds** / very useful. Ms. Burn의 조언은 / 들린다 / 매우 유용하게
    셀 수 없는 명사   단수 동사

복수 주어와 복수 동사의 수일치

● 셀 수 있는 복수 명사는 복수 주어로 취급되어 뒤에 **복수 동사**를 써요. 복수 동사는 **동사원형**을 그대로 써요.

The trucks / in the garage / **have** / engine problems.
  복수 주어   복수 동사   그 트럭들은 / 창고에 있는 / 가지고 있다 / 엔진 문제들을

 **핵심 콕콕 퀴즈** 둘 중 알맞은 것을 고르세요. ⓑ 月요

03 The new regulations / (ⓐ limit, ⓑ limits) / vehicle access / on weekends.
새로운 규정들은 / 제한한다 / 차량 접근을 / 주말에

해석·해설 p.47

4. 동사의 태

수동태 문장
만들기

이메일은 그녀에 의해 _____.

확인되었다 / 확인했다

빈칸에는 능동의 의미인 '확인했다'보다 수동의 의미인 '확인되었다'를 써야 자연스러워요. 이처럼 능동태와 수동태 중 빈칸에 알맞은 태를 고르는 문제가 나와요.

능동태와 수동태

● 능동태는 '주어가 ~하다'라는 의미로, **주어가 행위의 주체**일 때 써요.

Ms. Winston / **checked** / the e-mail. Ms. Winston은 / 확인했다 / 그 이메일을
　　　　　　　능동태

● 수동태는 '주어가 ~되다, 당하다'라는 의미로, **주어가 행위의 대상**이 될 때 써요. 수동태는 '**be동사 + p.p.**'의 형태이며, 이때 **동사 뒤에 행위자**를 나타내는 '**by + 목적격**'이 오기도 해요.

The e-mail / **was checked** (by Ms. Winston). 그 이메일은 / 확인되었다 (Ms. Winston에 의해)
　　　　　　　수동태

능동태와 수동태의 구별

● 동사 자리에 능동태가 올지 수동태가 올지는 타동사 뒤에 목적어가 있는지 없는지에 따라 결정돼요. 타동사 뒤에 **목적어가 있으면 능동태**, 타동사 뒤에 **목적어가 없으면 수동태**를 써요.

능동태　Randall Limited. / (**conducted**, ~~is conducted~~) / the research.
　　　　→ 타동사(conduct) 뒤에 목적어(the research)가 있으므로 능동태(conducted)를 써요.
　　　　　　　　　　　　　　　　　　　　　　　　　　Randall사는 / 수행했다 / 그 연구를

수동태　The research / (**was conducted**, ~~conducts~~) / by Randall Limited.
　　　　→ 타동사(conduct) 뒤에 목적어가 없고 'by + 목적격'이 있으므로 수동태(was conducted)를 써요.
　　　　　　　　　　　　　　　　　　　　　　　　그 연구는 / 수행되었다 / Randall사에 의해

 핵심 콕콕 퀴즈　　둘 중 알맞은 것을 고르세요.　　　ⓔ 昙昙

04 The instructions / for the software installation / (ⓐ were revised, ⓑ revise).
설명들이 / 소프트웨어 설치를 위한 / 수정되었다

해석·해설 p. 47

RC 첫토익 **4**일 | 동사　**139**

✦ 첫토익 연습문제

다음 문장을 읽고, 빈칸에 들어갈 알맞은 것을 고르세요.

01 Mr. Taylor ------- a vacation in the near future.

(A) will take   (B) took

01 in the near future와 함께 쓰이는 시제를 골라야 해요.

02 The computer ------- an update to work properly.

(A) requires   (B) require

02 주어 computer와 수가 일치하는 동사를 골라야 해요.

03 Interviews ------- by the human resources department.

(A) handle   (B) are handled

03 '면접들은 인사부에 의해 처리된다'라는 의미가 되어야 자연스러워요.

04 Ms. Finn ------- the schedule on the first day of each month.

(A) is posted   (B) posts

04 'Ms. Finn은 매월 1일에 일정을 게시한다'라는 의미가 되어야 자연스러워요.

05 The vendor ------- the same items for the last five years.

(A) will sell   (B) has sold

05 for the last five years와 함께 쓰이는 시제를 골라야 해요.

06 Meals at Taco Delight ------- with a spicy sauce.

(A) are served   (B) serve

06 'Taco Delight의 음식들은 매운 양념과 함께 제공된다'라는 의미가 되어야 자연스러워요.

정답·해석·해설 p. 47

첫토익보카)···

01 vacation 휴가   **02** properly 제대로   **03** human resources department 인사부   **04** schedule 일정
05 vendor 노점상   item 물품   **06** spicy 매운

✦ 첫토익 실전문제

보기 중 빈칸에 가장 적절한 것을 고르세요.

PART 5

01 Mesmia Corp. ------- an office on the second floor six months ago.

(A) occupying   (B) occupies

(C) will occupy   (D) occupied

02 The documentary about politics ------- by audiences across the country.

(A) will view   (B) was viewed

(C) is viewing   (D) viewed

03 The price of a new laptop ------- based on the included features.

(A) differs   (B) differ

(C) differing   (D) different

04 Broadwick Lab ------- equipment for research since last year.

(A) had bought   (B) buying

(C) has bought   (D) buys

PART 6   Questions 05-08 refer to the following letter.

Dear Amy,

Back in July, we ------- many customers since all our TV models were cheaper than those of
05
our competitors. We were able to keep prices low by finding incredibly affordable sources for

components. -------, our TV screen supplier decided to increase its prices because the cost of
06
materials has gone up. That means we have to charge more for our TV sets. But I'm worried

our sales will decrease if we ------- our prices too much. -------. This will help us continue to
07   08
charge less than our competitors.

Sincerely,

Ahmad Perez

05 (A) attract   (B) attracted

(C) will attract   (D) are attracting

06 (A) However   (B) Similarly

(C) Therefore   (D) For instance

07 (A) advertise   (B) analyze

(C) raise   (D) reveal

08 (A) Please find a more affordable local supplier.

(B) The situation will return to normal after our product launch event.

(C) We got a discount because we ordered online.

(D) Information about our annual profits is included in the report.

정답·해석·해설 p.48

1. to 부정사의 형태와 자리

> 그 최고 경영자는 Ms. Song을 승진시키는 것을 찬성했다.

동사 '승진시키다'가 '승진시키는 것'으로 형태가 바뀌어 문장의 목적어 자리에 왔어요. 영어에서는 동사 앞에 to를 붙인 to부정사가 문장의 목적어 자리를 포함하여 다양한 자리에 올 수 있어요.

to 부정사의 형태

● to 부정사의 형태는 'to + 동사원형'이에요.

The CEO / agreed / (**to promote**, ~~to promoting~~) / Ms. Song / to head of finance.
그 최고 경영자는 / 찬성했다 / 승진시키는 것을 / Ms. Song을 / 재무부 부장으로

to 부정사가 오는 자리

● to 부정사는 문장의 **주어, 목적어, 보어, 수식어 자리**에 올 수 있어요.

주어 자리   **To buy the ticket** / was hard.   그 티켓을 사는 것은 / 어려웠다
　　　　　　　　　　주어
목적어 자리   Mr. Allen / decided / **to attend the marketing seminar**.
　　　　　　　　　　　　　　　　　　　목적어
　　　　　　　　　　　　　　　　　Mr. Allen은 / 결심했다 / 그 마케팅 세미나에 참석하기로

보어 자리   My job / is **to design Web sites**.   나의 직업은 / 웹사이트들을 디자인하는 것이다
　　　　　　　　　　　　　　보어
수식어 자리   The restaurant / closed / temporarily / **to renovate its kitchen**.
　　　　　　　　　　　　　　　　　　　　　　수식어
　　　　　　　　　　그 식당은 / 닫았다 / 임시적으로 / 그것의 주방을 개조하기 위해서

핵심 콕콕 퀴즈   둘 중 알맞은 것을 고르세요.   ⓑ 닸엉

01   The deadline / was postponed / (ⓐ allow, ⓑ to allow) / late registration / for the event.
　　　 마감 시간이 / 연기되었다 / 허용하기 위해 / 늦은 등록을 / 그 행사의
　　　　　　　　　　　　　　　　　　　　　　　　　　　　　　　해석·해설 p. 49

2. to 부정사의 역할

> 자료를 분석하는 것이 그 인턴의 업무이다.
> 그는 자료를 분석하기 위해 밤을 새웠다.

'분석하다'라는 동사에 '~하는 것'이 붙어 명사 역할을 하고, '~하기 위해서'가 붙어 부사 역할을 하고 있어요. 영어에서는 동사 앞에 to가 붙은 to 부정사가 문장에서 명사, 형용사, 부사 역할을 할 수 있어요.

명사 역할

◉ to 부정사는 **명사**처럼 문장에서 **주어, 목적어, 보어 역할**을 하며, '**~하는 것, ~하기**'로 해석해요.

주어 역할	**To analyze the research data** / was the intern's task.	조사 자료를 분석하는 것이 / 그 인턴의 업무였다
	주어	
목적어 역할	He / agreed / **to accept the proposal.**	그는 / 동의했다 / 그 제안을 받아들이는 것을
	목적어	
보어 역할	Their goal / is **to increase sales.**	그들의 목표는 / 매출을 증가시키는 것이다
	보어	

형용사 역할

◉ to 부정사는 **형용사**처럼 **명사 뒤**에서 **명사를 꾸며주며**, '**~할, ~해야 할**'로 해석해요.

Matthew / got / an opportunity / **to work abroad.**   Matthew는 / 얻었다 / 기회를 / 해외에서 일할
명사

부사 역할

◉ to 부정사는 **부사**처럼 **문장 앞**이나 **동사 뒤**에서 **문장이나 동사를 꾸며주며**, 행위의 목적을 나타내어 '**~하기 위해**'로 해석해요. 이때, **to 부정사의 to**는 in order to로 바꿔 쓸 수 있어요.

To get a better job, / he / took / a training course.
= In order to get a better job   문장   더 좋은 직업을 갖기 위해 / 그는 / 들었다 / 훈련 과정을

Log in / **to place an order.**   로그인하세요 / 주문을 하기 위해
동사   = in order to place an order

 **핵심 콕콕 퀴즈**   둘 중 알맞은 것을 고르세요.   ⓑ 점정

02 Mr. Weber / needs / (ⓐ write, ⓑ to write) a speech / for the company event.
Mr. Weber는 / 해야 한다 / 연설 작성하는 것을 / 회사 행사를 위해   해석·해설 p.49

3. 동명사의 형태와 자리

> 이 구역에 주차하는 것은 금지되어 있다.

동사 '주차하다'가 '주차하는 것'으로 바뀌어 문장의 주어 자리에서 명사 역할을 하고 있어요. 영어에서는 동사에 -ing가 붙은 동명사가 명사 역할을 할 수 있어요.

동명사의 형태와 역할

● 동명사의 형태는 **'동사원형 + -ing'**로, 문장에서 **명사**처럼 쓰이고 **'~하는 것', '~하기'**로 해석해요.

(**Parking**, ~~Park~~) a vehicle / in this area / is prohibited. 차량을 주차하는 것은 / 이 구역에서 / 금지되어 있다

동명사가 오는 자리

● 동명사는 문장에서 **주어, 목적어, 보어 자리**, 그리고 **전치사 바로 뒤**에 와요.

주어 자리   **Subscribing to WZ Magazine** / costs / $25 a month.
                    주어   WZ 잡지를 구독하는 것은 / 든다 / 한 달에 25달러가

목적어 자리   They / suggested / **changing the policy**. 그들은 / 제안했다 / 그 정책을 변경하는 것을
                                       목적어

보어 자리   His goal / is **completing the report** / by 5 P.M.
                            보어   그의 목표는 / 보고서를 끝내는 것이다 / 오후 5시까지

전치사 뒤   By **improving the product's design**, / sales / increased / dramatically.
     전치사   제품의 디자인을 향상시킴으로써 / 판매량이 / 증가했다 / 극적으로

 핵심 콕콕 퀴즈   둘 중 알맞은 것을 고르세요.   ⓑ 답장

03   Ms. Simons / is thinking about / (ⓐ start, ⓑ starting) / her own business.
     Ms. Simons는 / 생각하고 있다 / 시작하는 것 / 그녀 자신의 사업을   해석·해설 p.49

4. to 부정사 / 동명사와 함께 쓰는 동사

Mr. Park decided _____ the locks.
(to change) / ~~changing~~
Mr. Park는 자물쇠들을 교체하기로 결정했다.

동사 decide는 to 부정사를 목적어로 취하는 동사로, 빈칸에는 changing이 아닌 to change가 와야 해요. 이처럼 동사를 확인해서 빈칸에 to 부정사와 동명사 중 어떤 것이 들어가야 하는지 구별하여 고르는 문제가 나와요.

to 부정사와 함께 쓰이는 동사

● '**동사 + to 부정사**'의 형태로, **to 부정사를 목적어**로 취하는 동사들을 알아두세요.

want 원하다	hope 희망하다	agree 동의하다	decide 결정하다
expect 기대하다	choose 결정하다	offer 제안하다	wish 바라다
plan 계획하다	need 필요로 하다	promise 약속하다	tend ~하는 경향이 있다

Mr. Park / decided / **to replace the locks** / on the apartment.
Mr. Park는 / 결정했다 / 자물쇠들을 교체하기로 / 아파트에 있는

● '**동사 + 목적어 + to 부정사**'의 형태로, **to 부정사를 목적격 보어**로 취하는 동사들을 알아두세요.

ask 요청하다	want 원하다	allow 허락하다, 허가하다	advise 조언하다
expect 기대하다	remind 상기시키다	encourage 격려하다	persuade 설득하다

The speaker / allowed / the audience / **to ask questions**.
그 발표자는 / 허락했다 / 청중들이 / 질문하는 것을

동명사와 함께 쓰이는 동사

● '**동사 + 동명사**'의 형태로, **동명사를 목적어**로 취하는 동사들을 알아두세요.

enjoy 즐기다	keep 계속하다	avoid 피하다	consider 고려하다
deny 부인하다	finish 끝내다	suggest 제안하다	recommend 추천하다

The travel guide / recommended / **trying local food**.
그 여행 안내원은 / 추천했다 / 현지 음식을 시도하는 것을

 핵심 콕콕 퀴즈 둘 중 알맞은 것을 고르세요. ⓔ 팀양

04 The executives / wanted / (ⓐ to consult, ⓑ consulting) directly / with the product designer.
임원들은 / 원했다 / 직접 상의하는 것을 / 제품 디자이너와

해석·해설 p.49

다음 문장을 읽고, 빈칸에 들어갈 알맞은 것을 고르세요.

01 The business owner chose ------- the customer a discount.
(A) give   (B) to give

01 동사 choose(결정하다)의 목적어로 올 수 있는 것을 골라야 해요.

02 ------- time efficiently is difficult for some workers.
(A) Managing   (B) Manages

02 문장의 주어 자리에 올 수 있는 것을 골라야 해요.

03 Pharma Corp. held a ceremony ------- its 10th anniversary.
(A) to celebrate   (B) celebration

03 '10주년을 기념하기 위해'라는 의미가 되어야 자연스러워요.

04 The director hopes ------- with actress Alice Janssen again.
(A) working   (B) to work

04 동사 hope(희망하다)의 목적어로 올 수 있는 것을 골라야 해요.

05 The manufacturer improved product quality by ------- some materials.
(A) upgrade   (B) upgrading

05 전치사 by 뒤에 올 수 있는 것을 골라야 해요.

06 Ms. Chiao avoids ------- her vacation during the busy season.
(A) to take   (B) taking

06 동사 avoid(피하다)의 목적어로 올 수 있는 것을 골라야 해요.

정답·해석·해설 p.50

첫토익보카

01 discount 할인 02 efficiently 효율적으로 03 ceremony 행사 anniversary 주년 04 director 감독 actress 여배우
05 manufacturer 제조업체 improve 향상시키다 quality 품질 material 자재 06 avoid 피하다 vacation 휴가

보기 중 빈칸에 가장 적절한 것을 고르세요.

PART 5

01 The security system in Northpoint Mall has been replaced to ------- false alarms.

(A) prevent

(B) prevention

(C) preventing

(D) prevented

02 Mr. Clark briefly reviewed the necessity of ------- the board meeting.

(A) attending

(B) attend

(C) attendance

(D) attended

03 ------- the factory equipment is dangerous without safety gear.

(A) Operate

(B) Operative

(C) Operating

(D) Operation

04 The mobile game company asked the users ------- the game again when a problem occurred.

(A) to install

(B) installing

(C) install

(D) installed

05 Sphere Travel Agency offers customers various ways ------- complaints.

(A) submitted

(B) to submit

(C) has submitted

(D) will submit

06 Ms. Stefan suggested ------- in real estate before property values increase.

(A) invested

(B) to invest

(C) investor

(D) investing

07 Mr. Parker went to the customer service center ------- get a refund.

(A) therefore

(B) for example

(C) in order to

(D) however

08 Rowville needed more funding ------- construction on the bridge.

(A) began

(B) to begin

(C) begins

(D) has begun

정답·해석·해설 p. 50

1. 분사의 형태와 역할

그녀는 깨진 창문을 수리하기 위해 돈을 지불했다.

동사 '깨어지다'가 '깨진'으로 바뀌어 명사 '창문'을 꾸며주는 형용사 역할을 하고 있어요. 영어에서는 동사 뒤에 -ing나 -ed가 붙은 분사가 형용사 역할을 할 수 있어요.

분사의 형태

● 분사에는 '**동사원형 + -ing**' 형태의 **현재분사**와 '**동사원형 + -(e)d**' 형태의 **과거분사**가 있어요. 현재분사는 '～한, ～하는'의 능동의 의미를, 과거분사는 '～된'이라는 수동의 의미를 나타내요.

The woman / <u>editing</u> the article / is my boss. 그 여자는 / 기사를 수정하는 / 나의 상사이다
        ↑   현재분사

The researcher / checked / the **collected** data. 그 연구원은 / 확인했다 / 수집된 자료를
           과거분사   ↑

분사의 역할

● 분사는 문장에서 명사를 꾸미는 **형용사** 역할을 해요.

Ms. Riley / spent / $250 / to fix / the <u>**broken**</u> windows.
                             명사↑
        Ms. Riley는 / 지불했다 / 250달러를 / 수리하기 위해 / 깨진 창문들을

There are / some <u>balloons</u> / <u>**floating**</u> in the sky. 있다 / 약간의 풍선들이 / 하늘에 떠있는
         명사↑

 핵심 콕콕 퀴즈   둘 중 알맞은 것을 고르세요.   ⓑ 맞정

01 We / will discuss / the (ⓐ changes, ⓑ changed) plans.
우리는 / 논의할 것이다 / 변경된 계획들을   해석·해설 p.52

2. 분사의 자리

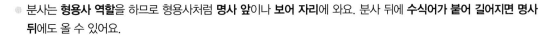

그 제품은 한정된 시간 동안만 판매될 것이다.

'한정된'이 명사 '시간'을 앞에서 꾸며주고 있어요. 영어에서는 형용사 역할을 하는 분사가 명사 앞을 포함하여 다양한 자리에 올 수 있어요.

분사가 오는 자리

▪ 분사는 **형용사 역할**을 하므로 형용사처럼 **명사 앞**이나 **보어 자리**에 와요. 분사 뒤에 **수식어가 붙어 길어지면 명사 뒤**에도 올 수 있어요.

명사 앞   The product / will be sold / for a <u>limited</u> time only.

명사 ↑

그 제품은 / 판매될 것이다 / 한정된 시간 동안만

명사 뒤   The <u>guests</u> / **staying on the fifth floor** / asked for / cleaning service.

명사

투숙객들이 / 5층에 묵고 있는 / 요청했다 / 청소 서비스를

→ 분사(staying) 뒤에 수식어 on the fifth floor(5층에)가 붙어서 길어졌어요.

보어 자리   Making donations regularly / is very **rewarding**.

규칙적으로 기부하는 것은 / 매우 보람 있다

02 Customers / (ⓐ usage, ⓑ using) the new oven / should wash / the components / first.
고객들은 / 그 새 오븐을 사용하는 / 세척해야 한다 / 구성품들을 / 먼저

해석·해설 p. 52

3. 현재분사와 과거분사

온라인으로 제품을 _____ 고객들은 할인을 받을 수 있다.

구매하는 / 구매된

고객들은 제품을 '구매되는' 것이 아니라, 스스로 '구매하는' 것이에요. 이처럼 능동의 의미인 현재분사와 수동의 의미인 과거분사를 구별하여 빈칸에 들어갈 알맞은 것을 고르는 문제가 나와요.

현재분사와 과거분사의 구별

● **꾸밈을 받는 명사**와 분사가 '**~한, ~하는, ~하고 있는**'이라고 해석되는 **능동 관계**이면 **현재분사**를 쓰고, '**~된, ~되는, ~되어 있는**'이라고 해석되는 **수동 관계**이면 **과거분사**를 써요.

Customers / (**purchasing**, ~~purchased~~) the product online / can get / a discount.

고객들은 / 온라인으로 제품을 구매하는 / 받을 수 있다 / 할인을

→ 꾸밈을 받는 명사(Customers)와 분사가 '제품을 구매하는 고객'이라는 의미의 능동 관계이기 때문에 현재분사가 와야 해요.

The policy / (**suggested**, ~~suggesting~~) by Ms. Anders / will be reviewed.

그 정책은 / Ms. Anders에 의해 제안된 / 검토될 것이다

→ 꾸밈을 받는 명사(The policy)와 분사가 '제안된 정책'이라는 의미의 수동 관계이기 때문에 과거분사가 와야 해요.

● **현재분사** 뒤에는 **목적어**가 올 수 있지만, 과거분사 뒤에는 목적어가 올 수 없어요. 따라서 **뒤에 목적어가 있는 경우**에는 반드시 **현재분사**를 써야 해요.

The people / (**attending**, ~~attended~~) the concert / seem / excited.

목적어   사람들은 / 콘서트에 참여한 / 보인다 / 신이 나

핵심 콕콕 퀴즈   둘 중 알맞은 것을 고르세요.   ⓔ 月&&

03 A notice / (ⓐ announcing, ⓑ announced) an upcoming event / was posted.
공지가 / 곧 있을 이벤트를 알리는 / 게시되었다

해석·해설 p.52

4. 감정을 나타내는 분사

가전제품의 첫 분기 판매량은 _____.

(놀라웠다) / 놀랐다

'판매량이 놀랐다'보다 '판매량이 놀라웠다'라고 말하는 것이 자연스럽죠?
이처럼 빈칸에 들어갈 문맥에 맞는 감정을 나타내는 분사를 고르는 문제가 나와요.

감정을 나타내는 분사의 구별

🔹 분사가 꾸며주거나 보충하여 설명하는 대상이 **감정을 일으키는 원인**이면 **현재분사**를, **감정을 느끼는 주체**이면 **과거분사**를 써요.

The first-quarter sales / of home appliances / were **surprising**.

첫 분기의 판매량은 / 가전제품의 / 놀라웠다

→ '첫 분기 판매량'은 놀라움을 일으키는 원인이므로 현재분사 surprising을 써요.

The customer / was **satisfied** / with the manager's response.

그 고객은 / 만족했다 / 그 매니저의 응대에

→ '고객'은 만족스러움을 느끼는 주체이므로 과거분사 satisfied를 써요.

토익에 잘 나오는 감정을 나타내는 분사

🔹 **감정을 나타내는 분사**를 의미와 함께 구별해서 알아두면 문맥에 맞는 분사를 더욱 쉽게 고를 수 있어요.

interesting 흥미로운 – interested 흥미로워하는	satisfying 만족스러운 – satisfied 만족한
pleasing 만족을 주는 – pleased 만족한	disappointing 실망스러운 – disappointed 실망한
surprising 놀라운 – surprised 놀란	embarrassing 당황스러운 – embarrassed 당황한

The **embarrassing** mistake / was corrected / immediately. 그 당황스러운 실수는 / 수정되었다 / 즉시
→ '실수'는 당황스러움을 일으키는 원인이므로 현재분사 embarrassing을 써요.

The speaker / was **embarrassed** / by her mistake. 그 발표자는 / 당황했다 / 그녀의 실수에 의해
→ '발표자'는 당황스러움을 느끼는 주체이므로 과거분사 embarrassed를 써요.

핵심 콕콕 퀴즈 둘 중 알맞은 것을 고르세요.   ⓔ 근웨

04 The feature / of the new mobile phone / is quite (ⓐ disappointing, ⓑ disappointed).
그 기능은 / 새로운 휴대폰의 / 꽤 실망스럽다   해석·해설 p.52

다음 문장을 읽고, 빈칸에 들어갈 알맞은 것을 고르세요.

01 ------- passengers must head to Gate 17.

    (A) Transferring   (B) Transfers

    01 명사 passengers를 앞에서 꾸밀 수 있는 것을 골라야 해요.

02 *Sunflower Wings* is the most ------- artwork in the museum.

    (A) interested   (B) interesting

    02 '흥미로운 미술품'이라는 의미가 되어야 자연스러워요.

03 A screen in the train station shows the ------- arrival times.

    (A) scheduled   (B) scheduling

    03 '예정된 도착 시간'이라는 의미가 되어야 자연스러워요.

04 All PPR Inc.'s cards are made from ------- paper.

    (A) recycled   (B) recycling

    04 '재활용된 종이'라는 의미가 되어야 자연스러워요.

05 Ms. Russell is directing a musical ------- a popular singer.

    (A) starred   (B) starring

    05 '인기 있는 가수를 주연으로 하는 뮤지컬'이라는 의미가 되어야 자연스러워요.

06 Rely Consulting provides advice about quickly ------- technology.

    (A) changing   (B) changes

    06 명사 technology를 앞에서 꾸밀 수 있는 것을 골라야 해요.

정답·해석·해설 p.52

첫토익 보카)

01 passenger 승객   head 가다, 향하다   **02** artwork 미술품   **03** arrival 도착   **04** made from ~로 만든
05 direct 연출하다   popular 인기 있는   **06** technology 기술

보기 중 빈칸에 가장 적절한 것을 고르세요.

PART 5

01 All household items ------- on our Web site are on sale until Friday.

(A) shown   (B) show

(C) will show   (D) showing

02 The brochure ------- the building map can be found at the front desk.

(A) includes   (B) including

(C) inclusion   (D) included

03 The director gave ------- explanations to his team about the upcoming workshop.

(A) detailed   (B) detail

(C) details   (D) to detail

04 The organizer of the anniversary party was ------- with the number of guests.

(A) please   (B) pleases

(C) pleasing   (D) pleased

PART 6

Questions 05-08 refer to the following notice.

BluCorp is proud to promote Shawn Vihari to a management role. -------. The ideas ------- during his time in his current role greatly increased our productivity and efficiency in developing products. As a manager, Mr. Vihari will be responsible for our ------- Asian headquarters. Once operations begin in Asia for the first time under his leadership, he will develop BluCorp's product line there. -------, he will build our Asian sales network.

05 (A) The other candidates are under consideration.

(B) This information has not been offered to us yet.

(C) BluCorp's board of directors gave him a special retirement gift.

(D) Mr. Vihari is admired for his excellent innovations.

06 (A) proposes   (B) proposed

(C) proposing   (D) propose

07 (A) continuous   (B) future

(C) established   (D) final

08 (A) Although   (B) In contrast

(C) Additionally   (D) Formerly

정답·해석·해설 p. 53

전치사

1. 전치사 자리

The cabinet is next to the copy machine.
그 수납장은 복사기 옆에 있다.

Office supplies are stored in it.
사무용품은 그것 안에 보관되어 있다.

명사 앞에 쓰인 next to(~ 옆에), in(~ 안에)과 같은 전치사에 따라 나타내는 대상의 위치가 달라져요. 이처럼 명사나 대명사 앞에 쓰여 시간, 장소, 방향 등을 나타내는 것을 전치사라고 해요.

전치사의 자리

⬮ 전치사는 **명사**나 **대명사 앞**에 와요.

명사 앞　The cabinet is **next to** <u>the copy machine</u>. 그 수납장은 복사기 옆에 있다.
　　　　　　　　　　　　　　　　명사

대명사 앞　Office supplies / are stored / **in** <u>it</u>. 사무용품은 / 보관되어 있다 / 그것 안에
　　　　　　　　　　　　　　　　대명사

전치사구의 자리

⬮ '**전치사 + 명사/대명사**' 형태의 말 덩어리인 전치사구는, 문장에서 **수식어 역할**을 할 수 있어요. 전치사구는 **문장 앞, 중간, 뒤**에 올 수 있어요.

문장 앞　**For years**, / she / has worked / at GDQ Bank.
　　　　　전치사구
　　　　　　　　　　　　　　　　　　　　　　수년 동안 / 그녀는 / 일해왔다 / GDQ은행에서

문장 중간　The man / **in the meeting room** / is our client.
　　　　　　　　　　　전치사구
　　　　　　　　　　　　　　　　　　　　그 남자는 / 회의실 안에 있는 / 우리의 고객이다

문장 뒤　Many students / were nervous / **about the exam**.
　　　　　　　　　　　　　　　　　전치사구
　　　　　　　　　　　　　　　　　　많은 학생들은 / 불안해했다 / 그 시험에 대해

 **핵심 콕콕 퀴즈** 둘 중 알맞은 것을 고르세요. ⓑ 답당

01 The assistant / handed out / the material / before the (ⓐ presented, ⓑ presentation).
그 조수는 / 나눠 주었다 / 자료를 / 발표 전에
해석·해설 p. 54

2. 시간 전치사

서류 전형에
합격 하셨습니다

> The interview will be held on March 14 at 9 A.M.
> 면접은 3월 14일 오전 아홉 시에 진행될 예정입니다.

밑줄 친 부분은 모두 시간을 나타내는 전치사로 날짜 앞에는 on을, 시각 앞에는 at을 썼어요. 이처럼 시간 관련 전치사는 문맥과 쓰임에 맞게 사용해야 해요.

at / on / in

● 전치사 at, on, in은 모두 '~(때)에'로 해석되지만, **at**은 **시각 앞**에, **on**은 **날짜**나 **요일 앞**에, **in**은 **연도·월·계절 앞** 등에 와요.

at	시각·시점 앞	at 2 o'clock 2시 정각에 at noon 정오에 at the end of the month 월말에
on	날짜·요일·특정한 날 앞	on July 1 7월 1일에 on Sunday 일요일에 on Christmas 크리스마스에
in	연도·월·계절/오전/오후/저녁 앞	in 2022 2022년에 in May 5월에 in winter 겨울에 in the morning 오전에

시점 전치사

● **시점**을 나타내는 전치사는 tomorrow, last year와 같이 **특정 시점을 나타내는 표현 앞**에 와요.

before ~ 전에 after ~ 후에 since ~ 이래로 by / until ~까지	+ 시점 표현 (tomorrow, 7 P.M., Friday, 2015, class, the event 등)

Mr. Donovan / has prepared / the seminar / **since** March.

Mr. Donovan은 / 준비해왔다 / 그 세미나를 / 3월 이래로

기간 전치사

● **기간**을 나타내는 전치사는 two weeks, vacation과 같이 **기간을 나타내는 숫자나 표현 앞**에 와요.

for / during ~동안 within ~ 이내에 throughout ~하는 내내	+ 기간 표현 (the vacation, two weeks, a month 등)

All registration forms / must be submitted / **within** two days.

모든 신청서는 / 제출되어야 한다 / 이틀 이내에

핵심 콕콕 퀴즈 둘 중 알맞은 것을 고르세요.   ⓔ 吕&

02 Flash Max / launched / a new program / (ⓐ in, ⓑ at) March.
   Flash Max사는 / 출시했다 / 새로운 프로그램을 / 3월에

해석·해설 p.54

3. 장소 전치사

Castel Investment is located _____ the park Avenue.

(on) / ~~outside~~

Castel Investment사는 Park가에 위치해 있다.

빈칸에는 '밖에'보다 '~에'를 의미하는 장소 전치사가 오는 것이 자연스러워요. 이처럼 다양한 장소 전치사 중에서 문맥과 쓰임에 맞는 전치사를 고르는 문제가 나와요.

at / on / in

● 장소 전치사 at, on, in은 모두 '~(곳)에, ~에서'로 해석되지만, at은 **특정 지점**에, on은 **층·표면 위**에, in은 **공간 안**에 있는 것을 나타내요.

at	특정 지점	at the station 역에	at the corner 모퉁이에서
		at home 집에	at the Chelsy Street Chelsy Street에서
on	층·표면 위	on the third floor 3층에서	on the desk 책상 위에
in	공간 안	in a city 도시에	in a park 공원에서

위치 / 방향 전치사

● **위치**를 나타내는 전치사들의 의미를 구분하여 알아두세요.

| between (둘) 사이에 | among (셋 이상) 사이에 | outside ~ 밖에 | inside ~ 안에 |

Ms. Huxley's office / is **between** a conference room and a restroom.

Ms. Huxley의 사무실은 / 회의실과 화장실 사이에 있다

● **방향**을 나타내는 전치사들의 의미를 구분하여 알아두세요.

| toward ~쪽으로, ~을 향하여 | from ~에서, ~로부터 | along ~을 따라 |
| across ~을 가로질러 | through ~을 통과하여, ~을 통해 | |

Flight 224 / will depart / **from** New York. 224 항공편은 / 출발할 것이다 / 뉴욕에서

 핵심 콕콕 퀴즈 　둘 중 알맞은 것을 고르세요. 　　　　　　　　　　　　　⊙ @ 답정

03 A stop sign / was installed / (ⓐ on, ⓑ through) the road.
정지 표지판이 / 설치되었다 / 그 도로에

해석·해설 p.54

4. 기타 전치사

악천후 _____ 비행기가 취소되었다.

(~로 인해) / ~에도 불구하고

빈칸에는 '~에도 불구하고'보다 '~로 인해'가 오는 것이 자연스러워요. 이처럼 이유나 목적 등의 의미를 나타내는 여러 가지 전치사 중에서 문맥에 맞는 전치사를 고르는 문제가 나와요.

이유 / 양보 / 목적 / 제외 / 부가를 나타내는 전치사

이유, 양보, 목적, 제외, 부가를 나타내는 다양한 전치사들을 의미와 함께 알아두세요.

이유	due to ~ 때문에, ~로 인해 because of ~ 때문에	due to bad weather 악천후로 인해 because of delivery delays 배송 지연들 때문에
양보	despite ~에도 불구하고 in spite of ~에도 불구하고	despite the higher price 더 높은 가격에도 불구하고 in spite of the difficulty 어려움에도 불구하고
목적	for ~을 위해	for the meeting 회의를 위해
제외	except (for) ~을 제외하고는 without ~ 없이	except (for) holidays 휴일을 제외하고는 without additional information 추가적인 정보 없이
부가	in addition to ~에 더하여 besides ~ 외에도	in addition to the recommendation 추천서에 더하여 besides managers 관리자들 외에도

토익에 잘 나오는 기타 전치사

토익에 자주 나오는 기타 전치사들을 의미와 함께 알아두세요.

about ~에 관한, ~에 대한	by ~함으로써, ~에 의해	with ~을 가지고, ~과 함께	according to ~에 따라

Information / **about** the event / will be provided / online.

정보가 / 그 행사에 대한 / 제공될 것이다 / 온라인으로

The shipping price / varies / **according to** the region. 배송 비용은 / 달라진다 / 지역에 따라

 핵심 콕콕 퀴즈 둘 중 알맞은 것을 고르세요. ⓐ 요정

04 The train / was delayed / (ⓐ due to, ⓑ except) a safety inspection.
그 기차는 / 지연되었다 / 안전 검사 때문에

해석·해설 p.54

✦ 첫토익 연습문제

다음 문장을 읽고, 빈칸에 들어갈 알맞은 것을 고르세요.

01 Mr. Grant has been working on his proposal ------- two months.

(A) for   (B) by

01 '두 달 동안'이라는 의미가 되어야 자연스러워요.

02 The social event for small business owners will be held ------- noon.

(A) in   (B) at

02 시각 앞에 사용되는 전치사를 골라야 해요.

03 A four-course meal was served ------- the company banquet.

(A) since   (B) during

03 '회사 연회 동안'이라는 의미가 되어야 자연스러워요.

04 The bookshelves were removed ------- a lack of space.

(A) because of   (B) except

04 '공간의 부족 때문에'라는 의미가 되어야 자연스러워요.

05 Visitors to Hills Convention Center must exit ------- the west gate.

(A) through   (B) about

05 '서쪽 문을 통해'라는 의미가 되어야 자연스러워요.

06 The journalist will interview the mayor ------- the election next week.

(A) across   (B) before

06 '다음 주 선거 전에'라는 의미가 되어야 자연스러워요.

정답·해석·해설 p.54

 첫토익 보카 ··

01 work on ~에 공들이다　proposal 기획, 제안　**02** social event 사교 행사　small business owner 소규모 자영업자　**03** serve 제공하다　banquet 연회　**04** bookshelf 책꽂이　remove 치우다　lack 부족　space 공간　**05** visitor 방문객　exit 나가다, 퇴장하다　west 서쪽의　**06** journalist 기자　mayor 시장　election 선거

보기 중 빈칸에 가장 적절한 것을 고르세요.

PART 5

01 Mr. Crane was promoted ------- two years of work.
(A) after
(B) toward
(C) inside
(D) about

02 A free seminar on investment strategies will take place ------- Dorham Hall.
(A) on
(B) at
(C) of
(D) for

03 ------- its small size, Chasebot's 3-D printer has more functions than others.
(A) Outside
(B) Despite
(C) Between
(D) From

04 New staff members can ask questions about company policies ------- the training course.
(A) without
(B) along
(C) during
(D) into

05 Folio Bookshop is open for business every day ------- holidays.
(A) across
(B) until
(C) except
(D) through

06 Bolt Hardware had to recall some equipment ------- a major defect.
(A) except for
(B) in addition to
(C) because of
(D) in spite of

07 Those who want to participate in the volunteer program must sign up ------- July 16.
(A) by
(B) to
(C) at
(D) with

08 The Banford Tourism Board is trying to attract more visitors ------- different countries.
(A) across
(B) after
(C) due to
(D) from

정답·해석·해설 p.55

접속사

1. 등위접속사와 상관접속사

그 회사는 뉴욕 _____ 서울에 지점을 가지고 있다.
(and) / ~~but~~

빈칸에는 '그리고'라는 의미의 and를 써야 문맥이 자연스러워요. 이처럼 단어와 단어, 구와 구, 절과 절을 연결해주는 적절한 등위접속사나 상관접속사를 써야 해요.

등위접속사

● **등위접속사**는 단어, 구, 절을 대등하게 이어주는 접속사로, **의미**에 맞게 써야 해요.

and 그리고	but 그러나	or 또는	so 그래서	yet 그러나

Bart International / has / branch offices / in New York / (**and**, ~~but~~) / Seoul.
Bart International사는 / 가지고 있다 / 지점들을 / 뉴욕에 / 그리고 / 서울에

→ 뉴욕 그리고 서울에 지점을 가지고 있다는 의미이므로 but(그러나)이 아닌 and(그리고)를 써야 해요.

상관접속사

● **상관접속사**는 단어, 구, 절을 대등하게 이어주되, 서로 짝을 이루어 써야 하는 접속사로, **알맞은 짝을 골라야** 해요.

both A and B A와 B 둘 다	not A but B A가 아니라 B
either A or B A 또는 B 중 하나	neither A nor B A도 B도 아닌
not only A but also B A뿐만 아니라 B도	A as well as B B뿐만 아니라 A도

They / watched / **neither** a movie (**nor**, ~~or~~) a play. 그들은 / 보지 않았다 / 영화도 연극도

→ 상관접속사 neither는 nor와 서로 짝이 맞으므로 or가 아닌 nor를 써야 해요.

The design / is **not only** creative (**but also**, ~~also~~) attractive.
그 디자인은 / 창의적일 뿐만 아니라 매력적이기도 하다

→ 상관접속사 not only는 but also와 서로 짝이 맞으므로 also가 아닌 but also를 써야 해요.

 **핵심 콕콕 퀴즈** 둘 중 알맞은 것을 고르세요. ⓐ 답장

01 The TV show's first season / was impressive, / (ⓐ so, ⓑ but) / the second / was disappointing.
그 TV쇼의 첫 번째 시즌은 / 인상 깊었다 / 그러나 / 두 번째는 / 실망스러웠다
해석·해설 p.56

2. 종속접속사 ① 명사절 접속사

종속접속사의
역할과 종류

그 리포터는 채소류의 가격이 올랐다는 것을 보여줬다.

'채소류의 가격이 올랐다'가 '채소류의 가격이 올랐다는 것'으로 바뀌어 문장의 목적어 자리에서 명사 역할을 하고 있어요. 영어에서는 명사절 접속사를 사용하여 명사 역할을 하는 명사절을 만들 수 있어요.

that

● 명사절 접속사 that이 이끄는 명사절은 **확실한 사실**을 전달할 때 쓰며, '**~라는 것**'이라고 해석해요.

The reporter / showed / [**that** the prices of vegetables had increased].
확실한 사실
그 리포터는 / 보여주었다 / [채소류의 가격이 올랐다는 것을]

if / whether

● 명사절 접속사 if/whether가 이끄는 명사절은 **불확실한 사실**을 전달할 때 쓰며, '**~인지 아닌지**'라고 해석해요.

The guest / asked / [**if** he could have another pillow].
불확실한 사실
그 손님은 / 물었다 / [그가 베개를 하나 더 받을 수 있는지 아닌지]

Mr. Williams / doesn't know / [**whether** he will be promoted or not].
불확실한 사실
Mr. Williams는 / 모른다 / [그가 승진이 될지 안 될지]

의문사

● 명사절 접속사 who, when, where, what, which, why, how와 같은 의문사가 이끄는 명사절은 각각 '**누가(누구를)/언제/어디서/무엇이(을)/어느 것이(을)/왜/어떻게 ~하는지**'라고 해석해요.

[**Who won the prize**] / has not been announced / yet.
명사절
[누가 상을 탔는지는] / 발표되지 않았다 / 아직

The answer / should include / [**why you purchased the particular item**].
명사절
그 답변은 / 포함해야 한다 / [왜 당신이 그 특정 물품을 구매했는지를]

 둘 중 알맞은 것을 고르세요.
ⓑ 답정

02 The manager / said / (ⓐ that, ⓑ who) there was a problem / with the accounting report.
관리자는 / 말했다 / 문제가 있었다는 것을 / 회계 보고서에

해석·해설 p. 56

3. 종속 접속사 ② 부사절 접속사 – 시간·조건

현장에 출입하기 전에 모든 작업자들은 안전 장비를 착용해야 한다.

'현장에 출입하기 전에'라는 부사절이 완전한 문장 앞에 왔어요. 영어에서는 부사절 접속사를 사용하여 시간, 조건, 이유 등을 나타내는 부사 역할을 하는 부사절을 만들 수 있어요.

시간 접속사

● 부사절이 '**~할 때/~할 때까지**' 같이 **시간**의 의미를 나타낼 때, 다음의 **시간 접속사**를 써요.

when ~할 때	while ~하는 동안	since ~한 이래로	as soon as ~하자마자
after ~한 후에	before ~하기 전에	until ~할 때까지	once 일단 ~하면, ~하는 대로

All workers / must put on / their safety gear / [**before** they enter the site].
모든 작업자들은 / 착용해야 한다 / 그들의 안전 장비를 / [그들이 현장에 출입하기 전에]

[**Once** the paperwork is done], / the realtor / will give / the keys / to the tenant.
[서류 작업이 끝나는 대로] / 부동산 중개업자가 / 줄 것이다 / 열쇠들을 / 그 세입자에게

조건 접속사

● 부사절이 '**~한다면/~하지 않는다면**' 같이 **조건**의 의미를 나타낼 때, 다음의 **조건 접속사**를 써요.

if 만약 ~이라면	unless ~하지 않는 한	as long as 오직 ~하는 경우에만	in case ~의 경우에는

You / can attend / the seminar / tomorrow / [**if** you sign up now].
당신은 / 참석할 수 있다 / 그 세미나에 / 내일 / [만약 당신이 지금 등록한다면]

Customers / can get / a refund / [**as long as** the product is returned within seven days].
고객들은 / 받을 수 있다 / 환불을 / [오직 그 제품이 7일 이내에 반품되는 경우에만]

 둘 중 알맞은 것을 고르세요.   ⓑ 답정

03 Mr. Venn / will begin / the meeting / (ⓐ until, ⓑ as soon as) he is ready.
Mr. Venn은 / 시작할 것이다 / 그 회의를 / 그가 준비되자마자

해석·해설 p.56

4. 종속 접속사 ③ 부사절 접속사 – 이유·양보

> 컴퓨터가 고장 _____ 그는 관리부에 전화했다.
> 났기 때문에 / 난 반면에

빈칸에는 양보를 나타내는 '반면에'보다 이유를 나타내는 '때문에'가 나오는 것이 문맥상 더 자연스러워요. 이처럼 빈칸에 들어갈 문맥에 어울리는 부사절 접속사를 고르는 문제가 나와요.

이유 접속사

◉ 부사절이 '~하기 때문에/~해서' 같이 **이유**의 의미를 나타낼 때, 다음의 **이유 접속사**를 써요.

since/as/because ~하기 때문에	now that ~이니까, ~이므로

Mr. Lambert / called / the maintenance department / [**since** the computer broke down].

Mr. Lambert는 / 전화했다 / 관리부에 / [컴퓨터가 고장 났기 때문에]

[**Now that** he is over 60], Mr. Quell / plans / to retire.

[그가 60살이 넘었으므로] / Mr. Quell은 / 계획한다 / 은퇴하는 것을

양보 접속사

◉ 부사절이 '비록 ~하지만/~한 반면에' 같이 **양보**의 의미를 나타낼 때, 다음의 **양보 접속사**를 써요.

though/although/even though/even if 비록 ~일지라도, ~이지만	while/whereas ~한 반면에

The music festival / will take place / [**even if** it rains].

그 음악 축제는 / 개최될 것이다 / [비록 비가 올지라도]

Exports / are increasing / [**whereas** imports are decreasing].

수출이 / 증가하고 있다 / [수입이 감소하고 있는 반면에]

 핵심 콕콕 퀴즈   둘 중 알맞은 것을 고르세요.   ⓔ 月&

04 (ⓐ Although, ⓑ As) Ms. Martinez lacked experience, / she / was hired / for her enthusiasm.
Ms. Martinez는 비록 경험이 부족했을지라도 / 그녀는 / 고용되었다 / 그녀의 열정 덕분에

해석·해설 p. 56

✨ 첫토익 연습문제

다음 문장을 읽고, 빈칸에 들어갈 알맞은 것을 고르세요.

01 ------- the meeting starts, participants must turn off their phones.

(A) Once   (B) While

01 '일단 회의가 시작되면'이라는 의미가 되어야 자연스러워요.

02 The hotel was fully booked ------- it was not tourist season.

(A) although   (B) since

02 '비록 휴가철이 아니었을지라도'라는 의미가 되어야 자연스러워요.

03 ------- the construction will begin was announced this morning.

(A) Who   (B) When

03 '언제 공사가 시작될지'라는 의미가 되어야 자연스러워요.

04 Motor Pals not only sells vehicles ------- repairs various types of cars.

(A) but also   (B) both

04 not only와 맞는 짝을 골라야 해요.

05 You can change your seat ------- you are not satisfied with it.

(A) even if   (B) if

05 '만약 만족하지 않는다면'이라는 의미가 되어야 자연스러워요.

06 Collins missed the application deadline, ------- she could not have an interview.

(A) so   (B) nor

06 '지원 기한을 놓쳐서'라는 의미가 되어야 자연스러워요.

정답·해석·해설 p.56

🐰 첫토익 보카 ···

01 participant 참가자   turn off 끄다   **02** fully 온전히   book 예약하다   tourist season 휴가철   **03** construction 공사
announce 발표하다   **04** vehicle 차량   repair 수리하다   various 다양한   **05** satisfied 만족하는
06 application 지원(서)   deadline 기한   have an interview 면접을 보다

보기 중 빈칸에 가장 적절한 것을 고르세요.

PART 5

01 The negotiations took more than a week, ------- both sides were pleased with the outcome.

(A) that   (B) or

(C) nor   (D) but

02 Mr. Choi revised the incorrect information ------- he turned in the expense report.

(A) during   (B) though

(C) before   (D) besides

03 Employees must attend the software training course again ------- they went last year.

(A) now that   (B) in addition to

(C) even though   (D) because of

04 Senator Gibson has not yet decided ------- he will run for reelection.

(A) which   (B) whether

(C) whereas   (D) in case

PART 6   **Questions 05-08** refer to the following article.

According to Wellspoint, it will build 150 charging stations for electric vehicles throughout the city. The work will begin on October 8 and continue ------- November 26. The project will
    05
encourage drivers to use a cleaner energy source. -------.
    06

Drivers will earn rewards points each time they charge their vehicles. These points can be exchanged for products ------- services at various local businesses. People will be able to
    07
------- check a mobile phone application to see their points.
 08

05 (A) until   (B) behind

    (C) for   (D) among

06 (A) Thanks to this, the air quality in the city is likely to improve.

    (B) In the long term, traffic conditions in the city center will get better.

    (C) The vehicles still have some technical issues.

    (D) The penalty will make people use public transportation.

07 (A) unless   (B) additionally

    (C) as well as   (D) since

08 (A) early   (B) simply

    (C) suddenly   (D) justly

정답·해석·해설 p.57

PART 7

지문 읽고 문제 풀기

◀ Part 7
시험 소개
바로보기

첫토익 **9**일	이메일 / 편지, 양식, 기사, 메시지 대화문
첫토익 **10**일	광고, 공고, 안내문, 회람

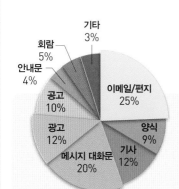

Part 7 출제 경향

Part 7에는 이메일/편지, 기사, 안내문과 같이 일상 생활이나 비즈니스 상황에서 사용하는 다양한 형식의 지문이 나와요. 이메일/편지 지문이 단일 지문 총 10개 중 2~3개(25%)가 출제되어, 출제 빈도가 가장 높아요.

첫토익 9일 이메일/편지, 양식, 기사, 메시지 대화문

1. 이메일(E-mail) / 편지(Letter)

이메일/편지는 비즈니스나 개인 생활과 관련된 정보를 주고받는 **편지글 형식의 지문으로**, 주로 제품 구매, 서비스 이용, 고객 항의, 회사 생활 등과 관련된 내용이 나와요. 이메일/편지에서는 주제나 목적, 지문에 언급된 세부 사항을 묻는 문제가 자주 출제돼요.

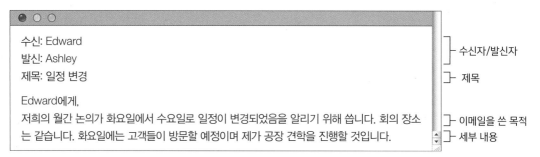

수신: Edward 발신: Ashley	수신자/발신자
제목: 일정 변경	제목
Edward에게, 저희의 월간 논의가 화요일에서 수요일로 일정이 변경되었음을 알리기 위해 씁니다. 회의 장소는 같습니다. 화요일에는 고객들이 방문할 예정이며 제가 공장 견학을 진행할 것입니다.	이메일을 쓴 목적 세부 내용

시험에 꼭 나오는 빈출 표현

이메일/편지의 목적, 요청 사항을 나타낼 때 자주 사용되는 표현을 익혀두면 글의 흐름을 더 쉽게 파악할 수 있어요.

● **이메일/편지의 목적을 나타내는 표현**

I'm writing to ~ 저는 ~하기 위해 씁니다
I'm happy/pleased to ~ 저는 ~하게 되어 기쁩니다
This e-mail/letter is for ~ 이 이메일/편지는 ~을 위한 것입니다

● **요청 사항을 나타내는 표현**

Could you ~? 당신은 ~해 주실 수 있나요?
I would appreciate your -ing 저는 당신이 ~해 주시면 감사하겠습니다

 첫토익 비법

이메일/편지에서 지문의 주제 및 목적을 나타내는 주제문은 주로 첫 문단에 나오므로, 지문의 앞부분을 주의 깊게 확인하세요.

2. 양식(Form)

양식은 생활 속에서 자주 사용되는 **다양한 서식이 포함된 지문**으로, 일정표, 초대장, 광고지, 송장·영수증 등이 나와요. 양식에서는 지문에서 언급된 세부 사항이나 언급되지 않은 내용이 무엇인지 묻는 문제가 자주 출제돼요.

🍎 Clay 황금 사과 축제 🍎

연례 Clay 황금 사과 축제에 귀하를 초대합니다.
다양한 행사, 음식, 문화 체험 등이 준비되어 있습니다.
참석하여 자리를 빛내주시길 바랍니다.

장소 클레이 시청 앞 광장
날짜 및 시간 10월 15일(토) 오후 5시 – 11시

※ 세부 일정은 www.claygoldenapple.com에서 확인하세요.

— 양식 종류/제목

— 세부 내용

— 특이사항

시험에 꼭 나오는 빈출 표현

양식 유형별로 자주 사용되는 표현을 익혀두면 글의 세부 내용을 더 빠르게 파악할 수 있어요.

◉ 일정표(schedule)에 자주 사용되는 어휘

cancel 취소하다	postpone 연기하다, 미루다	destination 목적지
itinerary 여행 일정	agenda 의사 일정, 의제	meal 식사, 식사 시간

◉ 초대장(invitation)에 자주 사용되는 표현

You are invited to ~ 귀하를 ~에 초대합니다
Please confirm your attendance. 귀하의 참석 여부를 확인해 주시기 바랍니다.

◉ 광고지(flyer, brochure)에 자주 사용되는 어휘

discount 할인	offer 제공하다	register 등록하다	cost 비용

◉ 송장(invoice)·영수증(receipt)에 자주 사용되는 어휘

order number 주문 번호	balance 잔액	total 총액, 합계	item 품목

첫토익 비법

양식에서는 세부 사항을 묻는 문제가 자주 출제되므로, 지문을 읽으며 날짜나 물건의 가격 같은 세부 정보들을 꼭 파악해 두세요.

3. 기사(Article)

기사는 **신문**이나 **잡지** 등을 통해 **새로운 소식을 전달하는 지문**으로, 기업 동향과 같은 경제 관련 주제부터 환경, 문화, 일상생활과 관련된 주제까지 다양한 분야의 내용을 다뤄요. 기사에서는 글의 목적이나 지문에서 언급된 세부 사항을 묻는 문제가 자주 출제돼요.

HF사, Beanie's를 인수하다 ┤— 제목

12월 14일—홍콩의 대형 식품 기업 HF사는 호주의 커피 프랜차이즈 Beanie's를 인수하기로 지난 ┤— 주제
13일 오후 발표했다. HF사는 홍콩 전 지역에 Beanie's 지점 10개를 순차적으로 개점할 예정이다.
Beanie's는 지난 2015년 멜버른의 매장을 시작으로 전 세계 3,500여 개의 지점을 냈으며, SNS상 ┤— 세부 내용
에서 알록달록한 색의 구름 커피로 인기를 끌며 유명세를 탔다.

시험에 꼭 나오는 빈출 표현

기사의 주제 및 목적을 나타내는 표현이나 다른 사람이 언급한 사항을 기사에 인용할 때 자주 사용되는 표현을 익혀두면 글의 세부 내용을 더 빠르게 파악할 수 있어요.

● **기사의 주제 및 목적을 나타내는 표현**

사람/기관 announced that ~ (사람/기관)이 ~이라고 발표했다
사람/기관 will hold ~ (사람/기관)은 ~을 열 것이다
사람/기관 recently launched ~ (사람/기관)은 최근에 ~을 시작·출시했다
사람/기관 recently published ~ (사람/기관)은 최근에 ~을 발표·출간했다

● **인용을 나타내는 표현**

사람 said "~" (사람)이 ~이라고 말했다
사람 explains "~" (사람)이 ~이라고 설명한다
사람 pointed out "~" (사람)이 ~이라고 지적했다

첫토익 비법

기사의 제목은 지문의 주제를 알려주는 좋은 단서가 될 수 있으므로, 기사에 제목이 있으면 꼭 확인하세요.

4. 메시지 대화문(Text-message chain)

메시지 대화문은 두 명 이상의 화자가 **메시지를 주고받는 대화 형식의 지문**으로, 사내 행사, 업무 일정, 사무용품과 같이 회사 생활과 관련된 주제나 지역 행사, 새로운 이웃, 할인 정보 등 일상생활과 관련된 주제를 다뤄요. 메시지 대화문에서는 지문을 통해 추론할 수 있는 것이나 지문 내에서 특정 어구가 쓰인 의도를 묻는 문제가 자주 출제돼요.

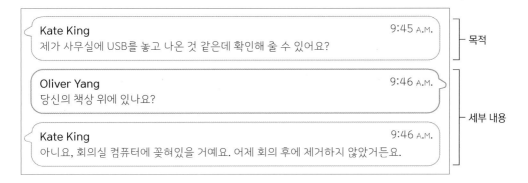

시험에 꼭 나오는 빈출 표현

메시지 대화문에서 요청 및 제안 사항을 나타낼 때 자주 사용되는 표현을 익혀두면 글의 흐름을 더 쉽게 파악할 수 있어요.

◉ 요청을 나타내는 표현

Do you mind ~? ~해 주실 수 있으십니까?

Can you help me with ~? ~을 도와주실 수 있나요?

◉ 제안 사항을 나타내는 표현

What about ~? ~은 어때요?

I would like 사람 to ~ 저는 (사람)이 ~하는 것이 좋을 것 같아요

◉ 요청 및 제안에 대한 동의를 나타내는 표현

Absolutely. 그럼요. 물론이지요.

You have a point. 당신의 말도 일리가 있어요.

I don't see why not. 되고 말고요.

That works (for me). (제게) 그것이 괜찮네요.

첫토익 비법

메시지 대화문에서는 화자가 두 명 이상 등장하는 경우도 있으므로 대화의 흐름을 정확하게 파악하기 위해서는 대화 참여자의 이름을 주의 깊게 확인하면서 지문을 읽어야 해요.

Part 7 기출 문제 풀이 방법을 익혀보세요.

Question 1 refers to the following e-mail.

To: Edward Hale <edward.h@eccolab.com>
From: Ashley Sean <ashley.s@eccolab.com>
Subject: Schedule change
Date: January 3

Dear Edward,   **STEP 2**

I'm writing to let you know that our monthly discussion has been rescheduled from Tuesday to Wednesday. It will still take place in Conference Room 3, though. The schedule needed to be changed because some potential clients will be visiting on Tuesday. Also, I'll be giving them a tour of our factory then.

Best regards,
Ashley

STEP 1

1. What is the purpose of the e-mail?

   (A) To reschedule a tour of a factory
   (B) To inform of a schedule change
   (C) To ask for assistance   **STEP 3**
   (D) To reserve a conference room

1번은 다음 이메일에 관한 문제입니다.

수신: Edward Hale <edward.h@eccolab.com>
발신: Ashley Sean <ashley.s@eccolab.com>
제목: 일정 변경
날짜: 1월 3일

Edward에게,

[1]저희의 월간 논의가 화요일에서 수요일로 일정이 변경되었음을 알리기 위해 씁니다. 그렇지만, 그것은 여전히 3 회의실에서 열릴 것입니다. 이 일정은 몇몇 잠재 고객들이 화요일에 방문할 것이기 때문에 변경되어야 했습니다. 그리고, 그때 저는 그들에게 저희 공장의 견학을 시켜줄 것입니다.

Ashley 드림

1. 이메일의 목적은 무엇인가?
   (A) 공장 견학 일정을 변경하기 위해
   (B) 일정 변경에 대해 알리기 위해
   (C) 도움을 요청하기 위해
   (D) 회의실을 예약하기 위해

STEP 1   질문의 키워드 파악하기

질문을 읽고 무엇을 중점적으로 확인해야 할지 파악해요.

1. What is the **purpose** of the e-mail?   이메일의 목적은 무엇인가?

→ 이메일을 쓴 목적이 무엇인지 묻고 있어요.

STEP2   지문 읽으며 단서 찾기

지문을 읽으며 문제에서 묻는 내용의 단서를 찾아요.

I'm writing to let you know that our monthly discussion has been rescheduled from Tuesday to Wednesday.   저희의 월간 논의가 화요일에서 수요일로 일정이 변경되었음을 알리기 위해 씁니다.

→ 목적을 나타내는 표현 'I'm writing to'를 사용하여 이메일을 쓴 목적이 '월간 논의 일정이 변경되었음을 알리기 위함' 임을 나타내고 있어요.

STEP3   단서를 종합하여 정답 고르기

지문에서 찾은 정답의 단서를 그대로 언급했거나 다른 말로 바꾸어 표현한 정답을 골라요.

(B) To inform of **a schedule change**   일정 변경에 대해 알리기 위해

→ 'our monthly discussion has been rescheduled'를 'a schedule change'로 바꾸어 표현한 (B)가 정답이에요.

지문을 읽고 주어진 질문에 가장 알맞은 답을 고르세요.

[이메일]

Subject: Final interview

Dear Ms. Lewis,

I'm writing to invite you back for a final interview since my colleagues and I were very impressed on February 15. I would especially like to discuss the classes that you would be teaching here. Is February 26 at 10 A.M. fine with you? If not, please let us know when you would be available so that we can arrange another time and date.

01 Why was the e-mail written?

    (A) To confirm a teaching schedule

    (B) To plan an additional meeting

01 이메일이 왜 쓰여졌는지 묻고있어요.

[광고지]

Kitchen Master

Weekly Summer Program for Junior Chefs

Make sure the children in your family have a productive summer by enrolling them in an exciting cooking course. Students will learn to cook everything from fresh pasta to homemade waffles. You can sign your children up for this program at any Kitchen Master store. Just ask one of the cashiers for a registration form. This program runs from Monday to Friday, starting the first week of June. Call 555-4837 for more information.

02 Where can parents register their children for a program?

    (A) At a restaurant

    (B) At a retail outlet

02 아이들을 어디에서 등록을 할 수 있는지 묻고 있어요.

첫토익보카

01 invite 초청하다, 초대하다   colleague 동료   especially 특별히, 특히   available 시간이 있는   arrange 정하다, 마련하다
02 junior 청소년의, 나이 어린   make sure 반드시 ~하다   productive 결실 있는, 생산적인   enroll 등록시키다
fresh 갓 만든, 신선한   sign up for ~에 등록하다   registration form 신청서

[메시지 대화문]

Bernard Lee	(4:41 P.M.)	Do you mind doing me a favor? I'm on my way to meet with a client, and I'm not sure if the projector is set up for tomorrow.
Chandra Laghari	(4:45 P.M.)	Hey, Bernard. I was just in the conference room. It looked like everything was ready for your presentation.
Bernard Lee	(4:48 P.M.)	Were there water bottles on the table?
Chandra Laghari	(4:50 P.M.)	I didn't see any.
Bernard Lee	(4:51 P.M.)	I'll take care of that in the morning. Thanks for letting me know.

03 What is suggested about Mr. Lee?

(A) He will be giving a presentation tomorrow.

(B) He plans to set up a projector in the morning.

03 Mr. Lee에 대해 암시되는 것이 무엇인지 묻고 있어요.

[기사]

DETAILS ABOUT 12TH APFF ANNOUNCED

March 4–The 12th Annual Phoenix Friendship Festival (APFF), a celebration of Mexican-American culture, will take place from September 16 to 18. This year's festival will feature performances by famous musicians. Organizer Felipe Golez said, "This year, all of our events are free to attend thanks to funding from our sponsors, Mesa University and Santan Sports." To learn more about the APFF, visit www.phoenixfriendfest.org.

04 According to the article, what will the festival include?

(A) Musical performances

(B) A sports match

04 기사에 따르면 축제에는 무엇이 포함되는지 묻고 있어요.

정답·해석·해설 p.58

 첫토익 보카

03 do (a person) a favor ~의 부탁을 들어주다   on one's way (누가 ~하는) 도중에   set up 설치하다
take care of ~을 처리하다   **04** detail 세부 사항   friendship 친선, 우정   feature 특별히 포함하다, 특징으로 삼다
organizer 주최자   thanks to ~ 덕분에   funding 재정 지원, 자금 제공   sponsor 후원자

앞에서 학습한 내용을 적용하여 실전 문제에 도전해 보세요.

Questions 01-02 refer to the following schedule.

Irish Business Association (IBA)

44th Annual Conference – June 2

Presentations

Time	Speaker	Topic	Location*
9:00 – 9:45 A.M.	Dr. Jane Higgins	Forming New Business Partnerships	Room 202
10:00 – 10:45 A.M.	Dr. Sarah Ross	Managing an International Firm	Room 107
11:00 – 11:45 A.M.	Dr. Nathan Maclean	Attracting Investment	Room 101
12:00 – 2:00 P.M.	Lunch Will Be Served to All Participants		Cafeteria
2:00 – 2:45 P.M.	Dr. Jared Hynes	Motivating Employees	Room 204

*Please note that we may have to switch some of the locations listed above. The final arrangements will be confirmed one week before the start of the conference.

01 When will the presentation on motivating workers begin?

(A) At 9:00 A.M.

(B) At 10:00 A.M.

(C) At 11:00 A.M.

(D) At 2:00 P.M.

02 What is indicated about the IBA?

(A) It was founded by Dr. Higgins.

(B) It holds a conference every year.

(C) It has moved to a new facility.

(D) It charges a membership fee.

Questions 03-04 refer to the following text-message chain.

Bella Moore   2:30 P.M.
Bad news. My train is delayed, so I'm going to miss the 4 P.M. sales meeting. Do you think you can attend it for me instead?

Daniel Frye   2:33 P.M.
Unfortunately, I'll be giving a product demonstration at that time. Our team member, Frank Durston, can fill in for you, though.

Bella Moore   2:34 P.M.
That works. Can you ask Frank to bring the sales analysis report? It's on my desk.

Daniel Frye   2:40 P.M.
Sorry, I'm out of the office right now. I think you should call Frank and tell him about the report yourself.

Bella Moore   2:42 P.M.
OK. I can do that. Thanks for your help.

03   At 2:34 P.M., what does Ms. Moore most likely mean when she writes, "That works"?

(A) She will provide feedback.

(B) She will bring a report.

(C) She accepts a suggestion.

(D) She expects a change.

04   What does Mr. Frye recommend?

(A) Contacting a coworker

(B) Copying some materials

(C) Postponing a meeting

(D) Collecting some data

Questions 05-07 refer to the following e-mail.

To: Nina Reed <nr9988@shortmail.com>
From: Damian Carol <carol1224@sanologistics.org>
Subject: Delivery Vehicles
Date: March 26

Dear Ms. Reed,

As you know, we will soon begin offering same-day delivery in your region. This service will require additional vehicles. To aid with this effort, I'm pleased to inform you that the accounting department has increased our budget to allow for the purchase of delivery trucks.

Your branch must purchase the new vehicles from our authorized vendors. When you find the right vehicles, please send me a copy of the invoice by e-mail. Once I have looked it over and made sure that everything is in order, I will approve the purchase. If you have any questions, feel free to contact me.

Best Regards,

Damian Carrol
Financial Manager
Sano Logistics

---

05 What is the main purpose of this e-mail?

(A) To explain the reasons for a policy change

(B) To place an order for new vehicles

(C) To report the availability of funding

(D) To provide details about a delivery

06 What is suggested about Ms. Reed?

(A) She is an authorized truck vendor.

(B) She was assigned to a new position recently.

(C) She requested reimbursement for a business expense.

(D) She works at a Sano Logistics branch office.

07 According to the e-mail, what must be done before a purchase is authorized?

(A) A contract must be revised.

(B) A document must be reviewed.

(C) A meeting must be arranged.

(D) A site must be inspected.

Questions 08-11 refer to the following article.

City Glide Becomes Popular with Commuters

The City Glide bicycle by Cyclo Whiz Co. was chosen as the electric bicycle with the best look at this year's Millennium Tech Awards. —[1]—. The 10-kilogram bike can be folded up to a small size, has an adjustable frame, and is available in black, silver, and red. —[2]—. In addition, it takes only two hours to fully charge. —[3]—.

Sales have been promising since the City Glide was released, according to Cyclo Whiz founder and product creator Gwen Morris. —[4]—. "Our main customers have been people working downtown. They say that they are extremely satisfied with the bike," she explained.

---

08 What is the article mainly about?

(A) An award ceremony

(B) A successful product

(C) A company founder

(D) A damaged cycling path

09 What is NOT stated about the City Glide?

(A) It comes in various colors.

(B) It can be charged quickly.

(C) It can be made compact.

(D) It includes safety features.

10 Who are the City Glide's main customers?

(A) Urban employees

(B) Sports fans

(C) Foreign tourists

(D) University students

11 In which of the positions marked [1], [2], [3], and [4] does the following sentence best belong?

"This is much less than the time required for other models."

(A) [1]

(B) [2]

(C) [3]

(D) [4]

정답·해석·해설 p.60

1. 광고(Advertisement)

광고는 제품, 서비스, 회사 등을 홍보하는 지문으로, 상품, 서비스, 상점, 부동산 등을 광고하는 **일반 광고**와 일할 사람을 찾는 **구인 광고**가 나와요. 광고에서는 지문에서 언급된 세부 사항이나 언급된 내용이 아닌 것을 묻는 문제가 자주 출제돼요.

Tronix의 새로운 선글라스가 나왔어요! ── 광고대상

여름이 다가오니, 이제 Tronix 선글라스를 주문할 때입니다. 4월 1일부터 10일까지 최신 모델을 포함한 Tronix의 선글라스를 3개 이상 주문하시면, 30% 할인을 제공해 드립니다. 지금 바로 www.tronixsgs.com을 방문하세요. ── 세부 내용

시험에 꼭 나오는 빈출 표현

광고에서 자주 사용되는 표현을 익혀두면 글의 세부 내용을 더 빠르게 파악할 수 있어요.

● **일반 광고에 자주 사용되는 표현**

> Are you looking for ~?   ~을 찾고 계신가요?
>
> Take advantage of ~   ~을 기회로 이용해 보세요
>
> We offer ~   저희는 ~을 제공합니다

● **구인 광고에 자주 사용되는 표현**

> 회사/기관 is looking for ~   (회사/기관)이 ~를 찾습니다
>
> 회사/기관 is hiring ~   (회사/기관)이 ~를 채용하고 있습니다
>
> The responsibilities of 직종 are ~   (직종)의 책무는 ~하는 것입니다
>
> ~ is required   ~이 요구됩니다

첫토익 비법

지문에 언급되지 않은 내용이 무엇인지 묻는 문제를 풀 때는 보기를 먼저 읽는 것이 좋아요. 4개의 보기 중 3개가 지문의 내용과 일치하므로, 지문의 내용을 대략적으로 확인할 수 있어서 더 쉽게 문제를 풀 수 있어요.

2. 공고(Notice)

공고는 앞으로 있을 행사나 각종 공지 사항 등에 대해 알리는 지문으로, 상품의 교환·환불이나 대중교통 및 각종 시설 이용 등과 관련된 **일반 공고**와 회사의 새로운 방침, 사내 행사 등을 공지하는 **사내 공고**가 나와요. 공고에서는 글이 쓰인 목적이나 지문에서 언급된 세부 사항을 묻는 문제가 자주 출제돼요.

> ### Evan 철도 승객들을 위한 공고 ┤ 공고의 대상
>
> Evan 철도는 현재 Waterville에서 Foster로 향하는 세 대의 직행 열차를 제공합니다. 하지만, 9월 21일부터는 단 한 대만 제공하기로 결정되었습니다. 이 변경은 승객 ┤ 공고의 주제/목적
> 수의 감소로 인해 이루어졌으며, 두 도시 사이에 여러 번 정차하는 열차들은 여전히 이용이 가능합니다. 문의사항은 555-0001로 연락 주시기 바랍니다. ┤ 세부 내용

시험에 꼭 나오는 빈출 표현

공고의 목적이나 요청 사항을 나타낼 때 자주 사용되는 표현을 익혀두면 글의 세부 내용을 더 빠르게 파악할 수 있어요.

● 공고의 목적을 나타내는 표현

사람/기관/지역 has decided to ~ (사람/기관/지역)이 ~하기로 결정했습니다
사람/기관/지역 will be holding ~ (사람/기관/지역)이 ~을 개최할 것입니다
행사 will be held ~ (행사)가 열릴 것입니다
We would like to ~ 저희는 ~하고 싶습니다

● 요청 사항을 나타내는 표현

Please make sure ~ 반드시 ~해 주십시오
You must ~ 여러분은 꼭 ~해야 합니다
사람 need to ~ (사람)은 ~할 필요가 있습니다

공고에서는 지문에 언급된 세부 사항을 묻는 문제가 자주 출제되므로, 지문을 읽으며 요청 사항이나 일정·계획 같은 정보들을 꼼꼼히 읽고 파악해 두세요.

3. 안내문(Information)

안내문은 실생활에서 접할 수 있는 **다양한 소재에 대한 정보를 제공하는 지문**으로, 제품 사용 및 서비스 이용 방법에 대해 안내하는 **일반 안내문**과 사내 시설 이용, 사내 정책 등에 대해 안내하는 **사내 안내문**이 나와요. 안내문에서는 지문에서 언급된 세부 사항이나 지문을 통해 추론할 수 있는 것을 묻는 문제가 자주 출제돼요.

SPM-6 소형 믹서기 사용 설명서 ⎤ 주제

Silver Polish사의 SPM-6 소형 믹서기를 구입해 주셔서 감사합니다. 사용 방법은 다음과 같습니다.

1. 본체의 홈에 맞춰 컵을 끼우고 오른쪽으로 돌리세요.
2. 시작 버튼을 누르면 작동합니다. ⎤ 세부 내용
3. 버튼을 한 번 더 누르면 작동이 멈춥니다.
4. 컵을 왼쪽으로 돌려 본체와 분리하면 내용물을 꺼낼 수 있습니다.

*컵에 표준량 이상의 내용물을 넣지 마십시오.

시험에 꼭 나오는 빈출 표현

안내문에서 자주 사용되는 표현을 익혀두면 글의 흐름을 더 쉽게 파악할 수 있어요.

● **일반 안내문에 자주 사용되는 어휘와 표현**

appliance 기구, 장치	**booklet** 소책자, 팸플릿
brand-new 새로운, 신품의	**up-to-date** 최신의, 첨단의
manual 설명서	**expiration date** 유효기간, 계약 만료일
Do not ~ ~하지 마십시오	상품 **must be ~** 상품은 반드시 ~되어야 합니다

● **사내 안내문에 자주 사용되는 어휘**

list 목록, 명부; 명단에 올리다	**field** 분야
retire 퇴직하다, 은퇴하다	**operation** 실시, 사업
forecast 예상하다, 예측하다	**qualification** 자격, 제한

첫토익 비법

안내문에서는 지문을 어디에서 볼 수 있을지 묻는 문제도 자주 출제돼요. 안내문을 볼 수 있는 장소는 지문에 직접 제시되지 않으므로, 글의 전체적인 흐름과 지문 곳곳에 퍼져있는 여러 단서를 종합하여 유추해야 해요.

4. 회람(memo)

회람은 회사 내에서 **공지 사항 및 새로운 소식을 전달하는 지문**으로, 직원의 입사나 퇴사와 같은 인사 관련 내용이나 사내 행사, 정책, 시설 이용 등과 관련된 내용이 나와요. 회람에서는 목적이나 지문에서 언급된 세부 사항을 묻는 문제가 자주 출제돼요.

> 수신: 전 직원
> 발신: 자산 관리팀
> 제목: 노후 수도 교체
>
> 지난주에 자산 관리팀에서는 건물의 노후로 인해 수도관이 파열된 곳을 여러 군데 발견하였고, 4 ⎤ **목적**
> 일 오후부터 이틀간 수리를 진행하기로 결정하였습니다. 이 기간 동안 화장실은 사용이 불가하며, ⎦
> 별관 화장실을 사용해 주십시오. 별관 뒤쪽 공터에서 매립 작업이 동시에 진행될 예정이므로 공터 ⎤ **세부 내용**
> 에 주차하는 것도 불가할 예정입니다. 질문이 있으시다면 내선번호 4501로 연락주시기 바랍니다. ⎦

시험에 꼭 나오는 빈출 표현

회람의 주제 및 목적, 추후 일정 계획, 의무 및 권장 사항 등을 나타낼 때 자주 사용되는 표현을 익혀두면 글의 흐름을 더 쉽게 파악할 수 있어요.

◉ **주제 및 목적을 나타내는 표현**

I'd like to inform ~ ~을 알리고자 합니다

To announce/inform ~ ~을 알리기 위해

◉ **추후 일정 계획을 나타내는 표현**

On 날짜/시간, we will begin ~ (날짜/시간)에, 우리는 ~을 시작할 것입니다

~ is expected to resume on 날짜/시간 (날짜/시간)에 ~이 재개될 것으로 예상됩니다

◉ **의무 및 권장 사항을 나타내는 표현**

You should ~ 여러분은 ~해야 합니다

We encourage our employees to ~ 우리는 직원들이 ~하기를 권장합니다

첫토익 비법

지문 상단에 '**Subject: ~**' 또는 '**Re: ~**'로 시작하는 제목은 회람의 주제를 알려주는 좋은 단서이니 꼭 확인하세요.

Part 7 기출 문제 풀이 방법을 익혀보세요.

Question 1 refers to the following advertisement.

Tronix's New Sunglasses Are Out!

With the summer months approaching, now is the time to order Tronix sunglasses. The models in our new line come in 16 different color combinations and have a lightweight design. Moreover, from April 1 to 10, we are offering 30 percent off on all orders of three or more sunglasses, including the newest models. Visit www.tronixsgs.com now.

STEP 1　　**STEP 2**

1. How can customers get a discount on sunglasses?
   (A) By downloading a coupon
   (B) By ordering online
   (C) By purchasing multiple items　○─　**STEP 3**
   (D) By making a reservation

1번은 다음 광고에 관한 문제입니다.

Tronix의 새로운 선글라스가 나왔어요!

여름 달이 다가오니, 지금이 바로 Tronix 선글라스를 주문할 때입니다. 저희의 새로운 라인의 모델들은 16개의 다양한 색상 조합들로 나오며 경량의 디자인을 가지고 있습니다. 게다가, 4월 1일부터 10일까지 저희는 최신 모델을 포함하여 [1]세 개 혹은 그 이상의 모든 선글라스 주문에 대해 30퍼센트 할인을 제공해 드립니다. 지금 www.tronixsgs.com을 방문하세요.

1. 고객들은 어떻게 선글라스들에 대한 할인을 받을 수 있는가?
   (A) 쿠폰을 다운받음으로써
   (B) 온라인으로 주문함으로써
   (C) 여러 물품을 구입함으로써
   (D) 예약을 함으로써

STEP 1 질문의 키워드 파악하기

질문을 읽고 무엇을 중점적으로 확인해야 할지 파악해요.

---

1. **How** can customers **get a discount on sunglasses**?

고객들은 어떻게 선글라스들에 대한 할인을 받을 수 있는가?

→ 질문의 키워드는 How ~ get a discount on sunglasses로, 선글라스들에 대한 할인을 어떻게 받을 수 있는가를 묻고 있어요.

STEP2 지문 읽으며 단서 찾기

지문을 읽으며 문제에서 묻는 내용 정답의 단서를 찾아요.

---

we are offering 30 percent off on all orders of three or more sunglasses ~.

저희는 ~ 세 개 혹은 그 이상의 모든 선글라스 주문에 대해 30퍼센트 할인을 제공해 드립니다.

→ 광고에 자주 등장하는 표현 'we are offering ~'을 사용하여 '30퍼센트 할인을 제공함'을 나타내고 있어요. on all orders of three or more sunglasses'에서 세 개 혹은 그 이상의 모든 선글라스 주문에 대해 할인을 제공한다'고 언급하고 있어요.

STEP3 단서를 종합하여 정답 고르기

지문에서 찾은 정답의 단서를 그대로 언급했거나 다른 말로 바꾸어 표현한 정답을 골라요.

(C) By **purchasing multiple items** 여러 물품을 구입함으로써

→ 'on all orders of three or more sunglasses'를 'purchasing multiple items'로 바꾸어 표현한 (C)가 정답이에요.

✦ 첫토익 연습문제

지문을 읽고 주어진 질문에 가장 알맞은 답을 고르세요.

[회람]

To: All staff

From: George Amhad, HR

Subject: Vacation policy reminder

With the holiday season coming up, I'd like to remind everyone of our leave policy. Keep in mind that leaves must be requested at least three days in advance. This allows the firm to deal with conflicting vacation requests. Leave requests are granted on a first-come-first-served basis, so submit yours early to make sure you get your desired dates.

01 What is the purpose of the memo?

(A) To inform staff about a new project

(B) To remind employees of a regulation

01 회람의 목적이 무엇인지 묻고 있어요.

[안내문]

Thank you for choosing the GC Systems vacuum cleaner. To ensure that you continue to get the best cleaning results over time, filters must be changed once every six months. You can order replacement filters on our Web site, www.gc-appliances.com/filters, or at authorized GC service centers. If you have any problems with our products, please call our customer service department at 555-2543.

02 Where would the information most likely be found?

(A) In a home appliance magazine

(B) In a product's packaging

02 안내문을 어디서 볼 수 있을 것 같은지 묻고 있어요.

 첫토익보카)

01 holiday season 휴가철   **remind** 다시 알려주다, 상기시키다   **policy** 정책   **request** 요청하다; 요청
in advance 사전에, 미리   **deal with** 해결하다   **conflicting** 상충하는, 충돌하는   **grant** 승인되다, 주어지다
on a first come-first-served basis 선착순으로   **02 vacuum cleaner** 진공청소기   **result** 결과   **replacement** 교체, 대체
authorized 공인된   **product** 제품

[공고]

PTA Now Offers Senior Discount Passes

The Pittsburgh Transit Authority (PTA) has begun offering discounted rail and bus passes to senior citizens. This is one of several new welfare benefits for residents. The change is expected to increase senior citizen's access to affordable transportation services. To get the pass, seniors can visit any transit office with a valid photo ID.

03 How can senior citizens obtain a discount pass?

(A) By showing identification

(B) By providing banking information

03 우대권을 어떻게 얻을 수 있는지 묻고 있어요.

[광고]

Staff wanted

Since Kobi Coffee opened four months ago, the number of daily customers has increased steadily. Therefore, we are now looking for a new staff member. The selected applicant will work from 7 A.M. to 1 P.M. three days a week, starting August 14. The duties will include taking orders from customers, preparing beverages, and keeping the café clean. To apply, send your résumé to kobi@millionmail.com.

04 Why is Kobi Coffee hiring a new employee?

(A) It has opened another branch.

(B) It has attracted many customers.

04 새로운 직원을 왜 고용하는지 묻고 있어요.

정답·해석·해설 p. 63

 첫토익 보카

03 offer 제공하다   discounted 할인된   senior citizen 고령자   welfare 복지   benefit 혜택   resident 주민
expect 예상하다   access 접근   affordable 저렴한, (가격이) 알맞은   transportation 교통, 이동 수단
transit office 교통국   valid 유효한   **04** steadily 꾸준히   look for 찾다   applicant 지원자   duty 업무, 의무
include 포함하다   take order 주문을 받다   prepare 준비하다   beverage 음료   apply 지원하다   résumé 이력서

앞에서 학습한 내용을 적용하여 실전 문제에 도전해 보세요.

Questions 01-02 refer to the following advertisement.

A to Z Warehouse Spring Sale!

Don't miss your chance to take advantage of the reduced prices at the A to Z Warehouse sale! On April 10, all items are at least 10 percent off our regular prices. This includes everything from home gardening tools to refrigerators and TVs. Moreover, for you music fans, this is a great opportunity to get brand-new stereo equipment. While supplies last, get up to 50 percent discounts on speakers. Plus, any customers who make a purchase on that day will be entered into a raffle with a chance to win a smart watch.

---

01 What is being advertised?

(A) A delivery service

(B) A grand opening

(C) A line of electronics

(D) A promotional event

02 What is NOT mentioned in the advertisement?

(A) Appliances will be discounted.

(B) Free warranties will be offered.

(C) Product availability will be limited.

(D) A prize drawing will be held.

Questions 03-05 refer to the following information.

Michigan Marketing Conference Information

Thank you for registering for this year's marketing conference at the Millennium Center. Unlike in previous years, we will no longer be issuing or collecting physical passes. You must log in to your account on our Web site and download a unique electronic code onto your smart device for entrance. Then, pass the device across the scanners placed at the main lobby to enter the venue during the week-long conference. The codes can also be connected to your digital wallet and used to pay for food and services at the event. Finally, you may also use the code to receive promotional information from participating sponsors as well as digital coupons for discounts on various products.

---

03 Where would the information most likely be found?

(A) In an event brochure

(B) At a gym entrance

(C) In a local newspaper

(D) At a parking facility

04 How can participants enter the venue?

(A) By typing on a keypad

(B) By showing an ID card

(C) By scanning a device

(D) By presenting a paper ticket

05 What is mentioned about the conference?

(A) It will be held at a university.

(B) It will last for multiple days.

(C) It will be offering free food.

(D) It will replace a sponsor.

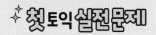

Questions 06-10 refer to the following notice and e-mail.

Sandhill Inc.
NOTICE FOR EMPLOYEES

It has been decided to install new electronic door locks throughout the building on February 5. Once these are installed, you will need to use a programmed access card to gain entry to different parts of the building. Each card will grant either full or restricted access based on your role in the company. Only those in senior management positions will be given full access. To receive your card, please visit the human resources department.

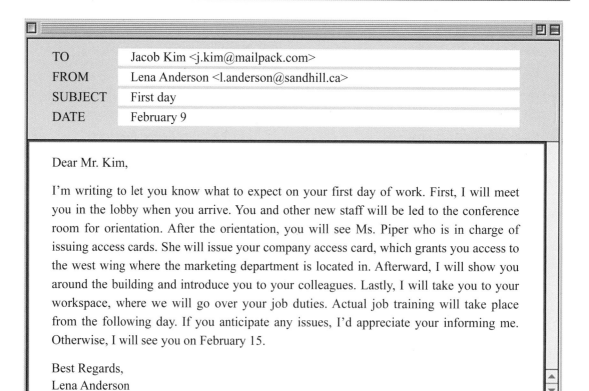

TO	Jacob Kim <j.kim@mailpack.com>
FROM	Lena Anderson <l.anderson@sandhill.ca>
SUBJECT	First day
DATE	February 9

Dear Mr. Kim,

I'm writing to let you know what to expect on your first day of work. First, I will meet you in the lobby when you arrive. You and other new staff will be led to the conference room for orientation. After the orientation, you will see Ms. Piper who is in charge of issuing access cards. She will issue your company access card, which grants you access to the west wing where the marketing department is located in. Afterward, I will show you around the building and introduce you to your colleagues. Lastly, I will take you to your workspace, where we will go over your job duties. Actual job training will take place from the following day. If you anticipate any issues, I'd appreciate your informing me. Otherwise, I will see you on February 15.

Best Regards,
Lena Anderson

06 What is the main purpose of the notice?

(A) To explain the reason for delayed installation

(B) To schedule a time for renovation work

(C) To apologize to staff about a mistake

(D) To provide information on an upcoming change

07 In the notice, the word "gain" in paragraph 1, line 3 is closest in meaning to

(A) improve

(B) collect

(C) obtain

(D) increase

08 Who most likely is Ms. Piper?

(A) A human resources employee

(B) A corporate representative

(C) A marketing manager

(D) A building security officer

09 According to the e-mail, what will happen on February 15?

(A) A tour will be conducted.

(B) An applicant will attend an interview.

(C) A department will begin a project.

(D) An office will hold a social gathering.

10 What is indicated about Mr. Kim?

(A) He will travel to work by car.

(B) He will receive training from Ms. Piper.

(C) He will work in the marketing department.

(D) He will be giving a presentation.

정답·해석·해설 p. 64

VOCA

떠먹여주는
토린이 맞춤 무료강의

VOCA 첫토익 1일 Part 1 빈출 어휘

✅ Part 1에 자주 출제되는 어휘들을 예문과 함께 확실히 익혀두세요. 🎧 VOCA_Day01

01 apron 명 앞치마

The server is tying an **apron** around his waist.
종업원이 그의 허리에 앞치마를 매고 있다.

02 empty 형 빈, 비어있는

There is an **empty** trash bin on the sidewalk.
보도에 빈 쓰레기통이 있다.

03 assemble 동 조립하다

Workers are **assembling** some equipment.
작업자들이 장비를 조립하고 있다.

04 mop 동 대걸레로 닦다, 청소하다

A janitor is **mopping** the floor.
관리인이 바닥을 대걸레로 닦고 있다.

05 install 동 설치하다, 설비하다

A street light is being **installed**.
가로등이 설치되고 있다.

📍출제 포인트 '설치하다'를 의미할 때 install은 set up으로 바꾸어 쓸 수 있어요.

06 pier 명 부두

Canoes are floating near the **pier**.
카누들이 부두 가까이에 떠 있다.

07 beverage 명 음료

A woman is drinking a **beverage**.
한 여자가 음료를 마시고 있다.

08 bulletin board 명 게시판

They are looking at a **bulletin board**.
그들은 게시판을 보고 있다.

09 examine 동 살펴보다, 조사하다

A man is **examining** a device.
한 남자가 기기를 살펴보고 있다.

10 fold 동 접다

Napkins are being **folded**.
냅킨이 접히고 있다.

11 ladder 명 사다리

A man is climbing a **ladder**.
한 남자가 사다리를 오르고 있다.

12 vehicle 명 차량, 운송 수단

Some **vehicles** are parked in front of a building.
몇몇 차량이 건물 앞에 주차되어 있다.

13 remove 동 치우다, 제거하다

Some people are **removing** a cabinet from an office.

몇몇 사람들이 사무실에서 수납장을 치우고 있다.

⊙출제 포인트 remove는 전치사 from과 함께 자주 쓰여요.
　　　　　remove A from B B에서 A를 치우다, 제거하다

14 rack 명 걸이, 선반

A woman is hanging a coat on a **rack**.

한 여자가 코트를 걸이에 걸고 있다.

⊙출제 포인트 hang은 전치사 on과 함께 자주 쓰여요.
　　　　　hang A on B A를 B에 걸다

15 reach for ~을 향해 손을 뻗다

A man is **reaching for** a book on a shelf.

한 남자가 선반에 있는 책을 향해 손을 뻗고 있다.

16 suitcase 명 여행 가방

The taxi driver is putting the **suitcase** in the trunk.

택시 기사가 여행 가방을 트렁크에 넣고 있다.

17 wipe 동 닦다, 훔치다

The waiter is **wiping** the table with a cloth.

종업원이 행주로 식탁을 닦고 있다.

18 adjust 동 조정하다, 적응하다

A man is **adjusting** the height of his monitor.

한 남자가 자신의 모니터 높이를 조정하고 있다.

19 garage 명 차고, 주차장

Several cars are parked in a **garage**.

여러 대의 차들이 차고에 주차되어 있다.

20 document 명 서류

A **document** has been placed on a desk.

서류가 책상 위에 놓여 있다.

21 load 동 싣다, 태우다

They are **loading** the boxes into the truck.

그들은 박스들을 트럭에 싣고 있다.

22 sweep 동 쓸다, 털다

A man is **sweeping** the dirt in a warehouse.

한 남자가 창고에서 먼지를 쓸고 있다.

23 counter 명 조리대, 계산대

Some frying pans are on the kitchen **counter**.

프라이팬 몇 개가 부엌 조리대 위에 있다.

24 take off 벗다

A woman is **taking off** her jacket.

한 여자가 재킷을 벗고 있다.

보카 쏙쏙 퀴즈 단어의 뜻을 오른쪽 보기에서 찾아 연결하세요.

정답 01 ⓒ 02 ⓑ 03 ⓐ 04 ⓔ 05 ⓕ 06 ⓓ

01 vehicle ・ ・ⓐ 치우다, 제거하다

02 empty ・ ・ⓑ 빈, 비어있는

03 remove ・ ・ⓒ 차량, 운송 수단

04 document ・ ・ⓓ 조립하다

05 adjust ・ ・ⓔ 서류

06 assemble ・ ・ⓕ 조정하다, 적응하다

Part 2 빈출 어휘

✅ Part 2에 자주 출제되는 어휘들을 예문과 함께 확실히 익혀두세요. 🎧 VOCA_Day02

01 aisle　　　　　　　　　명 통로

Cleaning products are in **Aisle** 11.
청소 제품들은 11번 통로에 있다.

02 cabinet　　　　　명 수납장, 진열장

There are some extra pens in the office **cabinet**.
사무실 수납장에 여분의 펜들이 있다.

03 accounting　　　　　　명 회계

You can request the financial document from the **accounting** office.
당신은 회계 사무소에서 재무 관련 서류를 요청할 수 있다.

04 lead　　　　　　　　　동 이끌다

Kendric plans to **lead** the marketing conference.
Kendric은 마케팅 회의를 이끌 계획이다.

05 deliver　　　　　　　동 배달하다

The new business cards will be **delivered** in two days.
새로운 명함들이 이틀 후에 배달될 것이다.

06 assign　　　　　　동 배치하다, 맡기다

Kate was **assigned** to work in the Cleveland branch.
Kate는 Cleveland 지점에서 근무하도록 배치되었다.

07 client　　　　　　　명 고객, 의뢰인

Mr. King went out to meet a **client**.
Mr. King은 고객을 만나러 나갔다.

08 bill　　　　　　　명 계산서, 고지서

Customers will receive a **bill** for our services by e-mail.
고객들은 이메일로 우리 서비스에 대한 계산서를 받을 것이다.

09 be supposed to　　　～하기로 되어 있다

The interview **was supposed to** last 30 minutes.
그 면접은 30분간 진행하기로 되어 있었다.

10 approval　　　　　　명 승인, 인정

You must obtain your manager's **approval** to use your vacation days.
휴가를 쓰려면 당신 관리자의 승인을 받아야 한다.

🔎 출제 포인트 approval은 동사 obtain과 함께 자주 쓰여요.
　　　　　　　obtain approval 승인을 받다

11 department　　　　　명 부서, 부처

Ms. Coyle is a member of the sales **department**.
Ms. Coyle은 영업 부서의 일원이다.

12 contact　　　　동 연락하다 명 연락처

Contact a customer service center if you have an issue.
문제가 있을 경우 고객 서비스 센터에 연락하십시오.

13 permit
명 허가(증)

You need a special **permit** to park on this street.

이 거리에 주차하려면 특별 허가가 필요하다.

14 fee
명 요금, 수수료

You have to pay extra **fee** for the next-day delivery.

당신은 익일 배송을 위해 추가 요금을 내야 한다.

출제 포인트 '요금, 수수료'를 의미할 때 fee는 rate로 바꾸어 쓸 수 있어요.

15 reserve
동 예약하다

Melissa forgot to **reserve** a table for the luncheon.

Melissa는 오찬을 위해 식당에 자리를 예약하는 것을 잊었다.

16 take over
넘겨받다, 맡다

Anne will **take over** as team leader next year.

Anne이 내년에 팀장 직책을 넘겨받을 것이다.

17 prefer
동 ~을 (더) 선호하다, 좋아하다

They **preferred** Kelly's presentation to Albert's.

그들은 Albert의 것보다 Kelly의 발표를 선호했다.

18 status
명 상황; 지위

The manager requested a **status** report.

그 관리자는 상황 보고를 요청했다.

19 on sale
할인 중인, 판매 중인

All microwaves are **on sale** for 50 percent off.

모든 전자레인지가 50퍼센트 할인 중이다.

20 due
형 마감인, 만기의; ~ 때문인

The expense report is **due** next Monday.

그 비용 보고서는 다음 주 월요일이 마감이다.

출제 포인트 due는 전치사 to와 함께 자주 쓰여요.
due to ~ 때문에, ~으로 인해

21 subscription
명 구독, 가입

The magazine now provides online **subscriptions**.

그 잡지는 이제 온라인 구독 서비스를 제공한다.

22 keynote speaker
명 기조 연설자

Mr. Owen will be the **keynote speaker** at the seminar.

Mr. Owen이 세미나에서 기조 연설자가 될 것이다.

23 shipment
명 수송품, 적하물; 선적, 배송

The **shipment** will arrive on June 15.

그 수송품은 6월 15일에 도착할 것이다.

24 receive
동 받다

Collin **received** an e-mail from the manager.

Collin은 관리자로부터 이메일을 받았다.

보카 쏙쏙 퀴즈 단어의 뜻을 오른쪽 보기에서 찾아 연결하세요.

정답 01 ⓐ 02 ⓒ 03 ⓑ 04 ⓓ 05 ⓕ 06 ⓔ

01 due • • ⓐ 마감인, 만기의; ~ 때문인
02 bill • • ⓑ 배치하다, 맡기다
03 assign • • ⓒ 계산서, 고지서

04 subscription • • ⓓ 구독, 가입
05 status • • ⓔ ~을 (더) 선호하다, 좋아하다
06 prefer • • ⓕ 상황; 지위

VOCA

해커스 첫토익 LC+RC+VOCA

Part 3 빈출 어휘

☑ Part 3에 자주 출제되는 어휘들을 예문과 함께 확실히 익혀두세요. 🎧 VOCA_Day03

01 **expense**　　　　　　　　명 비용, 경비

We must cut our **expenses** to save money.
우리는 돈을 절약하기 위해 비용을 줄여야 한다.

📍출제포인트 expense는 다음과 같은 표현으로 자주 출제돼요.
travel expenses 여행 경비
expense report 경비 보고서

02 **fabric**　　　　　　　　명 천, 직물

The shirt is made from a water-resistant **fabric**.
그 셔츠는 방수 천으로 만들어진다.

03 **process**　　　　　　　　명 과정, 절차

The first step in the application **process** is sending your résumé.
지원 과정의 첫 단계는 당신의 이력서를 보내는 것이다.

04 **legal**　　　　　　　　형 법률의, 합법적인

The company's **legal** team reviewed the contract.
그 회사의 법률팀이 계약서를 검토했다.

05 **on-site**　　　　　　　　형 현장의

The government official performed an **on-site** inspection.
정부 관계자는 현장 조사를 실시했다.

06 **reject**　　　　　　　　동 거절하다, 거부하다

The candidate **rejected** our job offer.
그 지원자는 우리의 일자리 제의를 거절했다.

📍출제포인트 '거절하다'를 의미할 때 reject는 refuse, decline, turn down으로 바꾸어 쓸 수 있어요.

07 **furniture**　　　　　　　　명 가구

He went to the **furniture** store to purchase a new couch.
그는 새 소파를 구매하기 위해 가구점에 갔다.

08 **merchandise**　　　　　　　　명 상품

All **merchandise** in the store is 10 percent off.
그 가게의 모든 상품이 10퍼센트 할인 중이다.

📍출제포인트 '상품'을 의미할 때 merchandise는 product, item, goods로 바꾸어 쓸 수 있어요.

09 **location**　　　　　　　　명 위치, 장소

The pharmacy moved to a new **location**.
그 약국은 새로운 위치로 옮겼다.

10 **colleague**　　　　　　　　명 (직장) 동료

Terry and Myra are **colleagues** at Eve Corp Industries.
Terry와 Myra는 Eve Corp Industries사의 직장 동료이다.

11 **facility**　　　　　　　　명 시설, 기능

This apartment building has excellent **facilities**.
이 아파트 건물은 훌륭한 시설을 갖추고 있다.

12 **receipt**　　　　　　　　명 영수증

The original **receipt** is required for a refund.
환불을 위해서는 원본 영수증이 요구된다.

📍출제포인트 receipt는 다음과 같은 표현으로 자주 출제돼요.
original receipt 원본 영수증

13 additional　　　　　[형] 추가의

We ordered additional chairs in case we need replacements in the future.

우리는 미래에 교체가 필요할 경우를 대비하여 추가 의자들을 주문했다.

14 commute　　　　　[동] 통근하다

Mr. Dunbar commutes to work in a car.

Mr. Dunbar는 차로 직장에 통근한다.

15 expire　　　　　[동] 만료되다, 끝나다

The driver's license will expire in January next year.

운전 면허증이 내년 1월에 만료될 것이다.

16 payment　　　　　[명] 지불, 납부

Payments can be made online.

온라인으로 지불할 수 있다.

17 fill out　　　　　작성하다, 기입하다

Please fill out the registration form in the administration office.

행정실에서 신청서를 작성해주십시오.

> **출제 포인트** '작성하다'를 의미할 때 fill out은 fill in으로 바꾸어 쓸 수 있어요.

18 malfunction　　　　　[명] 오작동, 기능 부전

The computer crashed because of a software malfunction.

컴퓨터가 소프트웨어 오작동 때문에 고장 났다.

19 equipment　　　　　[명] 장비, 설비

The plant will use new equipment to improve efficiency.

그 공장은 효율성을 향상시킬 새 장비를 사용할 것이다.

20 supplier　　　　　[명] 공급업체, 공급자

The firm buys components from a supplier in China.

그 회사는 중국의 공급업체로부터 부품들을 구입한다.

21 reduce　　　　　[동] 줄이다, 축소하다

The company is reducing the size of its staff.

그 회사는 직원의 규모를 줄이고 있다.

22 demonstration　　　　　[명] 시연; (시범) 설명

Pamela's demonstration showed the machine's features.

Pamela의 시연은 그 기계의 기능들을 보여주었다.

23 patent　　　　　[명] 특허(권) [형] 전매특허의

The technology is protected by a patent.

그 기술은 특허권으로 보호받는다.

24 review　　　　　[동] 검토하다 [명] (재)검토

The manager reviewed the report.

관리자가 그 보고서를 검토했다.

> **출제 포인트** '검토하다'를 의미할 때 review는 go over, look over로 바꾸어 쓸 수 있어요.

보카 쑥쑥 퀴즈　단어의 뜻을 오른쪽 보기에서 찾아 연결하세요.　정답 01 ⓒ 02 ⓐ 03 ⓑ 04 ① 05 ⓓ 06 ⓔ

01 legal	•	• ⓐ 현장의
02 on-site	•	• ⓑ 공급업체, 공급자
03 supplier	•	• ⓒ 법률의, 합법적인

04 expire	•	• ⓓ 비용, 경비
05 expense	•	• ⓔ 작성하다, 기입하다
06 fill out	•	• ① 만료되다, 끝나다

Part 4 빈출 어휘

✔ Part 4에 자주 출제되는 어휘들을 예문과 함께 확실히 익혀두세요. 🎧 VOCA_Day04

01 extra 📩 추가의 📩 추가되는 것

The service is available for an **extra** charge.
그 서비스는 추가 비용을 내고 이용 가능하다.

🔎 **출제 포인트** extra는 charge, fee, pay 등 금액과 관련된
명사와 함께 자주 출제돼요.
extra charge/fee/pay 추가 비용/요금/급여

02 ingredient 📩 재료, 성분

Every **ingredient** in the dish has been
carefully selected.
그 요리의 재료 하나하나가 엄선되었다.

03 reliable 📩 믿을 만한, 믿을 수 있는

The Web site provides **reliable** information
about traffic conditions.
그 웹사이트는 교통 상황에 대한 믿을 만한 정보를 제공한다.

04 express 📩 나타내다 📩 급행의

Ned **expressed** a strong opinion in his letter.
Ned는 그의 편지에서 강경한 의견을 나타냈다.

🔎 **출제 포인트** express는 다음과 같은 표현으로 자주 출제돼요.
express delivery 특급 배달
express mail 급행 우편

05 financial 📩 금융의, 재정의

Westwood Incorporated gives **financial**
advice to investors.
Westwood사는 투자자들에게 금융 조언을 제공한다.

06 athletic 📩 운동의, 체육의

The shop sells **athletic** shoes and other
types of sportswear.
그 가게는 운동화와 다른 종류의 운동복을 판매한다.

07 job fair 📩 취업 설명회

Over 25 companies will look for new
employees at the **job fair**.
25개가 넘는 회사들이 취업 설명회에서 새로운 직원을
찾을 것이다.

08 author 📩 작가, 저자

The **author**'s new novel won a major award.
그 작가의 새 소설이 큰 상을 받았다.

09 complaint 📩 불평, 불평거리

Some passengers made **complaints** against
the airline.
몇몇 승객들이 항공사에 대해 불평했다.

🔎 **출제 포인트** complaint는 동사 make와 짝을 이루어 사용해요.
make complaints against ~에 대해 불평하다

10 human resources 📩 인사부, 인적 자원

The **human resources** department will be
interviewing several candidates.
인사부에서 몇몇 후보자들을 면접 볼 것이다.

11 extend 📩 연장하다

The program has been **extended** for
another month.
그 프로그램은 한 달 더 연장되었다.

12 finalize 📩 마무리하다, 완결하다

The two companies are close to **finalizing**
an agreement.
두 회사는 합의를 마무리하기 직전이다.

13 **coworker** 　　　　　　　명 동료, 협력자

Brett will attend a workshop with his **coworkers**.

Brett은 그의 동료들과 함께 워크숍에 참석할 것이다.

14 **refreshments** 　　　　　명 다과, 가벼운 식사

Lemonade and other **refreshments** will be provided.

레모네이드와 다른 다과가 제공될 것이다.

15 **emphasize** 　　　　　　　　동 강조하다

The IT team **emphasized** the importance of security in the e-mail.

정보기술팀이 이메일 내 보안의 중요성을 강조했다.

16 **fulfill** 　　　　　　동 이행하다, 충족시키다

Unfortunately, we cannot **fulfill** your request to cancel the order.

안타깝게도, 저희는 주문을 취소해 달라는 당신의 요청을 이행할 수 없습니다.

17 **manufacturer** 　　　명 생산업체, 제조업자

The appliance **manufacturer** will produce one million dishwashers this month.

그 가전제품 생산업체는 이번 달에 백만 대의 식기세척기를 생산할 것이다.

18 **complete** 　　　동 완성하다 형 완전한

Weekly reports must be **completed** in a timely manner.

주간 보고서는 제때 완성되어야 한다.

🔵 출제 포인트 '완성하다'를 의미할 때 complete는 finish, end로 바꾸어 쓸 수 있어요.

19 **medical** 　　　　　　　　형 의료의, 의학의

The community clinic offers free **medical** services.

지역 진료소는 무료 의료 서비스를 제공한다.

20 **trail** 　　　　　　　　명 등산로, 자취

The **trail** takes about two hours to hike.

그 등산로는 하이킹하는 데 두 시간 정도가 걸린다.

21 **certificate** 　　　　명 자격(증), 증명서

You need to pass a test to get your **certificate**.

자격증을 받으려면 시험에 통과해야 한다.

22 **recommendation** 　　　　　명 권고, 추천

The head of marketing cautiously reviewed the consultant's **recommendations**.

그 마케팅부장은 자문 위원의 권고 사항들을 신중히 검토했다.

23 **avoid** 　　　　　　　　　　동 피하다

Personnel are trained to **avoid** entering the factory without safety gear.

직원들은 안전 장비 없이 공장에 들어가는 것을 피하라고 교육받는다.

24 **urgent** 　　　　　　　형 긴급한, 다급한

Maria received an **urgent** message about the changed schedule.

Maria는 변경된 일정에 관한 긴급한 메시지를 받았다.

VOCA

해커스 첫토익 LC+RC+VOCA

🐰 **보카 쏙쏙 퀴즈** 　단어의 뜻을 오른쪽 보기에서 찾아 연결하세요. 　　ⓑ 90 ⓔ 90 ① 70 ⓒ 03 ⓐ 02 ⓑ 10 **룹**

01 financial · 　　　· ⓐ 연장하다 　　　04 fulfill 　　· 　　· ⓓ 자격(증), 증명서

02 extend 　· 　　　· ⓑ 금융의, 재정의 　　05 certificate · 　　· ⓔ 긴급한, 다급한

03 reliable 　· 　　　· ⓒ 믿을 만한, 믿을 수 있는 06 urgent 　　· 　　· ⓕ 이행하다, 충족시키다

VOCA 첫토익 5일 Part 5&6 빈출 어휘 ① 명사

✅ Part 5&6에 자주 출제되는 명사를 예문과 함께 확실히 익혀두세요. 🎧 VOCA_Day05

01 detail
명 세부 사항

The manual included important **details** about the new product.
그 설명서는 새로운 제품에 관한 중요한 세부 사항들을 포함했다.

02 committee
명 위원회

Mr. Emerson submitted an application to become a member of the **committee**.
Mr. Emerson은 그 위원회의 일원이 되기 위해 신청서를 제출했다.

03 information
명 정보

The contact **information** in the database was outdated.
데이터베이스에 있는 연락처 정보는 최신 것이 아니었다.

◎출제 포인트 information은 '추가의'를 의미하는 additional, further 등의 형용사와 함께 자주 출제돼요.

04 expert
명 전문가

Experts on climate change will be attending the conference.
기후 변화 전문가들이 그 회의에 참석할 예정이다.

05 market
명 시장

The intern was asked to research **market** trends.
그 인턴은 시장 동향을 조사하라고 요청받았다.

06 ability
명 능력

The **ability** to speak Spanish is required.
스페인어를 말하는 능력이 요구된다.

07 effort
명 노력

In an **effort** to reduce plastic waste, the supermarket started to use paper bags.
플라스틱 쓰레기를 줄이려는 노력으로, 그 슈퍼마켓은 종이 가방을 사용하기 시작했다.

08 average
명 평균

Customers spent an **average** of 43 minutes on the Web site.
고객들은 그 웹사이트에서 평균 43분을 머물렀다.

09 opportunity
명 기회

The workshop is an **opportunity** for the staff to learn.
그 워크숍은 직원들이 배울 수 있는 기회이다.

◎출제 포인트 opportunity는 to 부정사와 함께 자주 출제돼요.
opportunity to do ~할 기회

10 income
명 수입, 소득

Sardina Inc.'s main source of **income** is online sales.
Sardina사의 주요 수입원은 온라인 판매다.

11 selection
명 모음, 선정(된 것), 선택

Home Electric offers a varied **selection** of appliances.
Home Electric사는 다양한 가전제품 모음을 제공한다.

12 option
명 선택(권)

The new policy gave employees the **option** to work from home.
새 정책은 직원들에게 집에서 일할 수 있는 선택권을 주었다.

13 permission 　　　　　　　　명 허가

Permission from a supervisor is required for an expenditure over $1,000.
1,000달러가 넘는 지출은 관리자의 허가를 필요로 한다.

14 section 　　　　　　　　명 (신문 등의) 난, 부분

Mr. Calhoun filled in the comment **section** with a few suggestions.
Mr. Calhoun은 의견란에 몇 가지 제안들을 작성했다.

15 capacity 　　　　　　　　명 생산 능력, 용량

Production **capacity** expanded significantly after hiring more employees.
더 많은 직원을 고용한 후에 생산 능력이 상당히 확대되었다.

◎출제 포인트 capacity는 다음과 같이 다양한 표현으로 쓰여요.
　　limited capacity　제한된 용량
　　storage capacity　저장 용량

16 device 　　　　　　　　명 장치, 도구

Ms. Weller is conducting experiments on a new safety **device**.
Ms. Weller는 새로운 안전장치에 대한 실험을 하고 있다.

17 service 　　　　　　　　명 서비스

The hotel provides a shuttle **service** to the airport.
그 호텔은 공항까지 셔틀 서비스를 제공한다.

18 purpose 　　　　　　　　명 목적, 용도

The **purpose** of this meeting is to discuss accounting techniques.
이 회의의 목적은 회계 기술에 관해 논하는 것이다.

19 range 　　　　　　　　명 종류, 범위, 다양성

The bakery sells an extensive **range** of cakes and pies.
그 제과점은 광범위한 종류의 케이크와 파이를 판다.

◎출제 포인트 range는 다음과 같은 표현으로 쓰이기도 해요.
　　a wide range of　폭넓은, 광범위한

20 intention 　　　　　　　　명 의도, 의지

The landlord had no **intention** to raise the rent.
임대인은 세를 올릴 의도가 없었다.

◎출제 포인트 intention은 주로 intention to do 또는
　　intention of ~ing 형태로 출제돼요.

21 request 　　　　　　　　명 신청, 요청

All personnel were asked to limit their **requests** for office supplies.
모든 직원들은 사무용품 신청을 제한할 것이 요청되었다.

◎출제 포인트 request는 다음과 같이 다양한 표현으로 쓰여요.
　　be requested to do　~하도록 요청받다
　　upon request　요청 시에

22 aspect 　　　　　　　　명 면, 측면

The latest version of the smartphone is better in every **aspect**.
그 스마트폰의 최신 버전은 모든 면에서 더 낫다.

23 type 　　　　　　　　명 종류, 유형

Prices vary according to the **type** of room you require.
요청하는 방의 종류에 따라 가격이 다양하다.

24 knowledge 　　　　　　　　명 지식

The presenter will share her **knowledge** of design with us.
그 발표자는 자신의 디자인 지식을 우리와 공유할 것이다.

해커스 첫토익 LC+RC+VOCA

보카 쏙쏙 퀴즈　　빈칸에 들어갈 알맞은 단어를 고르세요. 　정답 01 ⓐ 02 ⓑ 03 ⓑ

01 David Tao is an _____ in the field of computer engineering. 　ⓐ expert 　ⓑ ability
02 The hotel guest received _____ to check out late. 　ⓐ intention 　ⓑ permission
03 You will have the _____ to ask questions at the end of the talk. 　ⓐ purpose 　ⓑ opportunity

해석·해설 p.67

VOCA 첫토익 6일 Part 5&6 빈출 어휘 ② 동사

☑️ Part 5&6에 자주 출제되는 동사를 예문과 함께 확실히 익혀두세요. 🎧 VOCA_Day06

01 decide (동) 결정하다

Hartford Electronics **decided** to expand overseas.
Hartford Electronics사는 해외로 확장하기로 결정했다.

02 accept (동) 받아들이다, 수용하다

The firm **accepted** Mr. Horne's resignation.
회사는 Mr. Horne의 사직을 받아들였다.

> **출제 포인트** accept는 responsibility와 어울려 출제되기도 해요.
> accept responsibility for
> ~에 대한 책임을 인정하다

03 demand (동) 요구하다

The tenants **demanded** that the elevator be repaired.
그 세입자들은 엘리베이터가 고쳐지기를 요구했다.

> **출제 포인트** 동사 demand가 that절을 목적어로 취할 때 that절에서는 동사원형을 써요.
> demand that + 주어 (+ should) + 동사원형

04 connect (동) 연결하다, 잇다

The new train line will **connect** Greenville and Forest Grove.
새로운 기차 노선은 Greenville과 Forest Grove를 연결할 것이다.

05 support (동) 지원하다, 지지하다

The museum is **supported** by several local companies.
그 박물관은 몇몇 현지 업체들의 지원을 받는다.

06 occupy (동) 차지하다

The firm **occupies** three floors of the building.
그 회사는 건물의 3개 층을 차지하고 있다.

07 continue (동) 계속되다

The accountant's presentation **continued** for over an hour.
그 회계사의 발표는 한 시간 넘게 계속되었다.

08 donate (동) 기부하다

Adola Corporation **donates** millions of dollars to charity each year.
Adola사는 매년 수백만 달러를 자선단체에 기부한다.

09 attend (동) 참석하다

Senior associates are not required to **attend** the seminar next week.
선임 사원들은 다음 주에 그 세미나에 참석하는 것이 요구되지 않는다.

> **출제 포인트** attend는 전치사 to와 함께 쓰이면 '~을 처리하다, ~를 돌보다'의 의미를 만들어요.

10 anticipate (동) 예상하다

Executives did not **anticipate** how well consumers would receive the product.
경영진들은 소비자들이 그 제품을 얼마나 잘 받아들일지 예상하지 못했다.

11 evaluate (동) 평가하다

The legal team will need to **evaluate** the contract.
법무팀은 그 계약을 평가해야 할 것이다.

12 respond (동) 답장을 보내다, 응답하다

Ms. Bale **responded** to the e-mail quickly.
Ms. Bale은 그 이메일에 빠르게 답장을 보냈다.

13 **claim** 　동 주장하다

Mr. Roberts **claims** that the product was damaged in shipment.

Mr. Roberts는 그 제품이 배송 중에 손상되었다고 주장한다.

14 **perform** 　동 실시하다, 행하다

Maintenance work is **performed** once a month.

보수 작업은 한 달에 한 번 실시된다.

15 **implement** 　동 시행하다

The new policy will be **implemented** next quarter.

새로운 정책은 다음 분기에 시행될 것이다.

🔎 출제포인트 implement는 계획, 방법 등을 의미하는 명사와 함께 자주 출제돼요.
implement a plan 계획을 실행하다
implement measures 조치를 취하다

16 **serve** 　동 제공하다, 차려 내다

Light snacks will be **served** shortly after departure.

출발 직후에 간단한 간식이 제공될 것이다.

17 **accomplish** 　동 완수하다, 달성하다

Ms. West promised to **accomplish** the task by Thursday.

Ms. West는 그 업무를 목요일까지 완수할 것을 약속했다.

18 **reveal** 　동 드러내 보이다, 밝히다

The latest model will be **revealed** at the motor show.

최신 모델이 모터쇼에서 드러날 예정이다.

19 **measure** 　동 측정하다

The chef **measured** the amount of the ingredients carefully.

그 요리사는 재료들의 양을 신중하게 측정했다.

20 **explore** 　동 답사하다, 탐험하다

The tour provides the chance to **explore** the ancient ruins.

그 투어는 고대 유적을 답사할 수 있는 기회를 제공한다.

21 **consider** 　동 고려하다, 숙고하다

The Lennox Foundation is **considering** hiring an outside specialist for the matter.

Lennox 재단은 그 사안과 관련하여 외부 전문가를 고용하는 것을 고려하고 있다.

22 **address** 　동 제기하다, 처리하다

The labor union **addressed** their concerns about the increasing tax rates.

노동조합은 인상되는 세율에 관한 우려를 제기했다.

23 **conclude** 　동 마치다, 끝내다

The speaker **concluded** his speech with an encouraging message.

그 연설가는 용기를 북돋는 메시지로 그의 연설을 마쳤다.

24 **allow** 　동 가능하게 하다, 허락하다

The Marina Hotel **allows** guests to use cabanas on the beach for free.

Marina 호텔은 투숙객들에게 무료로 해변에 있는 오두막집을 사용하게 해준다.

보카쏙쏙 퀴즈 　빈칸에 들어갈 알맞은 단어를 고르세요.

정답 01 ⓐ 02 ⓑ 03 ⓐ

01 Mr. Harris will _____ the job offer from Pryex Industries. 　ⓐ consider 　ⓑ connect

02 Porter Publishing _____ $100,000 to the environmental group. 　ⓐ performed 　ⓑ donated

03 The bank must _____ a loan application before approving it. 　ⓐ evaluate 　ⓑ attend

해석·해설 p.67

MP3
바로 듣기 ▶

Part 5&6 빈출 어휘 ③ 형용사

✅ Part 5&6에 자주 출제되는 형용사를 예문과 함께 확실히 익혀두세요. 🎧 VOCA_Day07

01 popular 　형 인기 있는, 대중적인

The **popular** band has millions of fans worldwide.
그 인기 있는 밴드는 전 세계적으로 수백만 명의 팬을 거느리고 있다.

02 necessary 　형 필요한

A drastic change is **necessary** to improve the company's declining sales.
회사의 감소하는 매출을 향상시키려면 과감한 변화가 필요하다.

03 entire 　형 전체의

The **entire** team supports Ms. Carlsen's decision to extend the project deadline.
팀 전체가 프로젝트 기한을 연장하는 Ms. Carlsen의 결정을 지지한다.

04 acceptable 　형 받아들일 만한, 만족스러운

Customer feedback indicates that the store's prices are **acceptable**.
고객들의 의견은 그 가게의 가격이 받아들일 만하다는 것을 보여준다.

05 last 　형 지난, 마지막의

The company opened a car plant in Detroit **last** year.
그 회사는 지난해에 디트로이트에 자동차 공장을 열었다.

06 superior 　형 (~보다) 우수한

This year's annual marketing conference venue was **superior** to last year's.
올해의 연례 마케팅 회의 장소는 작년의 장소보다 우수했다.

🔎 **출제 포인트** superior는 전치사 to와 함께 be superior to (~보다 우수하다)의 형태로 쓰여요.

07 daily 　형 매일의 　부 매일, 나날이

Mr. Tan's **daily** run starts at 6 A.M.
Mr. Tan의 일일 조깅은 오전 6시에 시작된다.

08 confident 　형 확신하는, 자신감 있는

The board members were **confident** that the new system would increase efficiency.
이사회 임원들은 새로운 시스템이 효율성을 올려줄 것이라고 확신했다.

09 early 　형 이른, 빠른

The passengers were pleased about the **early** arrival of the ferry.
탑승객들은 여객선의 이른 도착에 기뻐했다.

10 objective 　형 객관적인

The supervisor performed an **objective** evaluation of her team members.
그 관리자는 그녀의 팀원들에 대한 객관적인 평가를 실시했다.

11 initial 　형 초기의, 처음의

Initial reports suggest that profits are going to be strong.
초기 보고서들은 수익이 계속 강세일 것임을 시사한다.

12 accessible 　형 접근 가능한, 이용 가능한

The shopping mall is easily **accessible** by public transportation.
그 쇼핑몰은 대중교통으로 쉽게 접근 가능하다.

🔎 **출제 포인트** accessible은 다음과 같은 표현으로 쓰이기도 해요.
make A accessible to B
B가 A를 이용할 수 있게 하다

13 previous
형 이전의, 앞의

The speaker went back to a **previous** slide in the presentation.

그 발표자는 프레젠테이션의 이전 슬라이드로 돌아갔다.

출제 포인트 previous(이전의)는 지금보다 이전에 발생한 사건 등을 말할 때 사용하고, 비슷한 의미의 early는 시간상으로 보통보다 이르다는 의미일 때 사용해요.

14 certain
형 확신하는, 틀림없는

The CEO is **certain** that the company's newest product will be a success.

그 최고 경영자는 그 회사의 최신 제품이 성공할 것이라고 확신한다.

15 flexible
형 융통성 있는, 유연한

It's important that a manager be **flexible** when training new staff members.

새로운 직원들을 교육할 때 관리자가 융통성을 가지는 것이 중요하다.

16 reasonable
형 합리적인, 타당한

The lawyer considered the proposal to be **reasonable**.

변호사는 그 제안이 합리적이라고 생각했다.

17 accurate
형 정확한, 정밀한

To get more **accurate** statistics, we need better data.

더 정확한 통계 자료를 얻으려면, 우리는 더 나은 데이터가 필요하다.

18 primary
형 주된, 주요한

Ms. Meghan's **primary** responsibility is to attract new clients.

Ms. Meghan의 주된 책무는 신규 고객을 유치하는 것이다.

19 capable
형 가능한, 유능한

Mr. Porter is **capable** of speaking both French and Italian fluently.

Mr. Porter는 프랑스어와 이탈리아어 둘 다 유창하게 말하는 것이 가능하다.

출제 포인트 capable은 전치사 of와 함께 be capable of -ing의 형태로 쓰여요.

20 proud
형 자랑스러워하는, 자랑할 만한

Ms. Moss is **proud** of her performance on the project.

Ms. Moss는 그녀의 프로젝트 성과에 대해 자랑스러워한다.

21 former
형 예전의, 과거의

Bill's **former** coworker now runs his own business.

Bill의 예전 동료는 현재 본인의 사업체를 운영한다.

22 mandatory
형 의무적인, 강제의

Watching the training video is **mandatory** for all workers.

교육 영상을 시청하는 것은 모든 근로자들에게 의무적이다.

23 eligible
형 ~의 자격이 있는, 적격의

Regular customers are **eligible** to join the Supersavers Discount Club.

단골 고객들은 Supersavers Discount Club에 가입할 자격이 있다.

24 sufficient
형 충분한

The team lacks **sufficient** resources to complete the assignment.

그 팀은 그 업무를 완료하기 위한 충분한 자원이 없다.

보카 쏙쏙 퀴즈 빈칸에 들어갈 알맞은 단어를 고르세요.

정답 01 ⓐ 02 ⓑ 03 ⓐ

01 The _____ news reports of flooding were inaccurate.	ⓐ initial	ⓑ superior
02 The sports car is _____ of reaching very high speeds.	ⓐ flexible	ⓑ capable
03 The budget is _____ to cover the firm's operating expenses.	ⓐ sufficient	ⓑ accessible

해석·해설 p. 67

Part 5&6 빈출 어휘 ④ 부사

✔️ Part 5&6에 자주 출제되는 부사를 예문과 함께 확실히 익혀두세요. 🎧 VOCA_Day08

01 **effectively**　　㈜ 실질적으로, 효과적으로

Mr. Jennings **effectively** guided the company to success.
Mr. Jennings가 실질적으로 회사를 성공으로 이끌었다.

02 **patiently**　　㈜ 참을성 있게

The agent **patiently** waited for the customer to respond.
그 직원은 고객이 응답하기를 참을성 있게 기다렸다.

03 **highly**　　㈜ 매우, 크게

Mr. Clemens is a **highly** dependable employee.
Mr. Clemens는 매우 믿음직한 직원이다.

04 **carefully**　　㈜ 조심스럽게, 신중히

Please handle the package **carefully**.
소포를 조심스럽게 다뤄주십시오.

05 **instantly**　　㈜ 즉시

Jenna **instantly** noticed that there was a scratch on her car.
Jenna는 그녀의 차에 긁힌 자국이 있다는 것을 즉시 알아차렸다.

06 **extremely**　　㈜ 대단히, 극도로

Ms. Ramirez was **extremely** grateful for our help.
Ms. Ramirez는 우리의 도움에 대단히 고마워했다.

07 **generally**　　㈜ 대개, 일반적으로

Sales are **generally** highest in the fourth quarter of the year.
매출은 대개 1년 중 4분기에 가장 높다.

08 **closely**　　㈜ 면밀히, 가까이

Mr. Williams missed some details because he didn't listen **closely**.
Mr. Williams는 면밀히 듣지 않아서 몇 가지 세부 사항들을 놓쳤다.

09 **quickly**　　㈜ 빠르게, 곧

Ms. Lee ran **quickly** to catch her plane before its departure.
Ms. Lee는 비행기가 이륙하기 전에 타려고 빠르게 뛰었다.

10 **eventually**　　㈜ 결국, 끝내

The long-term plan will **eventually** yield great results.
그 장기 계획은 결국 좋은 결과를 낼 것이다.

11 **promptly**　　㈜ 지체 없이, 시간을 엄수하여

The play will begin **promptly** at 8 o'clock.
그 연극은 8시 정각에 지체 없이 시작될 것이다.

12 **rapidly**　　㈜ 빠르게, 급속히

The course promises to **rapidly** improve your skills.
그 강좌는 당신의 실력을 빠르게 향상시킬 것을 약속한다.

13 especially
(부) 특히, 유난히

Traffic is **especially** heavy on weekday mornings.

교통량은 주중 아침에 특히 많다.

14 punctually
(부) 시간을 엄수하여, 정각에

All of the participants arrived **punctually**.

모든 참가자들은 시간을 엄수하여 도착했다.

15 originally
(부) 원래, 처음에

The building was **originally** used as a library.

그 건물은 원래 도서관으로 사용되었다.

출제 포인트 '원래, 처음에'를 의미할 때 originally는 primarily로 바꾸어 쓸 수 있어요.

16 regularly
(부) 자주, 정기적으로

Executives should communicate **regularly** with their staff.

경영진은 직원들과 자주 소통해야 한다.

17 mutually
(부) 서로, 상호 간에

The contract **mutually** benefits both parties.

그 계약은 양측에 서로 이익이 된다.

18 thoroughly
(부) 철저히, 완전히

The editor **thoroughly** checked the document for any grammatical errors.

그 편집자는 어떠한 문법적인 오류라도 찾기 위해 서류를 철저히 확인했다.

19 unfortunately
(부) 안타깝게도

Unfortunately, the company chose another candidate for the position.

안타깝게도, 회사는 그 직책을 위해 다른 후보를 선택했다.

20 exactly
(부) 정확히, 틀림없이

Everyone must follow the instructions **exactly**.

누구나 지시 사항들을 정확히 따라야 한다.

21 properly
(부) 제대로, 올바로

The patient did not fill out the medical form **properly**.

그 환자는 의료 서류를 제대로 작성하지 않았다.

22 temporarily
(부) 일시적으로, 임시로

The bridge will be **temporarily** closed during construction.

그 다리는 공사 중에 일시적으로 폐쇄될 것이다.

23 shortly
(부) 곧, 얼마 안 되어

The presentation will begin **shortly** after the announcement.

발표가 공지 후에 곧 시작될 것입니다.

24 nearly
(부) 거의

It has been **nearly** a year since the last business trip.

지난번 출장 이후로 거의 1년이 되었다.

출제 포인트 형태가 비슷하지만 뜻이 다른 near(가까이, 가까운)와 혼동하지 않도록 주의해야 해요.

보카 쏙쏙 퀴즈 빈칸에 들어갈 알맞은 단어를 고르세요.

정답 01 ⓐ 02 ⓐ 03 ⓑ

01 The doctor _____ applied a bandage to the injured man.   ⓐ carefully   ⓑ mutually

02 The neighborhood _____ lost power during the storm.   ⓐ temporarily   ⓑ extremely

03 The passengers _____ waited for the train to move.   ⓐ thoroughly   ⓑ patiently

해석·해설 p.68

☑ Part 7에 자주 출제되는 어휘들을 예문과 함께 확실히 익혀두세요. 🎧 VOCA_Day09

01 **local** 형 지역의, 현지의

The envelope contains $100 vouchers for **local** restaurants.

그 봉투에는 지역 식당들에서 쓸 수 있는 100달러 상품권이 들어 있다.

07 **limited** 형 제한된

This offer is available for a **limited** time only.

이 할인은 한시적으로만 이용할 수 있다.

◎출제 포인트 limited는 offer, time 등의 명사와 함께 자주 출제돼요.
for a limited time 한시적으로
limited offer 한정 판매

02 **achievement** 명 성취, 업적

Raising profits by 25 percent was a major **achievement**.

수익을 25퍼센트 늘리는 것은 중대한 성취였다.

08 **agreement** 명 계약, 동의

The legal **agreement** was reviewed by the firm's lawyers.

그 법률 계약은 그 회사의 변호사들에 의해 검토되었다.

03 **issue** 명 문제, 쟁점, (발행)호

Due to a technical **issue**, the software could not be upgraded.

기술적인 문제 때문에, 그 소프트웨어는 업그레이드될 수 없었다.

◎출제 포인트 '잡지 등의 정기 간행물의 발행호'를 의미할 때 issue는 edition으로 바꾸어 쓸 수 있어요.

09 **present** 동 수여하다, 주다

The principal **presented** the student with an award.

교장은 그 학생에게 상을 수여했다.

◎출제 포인트 '수여하다, 주다'를 의미할 때 present는 give로 바꾸어 쓸 수 있어요.

04 **executive** 명 경영진, 경영 간부

The **executives** make occasional visits to the overseas branches.

경영진들은 종종 해외 지사에 방문한다.

10 **in advance** 전에, 미리

A reservation should be made at least 48 hours **in advance**.

예약은 적어도 48시간 전에 이루어져야 한다.

05 **lease** 명 임대차 (계약) 동 임대하다

The apartment **lease** is valid for a one-year period.

그 아파트 임대차 계약은 1년의 기간 동안 유효하다.

11 **requirement** 명 필요조건, 필요

Work experience in the graphic design field is a job **requirement**.

그래픽 디자인 분야에서의 경력이 업무 필요조건이다.

06 **acknowledge** 동 인정하다

Larson Inc. **acknowledged** its mistake and apologized to the victims.

Larson사는 그들의 실수를 인정하고 피해자들에게 사과했다.

12 **multiple** 형 다수의, 많은

Day Trade has opened **multiple** stores in Asian countries.

Day Trade사는 아시아 국가들에 다수의 상점을 열었다.

13 settle 　 📖 끝내다, 해결하다

Ms. Nicholas tried to **settle** the argument with her coworker.

Ms. Nicholas는 그녀의 직장 동료와의 논쟁을 끝내려고 노력했다.

　🔖 **출제 포인트** settle은 전치사와 함께 다양한 의미로 쓰일 수 있어요.
　settle down 정착하다, 진정되다
　settle for ～에 만족하다

14 representative 　 📖 대리인, 대표

All sales **representatives** will participate in a training session on February 15.

모든 판매 대리인들은 2월 15일에 있을 교육에 참가할 것이다.

15 potential 　 📖 잠재적인, 가능성이 있는

Mr. Paxton is meeting with a **potential** client.

Mr. Paxton은 잠재적 고객과 만나고 있다.

16 notify 　 📖 알리다, 통지하다

Ms. Harris **notified** the employees about the new safety regulation.

Ms. Harris는 직원들에게 새로운 안전 규정을 알렸다.

17 publicize 　 📖 발표하다, 알리다

AF Investments **publicized** its plan to take over the famous hotel chain.

AF Investments사는 유명 호텔 체인을 인수하려는 계획을 발표했다.

18 procedure 　 📖 절차, 방법

The company has changed its security **procedure**.

그 회사는 보안 절차를 변경했다.

19 obtain 　 📖 얻다, 달성하다

A parking pass can be **obtained** at the front desk.

주차권은 안내 데스크에서 얻을 수 있다.

　🔖 **출제 포인트** obtain과 achieve 모두 '얻다, 달성하다'라는 의미이지만, obtain은 약간의 노력과 계획을 통해 얻는 것을, achieve는 장기간에 걸친 많은 노력을 통해 얻는 것을 나타내요.

20 supervisor 　 📖 관리자, 감독관

The **supervisor** requested the staff members ship all the ordered items by June 5.

관리자는 직원들에게 6월 5일까지 모든 주문된 물품을 발송할 것을 요청했다.

21 resolve 　 📖 해결하다

Efforts to **resolve** the trade dispute were unsuccessful.

무역 분쟁을 해결하려는 노력은 성공하지 못했다.

22 qualified 　 📖 자격을 갖춘

A job listing was posted to find a **qualified** operations manager.

자격을 갖춘 업무 팀장을 찾기 위해 구인 공고가 게재되었다.

23 vendor 　 📖 판매업체

Blackstone Construction buys supplies from several **vendors**.

Blackstone Construction사는 여러 판매업체로부터 물품을 구매한다.

24 specialist 　 📖 전문의, 전문가

The doctor referred the patient to an eye **specialist**.

그 의사는 환자를 안과 전문의에게 보냈다.

보카 쏙쏙 퀴즈 　 밑줄 친 단어의 동의어를 오른쪽 보기에서 찾아 연결하세요. 　 정답 01 ⓐ 02 ⓒ 03 ⓑ

01 Mr. Lewis attempted to <u>resolve</u> his coworkers' disagreement. ・ 　 ・ ⓐ settle
02 Last month's <u>issue</u> of the magazine was very popular. ・ 　 ・ ⓑ give
03 The mayor <u>presented</u> a medal to the police officer. ・ 　 ・ ⓒ edition

해석·해설 p.68

✅ Part 7에 자주 출제되는 어휘들을 예문과 함께 확실히 익혀두세요. 🎧 VOCA_Day10

01 anniversary 명 ~주년, 기념일

The event celebrated the 10th **anniversary** of the company's founding.

그 행사는 회사 설립 10주년을 기념했다.

07 annual 형 연간의, 연례의

The **annual** sales report was sent to the head of the financial team.

연간 매출 보고서가 재무부 팀장에게 전달되었다.

02 private 형 전용의, 개인의

The **private** lounge is only accessible for those with a Platinum Membership.

전용 라운지는 플래티넘 멤버십을 보유한 사람들만 출입이 가능하다.

08 establish 동 설립하다, 수립하다

Argon Furniture was originally **established** in 1877.

Argon Furniture사는 1877년에 처음 설립되었다.

🔎출제 포인트 school, city처럼 오랫동안 지속될 것을 설립하거나 세우는 것을 나타낼 때 establish는 found로 바꾸어 쓸 수 있어요.

03 verify 동 (정확한지) 확인하다, 입증하다

Please **verify** your credit card information in the attached form.

첨부된 양식에 당신의 신용카드 정보가 정확한지 확인해 주십시오.

09 concern 동 걱정시키다 명 우려, 걱정

The department manager is **concerned** about the increase in expenses.

그 부서장은 비용 증가에 대해 걱정한다.

04 article 명 기사, 글

The **article** will be published in the newspaper tomorrow.

그 기사는 내일 신문에 실릴 것이다.

10 assistant 명 조수

Ms. Casper informed her **assistant** about the schedule change.

Ms. Casper는 그녀의 조수에게 일정 변경을 알렸다.

05 critical 형 중요한, 비판적인

The new advertisement campaign is very **critical** to the company's success.

새로운 광고 캠페인은 그 회사의 성공에 있어 매우 중요하다.

🔎출제 포인트 '어떤 일이나 요소가 중요하고 결정적임'을 의미할 때 critical은 important로 바꾸어 쓸 수 있어요.

11 guarantee 명 품질 보증서 동 보장하다

The television comes with a two-year **guarantee**.

그 텔레비전에는 2년간의 품질 보증서가 딸려 있다.

06 authorize 동 ~을 인가하다

The city government **authorized** the construction of a new park.

시 정부는 새로운 공원의 건설을 인가했다.

12 confirm 동 확정하다, 확인하다

Mr. Amos **confirmed** his departure date with the travel agency.

Mr. Amos는 여행사와 출발일을 확정했다.

13 **maintain** 통 유지하다

Maintaining a balanced diet is an important element of a healthy lifestyle.

균형 잡힌 식습관을 유지하는 것은 건강한 생활 방식의 중요한 요소이다.

🔵출제포인트 '특정한 상태나 위치를 유지하다'를 의미할 때 maintain은 keep으로 바꾸어 쓸 수 있어요.

14 **deposit** 명 보증금

A prepaid **deposit** is required to book the room.

그 객실을 예약하기 위해서는 선납 보증금이 요구된다.

15 **upcoming** 형 곧 있을, 다가오는

The **upcoming** charity auction is the biggest fund-raiser of the year.

곧 있을 자선 경매는 한 해의 가장 큰 모금 행사이다.

16 **frequently** 부 자주

Janine **frequently** travels out of the country for business meetings.

Janine은 사업상 회의를 위해 자주 국외로 여행한다.

17 **trial** 형 시범의, 시험적인

The music streaming service offers a free one-month **trial** period.

그 음악 스트리밍 서비스는 한 달 간의 무료 시범 사용 기간을 제공한다.

18 **industry** 명 ~업, 산업

The rising price of oil will impact the airline **industry**.

상승하는 유가는 항공업에 영향을 미칠 것이다.

19 **condition** 명 조건, 상태

Because of the poor weather **conditions**, Flight 882 has been delayed.

좋지 않은 기상 조건 때문에, 882 항공편이 지연되었다.

🔵출제포인트 condition은 형용사 good, poor, physical 등과 어울려 쓰여요.
good/poor/physical + condition
좋은/좋지 않은/신체적 조건

20 **determine** 통 밝히다, 결정하다

The researchers could not **determine** what caused the explosion.

연구원들은 무엇이 폭발을 일으켰는지 밝히지 못했다.

21 **property** 명 부동산, 재산

The **property** on Merlott Street seemed overpriced.

Merlott가의 부동산은 너무 비싼 값이 매겨진 것처럼 보였다.

22 **resident** 명 주민, 거주자

Local **residents** agreed to the plans for building a new highway.

지역 주민들은 새 고속도로를 건설하는 계획에 동의했다.

23 **restore** 통 복구하다, 회복시키다

Mr. Allen asked the IT team to **restore** a deleted file.

Mr. Allen은 정보기술팀에 삭제된 파일을 복구해달라고 요청했다.

24 **specific** 형 구체적인, 명확한

The council provided the mayor with **specific** details about the project.

의회는 프로젝트에 대한 구체적인 세부 사항들을 시장에게 제공했다.

VOCA

해커스 첫토익 LC+RC+VOCA

보카 쓱쓱 퀴즈 밑줄 친 단어의 동의어를 오른쪽 보기에서 찾아 연결하세요.

정답 01 ⓒ 02 ⓑ 03 ⓐ

01 Location is <u>critical</u> when looking for a new home. · · ⓐ found

02 Mr. Parker wants to <u>maintain</u> his reputation for being fair. · · ⓑ keep

03 Ms. Harper <u>established</u> this private school 30 years ago. · · ⓒ important

해석·해설 p.68

불규칙 변화 동사

영어에는 시제에 따라 형태가 불규칙하게 변하는 동사들이 있어요. 불규칙 변화 동사에는 어떤 것이 있는지 그 종류를 뜻과 함께 익혀 보세요.

현재	과거	과거분사
am/is/are ~이다	was/were	been
awake 깨다	awoke	awoken
beat 때리다	beat	beaten
become ~이 되다	became	become
begin 시작하다	began	begun
bite 물다	bit	bitten
biow 불다	blew	blown
break 깨다	broke	broken
bring 가져오다	brought	brought
build 짓다	built	built
burn 태우다	burned/burnt	burned/burnt
buy 사다	bought	bought
catch 잡다	caught	caught
choose 선택하다	chose	chosen
come 오다	came	come
cost 비용이 들다	cost	cost
cut 자르다	cut	cut
deal 거래하다	dealt	dealt
do 하다	did	done
draw 그리다	drew	drawn
dream 꿈꾸다	dreamed/dreamt	dreamed/dreamt
drink 마시다	drank	drunk
drive 운전하다	drove	driven

현재	과거	과거분사
eat 먹다	ate	eaten
fall 떨어지다	fell	fallen
feel 느끼다	felt	felt
fight 싸우다	fought	fought
find 찾다	found	found
fly 날다	flew	flown
forbid 금지하다	forbad/forbade	forbid/forbidden
forget 잊다	forgot	forgotten
forgive 용서하다	forgave	forgiven
freeze 얼다, 얼리다	froze	frozen
get 받다	got	got/gotten
give 주다	gave	given
go 가다	went	gone
grow 자라다	grew	grown
hang 걸리다, 걸다	hung	hung
have 가지다	had	had
hear 듣다	heard	heard
hide 숨다, 숨기다	hid	hidden
hit 때리다	hit	hit
hold 잡다	held	held
hurt 아프다, 아프게 하다	hurt	hurt
keep 유지하다	kept	kept
know 알다	knew	known

현재	과거	과거분사
lay 놓다	laid	laid
lead 이끌다	led	led
learn 배우다	learned/learnt	learned/learnt
leave 떠나다	left	left
lend 빌려주다	lent	lent
let ~하게 하다	let	let
lie 눕다	lay	lain
light 불을 켜다	lit	lit
lose 잃다	lost	lost
make 만들다	made	made
mean 의미하다	meant	meant
meet 만나다	met	met
mistake 오해하다	mistook	mistaken
pay 지불하다	paid	paid
put 놓다	put	put
quit 그만두다	quit	quit
read 읽다	read	read
ride 타다	rode	ridden
ring 울리다	rang	rung
rise 오르다, (해가) 뜨다	rose	risen
run 달리다	ran	run
say 말하다	said	said
see 보다	saw	seen

현재	과거	과거분사
sell 팔다	sold	sold
send 보내다	sent	sent
set 설정하다	set	set
shine 빛나다	shone	shone
shut 닫히다, 닫다	shut	shut
sing 노래하다	sang	sung
sink 가라앉다	sank	sunk
sit 앉다	sat	sat
sleep 자다	slept	slept
speak 말하다	spoke	spoken
spend (돈을) 쓰다	spent	spent
spill 쏟다	spilled/spilt	spilled/spilt
stand 서다	stood	stood
steal 훔치다	stole	stolen
swim 수영하다	swam	swum
take 가지고 가다	took	taken
teach 가르치다	taught	taught
tell 말하다	told	told
think 생각하다	thought	thought
understand 이해하다	understood	understood
wake (잠에서) 깨다	woke	woken
wear (옷을) 입다	wore	worn
write 쓰다	wrote	written

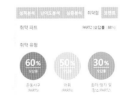

시험 당일!

토익 시험일 실검 **1**위 해커스토익!
14만 토익커가 **해커스토익**으로 몰리는 이유는?

① 시험 종료 직후 공개!
토익 정답
실시간 확인 서비스

· 정답/응시자 평균점수 즉시 공개
· 빅데이터 기반 가채점+성적 분석
· 개인별 취약 유형 약점보완문제 무료

② 실시간 시험 후기 확인!
해커스토익
자유게시판

· 토익시험 난이도 & 논란문제 종결
· 생생한 시험후기 공유
· 고득점 비법/무료 자료 공유

③ 오늘 시험에서는요!
스타강사의
해커스토익 총평강의

· 스타강사의 파트별 총평강의
· 토익시험 정답 & 난이도 분석
· 취약 파트별 전략 공개

④ 토익에 대한 모든 정보가
모여있는 곳!
토익 전문 커뮤니티
해커스토익

· 토익 고득점 수기, 비법자료 및 스타강사 비법강의 100% 무료!
· 전국 토익 고사장 스피커/시설/평점 공개
· 물토익 VS 불토익 시험당일 난이도 투표부터 나에게 맞는 공부법 추천까지!

시험당일, 토익 정답을 바로 확인하고 싶다면 | 해커스토익 ▼ | 검색 |

해커스토익
바로가기 ▶

토익정답 확인하고
혜택 몽땅 받기 ▶

10일 만에 토린이 졸업

해커스
첫토익
LC+RC+VOCA

어서와,
토익은
처음이지?

정답·해석·해설

토린이 맞춤 해설집

해커스 어학연구소

10일 만에 토린이 졸업

해커스 첫토익

어서와, 토익은 처음이지?

LC+RC+VOCA

정답·해석·해설

토린이 맞춤 해설집

해커스 어학연구소

LC

PART 1

첫토익 **1**일　사람이 중심인 사진

✦첫토익 연습문제
p.35

01 (A), (B)　　　**02** (A)　　　**03** (B)

01 🎧 영국 / 호주 / 미국

(A) He is kneeling on the floor.
(B) He is working with a tool.

kneel 무릎을 꿇다　floor 바닥　work with ~을 가지고 작업하다　tool 도구

해석 (A) 그는 바닥에 무릎을 꿇고 있다.
　　(B) 그는 도구를 가지고 작업하고 있다.

해설 (A) [o] 남자가 바닥에 무릎을 꿇고 있는 모습을 정확히 묘사한 정답입니다.
　　(B) [o] 남자가 도구를 가지고 작업하는 모습을 정확히 묘사한 정답입니다.

02 🎧 미국 / 캐나다 / 호주

(A) They are walking side by side.
(B) They are waiting at a gate.

walk 걷다　side by side 나란히　gate 탑승구

해석 (A) 그들은 나란히 걷고 있다.
　　(B) 그들은 탑승구에서 기다리고 있다.

해설 (A) [o] 사람들이 나란히 걷고 있는 모습을 정확히 묘사한 정답입니다.
　　(B) [x] 사진의 장소가 탑승구가 아니므로 오답입니다.

03 🎧 호주 / 영국 / 캐나다

(A) The woman is eating at a restaurant.
(B) The woman is carrying a tray.

eat 식사하다　restaurant 식당　carry 나르다　tray 쟁반

해석 (A) 여자가 식당에서 식사를 하고 있다.
　　(B) 여자가 음료를 나르고 있다.

해설 (A) [x] eating(식사를 하고 있다)은 여자의 동작과 무관하므로 오답입니다.
　　(B) [o] 여자가 쟁반을 들고 있는 모습을 정확히 묘사한 정답입니다.

✦첫토익 실전문제
p.36

01 (C)　　　**02** (C)　　　**03** (A)
04 (B)　　　**05** (D)　　　**06** (B)

01 🎧 영국

(A) He is repairing a chair.
(B) He is selecting an item.
(C) He is hanging a frame on a wall.
(D) He is wiping off a mirror.

repair 수리하다　select 고르다　item 물품　hang 걸다　frame 액자　wipe off 닦다

해석 (A) 그는 의자를 수리하고 있다.
　　(B) 그는 물품을 고르고 있다.
　　(C) 그는 벽에 액자를 걸고 있다.
　　(D) 그는 거울을 닦고 있다.

해설 (A) [x] 사진에 의자가 없으므로 오답입니다.
　　(B) [x] selecting an item(물품을 고르고 있다)은 남자의 동작과 무관하므로 오답입니다.
　　(C) [o] 남자가 벽에 액자를 걸고 있는 모습을 가장 잘 묘사한 정답입니다.
　　(D) [x] wiping off a mirror(거울을 닦고 있다)는 남자의 동작과 무관하므로 오답입니다.

02 🔊 호주

(A) They are serving a meal.
(B) They are opening a window.
(C) They are facing each other.
(D) They are reading a menu.

serve 제공하다 meal 음식 face 마주 보다

해석 (A) 그들은 음식을 제공하고 있다.
　　 (B) 그들은 창문을 열고 있다.
　　 (C) 그들은 서로 마주 보고 있다.
　　 (D) 그들은 메뉴를 읽고 있다.

해설 (A) [×] serving a meal(음식을 제공하고 있다)은 사진 속 사람들의 동작과 무관하므로 오답입니다.
　　 (B) [×] opening a window(창문을 열고 있다)는 사진 속 사람들의 동작과 무관하므로 오답입니다.
　　 (C) [○] 두 남자가 서로 마주 보고 있는 모습을 정확히 묘사한 정답입니다.
　　 (D) [×] 사진에 메뉴(menu)가 없으므로 오답입니다.

03 🔊 캐나다

(A) Some people are walking outdoors.
(B) Some people are exiting a building.
(C) Some people are painting lines.
(D) Some people are standing on stairs.

outdoors 야외에서 exit 나가다 paint 그리다 stair 계단

해석 **(A) 몇몇 사람들이 야외에서 걷고 있다.**
　　 (B) 몇몇 사람들이 건물에서 나가고 있다.
　　 (C) 몇몇 사람들이 선을 그리고 있다.
　　 (D) 몇몇 사람들이 계단 위에 서 있다.

해설 (A) [○] 사람들이 야외에서 걷고 있는 모습을 정확히 묘사한 정답입니다.
　　 (B) [×] exiting a building(건물에서 나가다)은 사진 속 사람들의 동작과 무관하므로 오답입니다.
　　 (C) [×] painting lines(선을 그리다)는 사진 속 사람들의 동작과 무관하므로 오답입니다.
　　 (D) [×] standing on stairs(계단 위에 서 있다)는 사진 속 사람들의 동작과 무관하므로 오답입니다.

04 🔊 미국

(A) A woman is using a phone.
(B) A woman is looking at a laptop.
(C) A woman is putting a book on a shelf.
(D) A woman is carrying a cup.

use 사용하다 look at ~을 보고 있다 laptop 노트북
shelf 선반 carry 들다

해석 (A) 한 여자가 전화기를 사용하고 있다.
　　 (B) 한 여자가 노트북을 보고 있다.
　　 (C) 한 여자가 선반에 책을 놓고 있다.
　　 (D) 한 여자가 컵을 들고 있다.

해설 (A) [×] using a phone(전화기를 사용하고 있다)은 여자의 동작과 무관하므로 오답입니다.
　　 (B) [○] 여자가 노트북을 보고 있는 모습을 가장 잘 묘사한 정답입니다.
　　 (C) [×] putting a book(책을 놓고 있다)은 여자의 동작과 무관하므로 오답입니다.
　　 (D) [×] carrying a cup(컵을 들고 있다)은 여자의 동작과 무관하므로 오답입니다.

05 🔊 미국

(A) She is cleaning a machine.
(B) She is pressing a button.
(C) She is reaching for a bottle.
(D) She is holding some laundry.

clean 청소하다 press 누르다 reach for ~을 향해 손을 뻗다
bottle 용기, 병 laundry 세탁물

해석 (A) 그녀는 기계를 청소하고 있다.
　　 (B) 그녀는 버튼을 누르고 있다.
　　 (C) 그녀는 용기를 향해 손을 뻗고 있다.
　　 (D) 그녀는 세탁물을 들고 있다.

해설 (A) [×] cleaning a machine(기계를 청소하고 있다)은 여자의 동작과 무관하므로 오답입니다.
　　 (B) [×] pressing a button(버튼을 누르고 있다)은 여자의 동작과 무관하므로 오답입니다.
　　 (C) [×] reaching for a bottle(용기를 향해 손을 뻗고 있다)은 여자의 동작과 무관하므로 오답입니다.
　　 (D) [○] 여자가 세탁물을 들고 있는 모습을 가장 잘 묘사한 정답입니다.

06 캐나다

(A) Some people are watching TV.

(B) Some people are shaking hands.

(C) A man is removing a plant.

(D) A woman is putting on a jacket.

remove 치우다, 제거하다 plant 식물 put on 입다

해석 (A) 몇몇 사람들이 TV를 보고 있다.

　　(B) 몇몇 사람들이 악수하고 있다.

　　(C) 한 남자가 식물을 치우고 있다.

　　(D) 한 여자가 재킷을 입는 중이다.

해설 (A) [x] 사진에 TV가 없으므로 오답입니다.

　　(B) [o] 사람들이 악수하고 있는 모습을 정확히 묘사한 정답입니다.

　　(C) [x] removing a plant(식물을 치우고 있다)는 사진 속 어느 남자의 동작과도 무관하므로 오답입니다.

　　(D) [x] putting on(입는 중이다)은 여자의 동작과 무관하므로 오답입니다. 옷을 이미 입은 상태를 나타내는 wearing과 입고 있는 중이라는 동작을 나타내는 putting on을 혼동하지 않도록 주의합니다.

첫토익 2일　사물·풍경이 중심인 사진

✦ 첫토익 연습문제
p.43

01 (B)　　　　**02** (A)　　　　**03** (A)

01 호주 / 영국 / 미국

(A) Some chairs are facing the window.

(B) A telephone has been placed on a desk.

face 마주 보다 place 놓다

해석 (A) 몇몇 의자들이 창문을 마주 보고 있다.

　　(B) 전화기가 책상 위에 놓여 있다.

해설 (A) [x] 사진에 창문이 없으므로 오답입니다.

　　(B) [o] 전화기가 책상 위에 놓여 있는 모습을 정확히 묘사한 정답입니다.

---

02 캐나다 / 미국 / 호주

(A) There are some materials in a room.

(B) A light is being set up.

material 자재, 물건 light 조명 set up 설치하다

해석 (A) 방 안에 몇몇 자재들이 있다.

　　(B) 조명이 설치되고 있다.

해설 (A) [o] 방 안에 자재들이 있는 모습을 정확히 묘사한 정답입니다.

　　(B) [x] 사진에 조명을 설치하는 사람이 없으므로 오답입니다.

03 미국 / 캐나다 / 영국

(A) Plates have been arranged on some tables.

(B) Some glasses are being washed.

plate 접시 arrange 배치하다 glass 잔

해석 (A) 접시들이 몇몇 테이블 위에 배치되어 있다.

　　(B) 와인잔들이 닦아지고 있다.

해설 (A) [o] 접시들이 테이블 위에 배치되어 있는 모습을 정확히 묘사한 정답입니다.

　　(B) [x] 사진에 잔들을 닦고 있는 사람이 없으므로 오답입니다.

✦ 첫토익 실전문제
p.44

01 (B)　　　　**02** (A)　　　　**03** (D)

04 (C)　　　　**05** (D)　　　　**06** (A)

01 영국

(A) A cabinet door has been closed.

(B) Some clothes are hanging in a closet.

(C) Some baskets are stacked on the floor.

(D) A shirt is on display in a store.

cabinet 수납장 basket 바구니 stack 쌓다
on display 전시되어 있다

해석 (A) 수납장의 문이 닫혀 있다.

　　(B) 옷들이 옷장 안에 걸려 있다.

　　(C) 바구니들이 바닥에 쌓여 있다.

　　(D) 셔츠가 가게에 전시되어 있다.

해설 (A) [×] 사진에 수납장 문이 없으므로 오답입니다.
(B) [○] 옷들이 옷장 안에 걸려 있는 모습을 정확히 묘사한 정답입니다.
(C) [×] 바구니들이 수납장 안에 놓여 있는 것을 바닥에 쌓여 있다고 잘못 묘사한 오답입니다.
(D) [×] 사진의 장소가 가게(store)가 아니므로 오답입니다.

02 [🔊] 미국

(A) **Boats are floating on the water.**
(B) Cars are waiting at an intersection.
(C) One of the buildings is being constructed.
(D) Pedestrians are walking along the river.

float 뜨다   intersection 교차로   pedestrian 보행자

해석 (A) 배들이 물 위에 떠 있다.
(B) 자동차들이 교차로에서 기다리고 있다.
(C) 건물들 중 하나가 건설되고 있다.
(D) 보행자들이 강을 따라 걷고 있다.

해설 (A) [○] 배들이 물 위에 떠 있는 모습을 가장 잘 묘사한 정답입니다.
(B) [×] 사진에 교차로가 없으므로 오답입니다.
(C) [×] 사진에 건물을 건설하고 있는 사람이 없으므로 오답입니다.
(D) [×] 사진에 강을 따라 걷고 있는 보행자들이 없으므로 오답입니다.

03 [🔊] 호주

(A) A sidewalk is covered with leaves.
(B) Trash cans are being emptied.
(C) Signs are being installed.
(D) **Some cars are parked along the street.**

sidewalk 보도   cover 덮다   trash can 쓰레기통
empty 비우다   sign 표지판   install 설치하다   park 주차하다

해석 (A) 보도가 나뭇잎들로 덮여 있다.
(B) 쓰레기통이 비워지고 있다.
(C) 표지판들이 설치되고 있다.
(D) **자동차들이 길을 따라 주차되어 있다.**

해설 (A) [×] 사진에 나뭇잎들이 없으므로 오답입니다.
(B) [×] 쓰레기통을 비우고 있는 사람이 없으므로 오답입니다.

(C) [×] 표지판들을 설치하고 있는 사람이 없으므로 오답입니다.
(D) [○] 자동차들이 길을 따라 주차되어 있는 모습을 가장 잘 묘사한 정답입니다.

04 [🔊] 캐나다

(A) Some flowers have been planted.
(B) A car door has been left open.
(C) **Tracks run down the center of a road.**
(D) A traffic light is being repaired.

plant 심다   track 선로   traffic light 신호등   repair 수리하다

해석 (A) 꽃들이 심겨 있다.
(B) 자동차 문이 열려 있다.
(C) **선로들이 길 가운데를 지나간다.**
(D) 신호등이 수리되고 있다.

해설 (A) [×] 사진에 꽃들이 없으므로 오답입니다.
(B) [×] 자동차 문이 닫혀 있는 것을 문이 열려 있다고 잘못 묘사한 오답입니다.
(C) [○] 선로들이 길 가운데를 지나가는 모습을 가장 잘 묘사한 정답입니다.
(D) [×] 신호등을 수리하고 있는 사람이 없으므로 오답입니다.

05 [🔊] 영국

(A) A notice is posted on a bulletin board.
(B) A plant is being watered.
(C) Some office supplies are being passed out.
(D) **There are unoccupied seats in a room.**

bulletin board 게시판   office supply 사무용품
pass out 분배하다   unoccupied 비어 있는

해석 (A) 공지가 게시판에 게시되어 있다.
(B) 식물에 물이 주어지고 있다.
(C) 몇몇 사무용품들이 분배되고 있다.
(D) **방에 비어 있는 의자들이 있다.**

해설 (A) [×] 사진에 게시판이 없으므로 오답입니다.
(B) [×] 식물에 물을 주고 있는 사람이 없으므로 오답입니다.
(C) [×] 사무용품을 분배하고 있는 사람이 없으므로 오답입니다.
(D) [○] 방에 비어 있는 의자들이 있는 모습을 정확히 묘사한 정답입니다.

06 [호주]

(A) The shelves are filled with books.
(B) A vase is next to a picture.
(C) A computer monitor is displaying information.
(D) There are some papers on the desk.

shelf 선반 vase 꽃병 display 보여주다

해석 (A) 선반들이 책들로 가득 차 있다.
(B) 꽃병이 그림 옆에 있다.
(C) 컴퓨터 모니터가 정보를 보여주고 있다.
(D) 책상 위에 종이들이 있다.

해설 (A) [o] 선반들이 책들로 가득 차 있는 모습을 정확히 묘사한 정답입니다.
(B) [x] 사진에 그림이 없으므로 오답입니다.
(C) [x] 컴퓨터 모니터에 보여지고 있는 정보가 없는 것을 정보를 보여주고 있다고 잘못 묘사한 오답입니다.
(D) [x] 사진에 종이가 없으므로 오답입니다.

PART 2

첫토익 3일 의문사가 있는 의문문 ①

✦첫토익 연습문제
p.52

| 01 (A) | 02 (B) | 03 (C) |
| 04 (C) | 05 (B) | 06 (A) |

01 [미국 → 캐나다 / 영국 / 호주]

Where can I find a handbook?
(A) Jeremy can give you one.
(B) Next Thursday.

handbook 안내서

해석 안내서를 어디에서 찾을 수 있나요?
(A) Jeremy가 하나 드릴 수 있어요.
(B) 다음 주 목요일이에요.

해설 안내서를 찾을 수 있는 장소가 어디인지를 묻는 Where 의문문입니다.
(A) [o] Jeremy가 하나를 줄 수 있다는 말로 물건을 가지고 있는 사람으로 응답했으므로 정답입니다.
(B) [x] 장소를 묻는 질문에 Next Thursday(다음 주 목요일)라는 시점으로 응답했으므로 오답입니다.

02 [캐나다 → 영국 / 호주 / 미국]

When does the training session start?
(A) I'm leading the session.
(B) It begins at 4 P.M.

training session 교육 lead 지도하다, 이끌다
begin 시작하다

해석 그 교육은 언제 시작하나요?
(A) 제가 그 교육을 지도할 거예요.
(B) 그건 오후 4시에 시작해요.

해설 교육이 시작하는 시점이 언제인지를 묻는 When 의문문입니다.
(A) [x] 질문의 session을 반복 사용하여 혼동을 주는 오답입니다.
(B) [o] at 4 P.M.(오후 4시에)이라는 시간으로 응답했으므로 정답입니다.

03 [호주 → 미국 / 캐나다 / 영국]

Who arranged the shoe display?
(A) This play looks fun.
(B) On the shelf.
(C) I'm not sure.

arrange 정돈하다 display 진열 play 연극 shelf 선반

해석 신발 진열을 누가 정돈했나요?
(A) 이 연극은 재미있어 보여요.
(B) 선반 위에요.
(C) 잘 모르겠어요.

해설 신발 진열을 정돈한 사람이 누구인지를 묻는 Who 의문문입니다.
(A) [x] 질문의 display와 발음이 유사한 This play를 사용하여 혼동을 주는 오답입니다.
(B) [x] 누구인지를 묻는 질문에 On the shelf(선반 위에)라는 장소로 응답했으므로 오답입니다.
(C) [o] 잘 모르겠다는 말로 누가 신발 진열을 정돈했는지 모른다고 간접적으로 응답했으므로 정답입니다.

04 🔊 영국 → 호주 / 미국 / 캐나다

Where is the break room?
(A) You should relax.
(B) Several rooms.
(C) On the third floor.

break room 휴게실　relax 휴식을 취하다
several 몇몇의, 여러 가지의　floor 층

해석　휴게실은 어디에 있나요?
　　(A) 당신은 휴식을 취해야 해요.
　　(B) 몇몇 방들이요.
　　(C) 3층에요.

해설　휴게실이 있는 장소가 어디인지를 묻는 Where 의문문입니다.
　　(A) [×] 질문의 break room(휴게실)과 내용이 연관된 relax(휴식을 취하다)를 사용하여 혼동을 주는 오답입니다.
　　(B) [×] 질문의 room을 반복 사용하여 혼동을 주는 오답입니다.
　　(C) [○] On the third floor(3층에)라는 장소로 응답했으므로 정답입니다.

05 🔊 캐나다 → 영국 / 호주 / 미국

When can you call back?
(A) A different phone number.
(B) Later this week.
(C) She will be back soon.

call back 다시 전화를 하다　different 다른　be back 돌아오다

해석　언제 다시 전화를 하실 수 있나요?
　　(A) 다른 전화번호예요.
　　(B) 이번 주 후반에요.
　　(C) 그녀는 곧 돌아올 거예요.

해설　다시 전화를 할 수 있는 시점이 언제인지를 묻는 When 의문문입니다.
　　(A) [×] 질문의 call(전화하다)과 내용이 연관된 phone number(전화번호)를 사용하여 혼동을 주는 오답입니다.
　　(B) [○] Later this week(이번 주 후반에)라는 시점으로 응답했으므로 정답입니다.
　　(C) [×] 질문의 back을 반복 사용하여 혼동을 주는 오답입니다.

06 🔊 호주 → 미국 / 캐나다 / 영국

Who ordered today's lunch?
(A) Martin did.
(B) I enjoy cooking.
(C) At a Mexican restaurant.

order 주문하다　enjoy 즐기다　cook 요리하다

해석　오늘 점심은 누가 주문했나요?
　　(A) Martin이 했어요.
　　(B) 저는 요리하는 것을 좋아해요.
　　(C) 멕시코 음식점에서요.

해설　오늘 점심을 주문한 사람이 누구인지를 묻는 Who 의문문입니다.
　　(A) [○] Martin이라는 사람 이름을 사용하여 응답했으므로 정답입니다.
　　(B) [×] 질문의 lunch(점심)와 내용이 연관된 cooking(요리하는 것)을 사용하여 혼동을 주는 오답입니다.
　　(C) [×] 누구인지를 묻는 질문에 At a Mexican restaurant(멕시코 음식점에서)이라는 장소로 응답했으므로 오답입니다.

✦첫토익 실전문제

p.53

01 (C)	**02** (A)	**03** (B)	**04** (B)
05 (C)	**06** (A)	**07** (B)	**08** (A)
09 (B)	**10** (A)	**11** (C)	**12** (C)

01 🔊 캐나다 → 미국

When did the printer paper arrive?
(A) She'll drive there.
(B) I'd like to get a copy.
(C) On Monday.

paper 용지, 종이　arrive 도착하다　copy 사본

해석　프린터 용지가 언제 도착했나요?
　　(A) 그녀는 그곳으로 운전해서 갈 거예요.
　　(B) 저는 사본을 한 부 얻고 싶어요.
　　(C) 월요일에요.

해설　프린터 용지가 도착한 시점이 언제인지를 묻는 When 의문문입니다.
　　(A) [×] 질문의 arrive와 발음이 유사한 drive를 사용하여 혼동을 주는 오답입니다.
　　(B) [×] 질문의 paper(용지)와 내용이 연관된 copy(사본)를 사용하여 혼동을 주는 오답입니다.

(C) [o] On Monday(월요일에)라는 요일로 응답했으므로 정답입니다.

02 [3n] 미국 → 호주

Who will lead the morning meeting?
(A) The marketing director is going to do it.
(B) She discussed the budget proposal.
(C) In the meeting room.

lead 이끌다 budget 예산 proposal 안, 제안

해석 아침 회의를 누가 이끌 건가요?
(A) 마케팅 이사님이 그것을 하실 거예요.
(B) 그녀는 예산안을 논의했어요.
(C) 회의실에서요.

해설 아침 회의를 이끌 사람이 누구인지를 묻는 Who 의문문입니다.
(A) [o] marketing director(마케팅 이사)라는 직책명을 사용하여 응답했으므로 정답입니다.
(B) [x] 질문의 meeting(회의)과 내용이 연관된 discuss(논의하다)를 사용하여 혼동을 주는 오답입니다.
(C) [x] 누구인지를 묻는 질문에 In the meeting room(회의실에서)이라는 장소로 응답했으므로 오답입니다.

03 [3n] 캐나다 → 영국

Where is the gas station?
(A) No, in the station.
(B) Next to the coffee shop.
(C) I have a car.

gas station 주유소 station 역

해석 주유소는 어디에 있나요?
(A) 아니요, 역 안에요.
(B) 커피숍 옆에요.
(C) 저는 차를 갖고 있어요.

해설 주유소가 있는 장소가 어디인지를 묻는 Where 의문문입니다.
(A) [x] 의문사 의문문에 No로 응답했으므로 오답입니다.
(B) [o] Next to the coffee shop(커피숍 옆에)이라는 장소로 응답했으므로 정답입니다.
(C) [x] 질문의 gas station(주유소)과 내용이 연관된 car(차)를 사용하여 혼동을 주는 오답입니다.

04 [3n] 미국 → 호주

Where did you get the copy of the workshop schedule?
(A) From 3 to 5 P.M.
(B) I got this from Helen.
(C) Everyone learned a lot.

get 구하다, 받다 copy 사본 schedule 일정

해석 그 워크숍 일정 사본은 어디에서 구하셨나요?
(A) 오후 3시에서 5시요.
(B) 저는 이것을 Helen에게서 받았어요.
(C) 모두들 많이 배웠어요.

해설 워크숍 일정 사본을 어디에서 구했는지를 묻는 Where 의문문입니다.
(A) [x] 질문의 schedule(일정)과 내용이 연관된 시간 표현(3 to 5 P.M.)을 사용하여 혼동을 주는 오답입니다.
(B) [o] Helen에게서 받았다는 말로 물건을 가지고 있던 사람으로 응답했으므로 정답입니다.
(C) [x] 질문의 workshop(워크숍)과 내용이 연관된 learned a lot(많이 배웠다)을 사용하여 혼동을 주는 오답입니다.

05 [3n] 영국 → 캐나다

Who designed these advertising posters?
(A) Yes, I hope to do it.
(B) In the advertisement.
(C) You should ask Jane.

design 디자인하다 advertisement 광고

해석 이 광고 포스터들을 누가 디자인했나요?
(A) 네, 저는 그걸 하기를 바라요.
(B) 광고에서요.
(C) Jane에게 물어보세요.

해설 광고 포스터들을 디자인한 사람이 누구인지를 묻는 Who 의문문입니다.
(A) [x] 의문사 의문문에 Yes로 응답했으므로 오답입니다.
(B) [x] 질문의 advertising과 발음이 일부 같은 advertisement를 사용하여 혼동을 주는 오답입니다.
(C) [o] Jane에게 물어보라는 말로 누가 광고 포스터들을 디자인했는지 모른다고 간접적으로 응답했으므로 정답입니다.

06 🔊 호주 → 영국

When do you need this report?
(A) This afternoon.
(B) It is an excellent report.
(C) Our manager wrote it.

report 보고서

해석 이 보고서가 언제 필요하신가요?
(A) 오늘 오후에요.
(B) 그건 훌륭한 보고서예요.
(C) 저희 부장님이 그걸 쓰셨어요.

해설 보고서가 필요한 시점이 언제인지를 묻는 When 의문문입니다.
(A) [o] This afternoon(오늘 오후에)이라는 시간으로 응답했으므로 정답입니다.
(B) [x] 질문의 report를 반복 사용하여 혼동을 주는 오답입니다.
(C) [x] 질문의 report(보고서)와 내용이 연관된 wrote(썼다)를 사용하여 혼동을 주는 오답입니다.

07 🔊 호주 → 캐나다

Where can I find the mail room?
(A) A large package.
(B) I'm on my way there now.
(C) Everything is fine.

mail room 우편물실 package 소포
on one's way ~에 가는 길이다

해석 우편물실을 어디에서 찾을 수 있나요?
(A) 큰 소포요.
(B) 저는 지금 그곳에 가는 길이에요.
(C) 모든 것이 괜찮아요.

해설 우편물실이 있는 장소가 어디인지를 묻는 Where 의문문입니다.
(A) [x] 질문의 mail room(우편물실)과 내용이 연관된 package(소포)를 사용하여 혼동을 주는 오답입니다.
(B) [o] 지금 그곳에 가는 길이라는 말로 같이 가면서 길을 알려주겠다고 간접적으로 응답했으므로 정답입니다.
(C) [x] 질문의 find와 발음이 유사한 fine을 사용하여 혼동을 주는 오답입니다.

08 🔊 미국 → 캐나다

Who is going to train the interns next week?
(A) Nick from human resources.
(B) About the internship.
(C) It might rain today.

train 교육하다 human resources 인사부

해석 다음 주에 누가 인턴사원들을 교육할 건가요?
(A) 인사부의 Nick이요.
(B) 인턴직에 관해서요.
(C) 오늘 비가 올 수도 있어요.

해설 인턴사원들을 교육할 사람이 누구인지를 묻는 Who 의문문입니다.
(A) [o] Nick이라는 사람 이름과 human resources(인사부)라는 부서명을 사용하여 응답했으므로 정답입니다.
(B) [x] 질문의 interns와 발음이 일부 같은 internship을 사용하여 혼동을 주는 오답입니다.
(C) [x] 질문의 train과 발음이 유사한 rain을 사용하여 혼동을 주는 오답입니다.

09 🔊 영국 → 호주

When will you fix the bicycle?
(A) Use the fax machine.
(B) Sometime this week.
(C) I ride a bicycle to work.

fix 수리하다, 고치다

해석 자전거를 언제 수리할 건가요?
(A) 팩스기를 사용하세요.
(B) 이번 주 언젠가요.
(C) 저는 직장에 자전거를 타고 가요.

해설 자전거를 수리할 시점이 언제인지를 묻는 When 의문문입니다.
(A) [x] 질문의 fix와 발음이 유사한 fax를 사용하여 혼동을 주는 오답입니다.
(B) [o] Sometime this week(이번 주 언젠가)라는 대략적인 시점으로 응답했으므로 정답입니다.
(C) [x] 질문의 bicycle을 반복 사용하여 혼동을 주는 오답입니다.

해커스 첫토익 LC+RC+VOCA

10 🔊 호주 → 미국

Who can I ask about the gallery tour?
(A) Go to the information desk.
(B) It's a great artwork.
(C) He is a tourist.

gallery 미술관   information desk 안내 데스크
artwork 미술품   tourist 관광객

해석 미술관 투어에 관해 누구에게 물어볼 수 있나요?
(A) 안내 데스크로 가세요.
(B) 그건 훌륭한 미술품이에요.
(C) 그는 관광객이에요.

해설 미술관 투어에 관해 물어볼 수 있는 사람이 누구인지를 묻는 Who 의문문입니다.
(A) [o] 안내 데스크로 가라는 말로 그곳에서 미술관 투어에 관해 물어볼 수 있다고 간접적으로 응답했으므로 정답입니다.
(B) [x] 질문의 gallery(미술관)와 내용이 연관된 artwork(미술품)를 사용하여 혼동을 주는 오답입니다.
(C) [x] 질문의 tour와 발음이 일부 같은 tourist를 사용하여 혼동을 주는 오답입니다.

11 🔊 미국 → 호주

When does the basketball game begin?
(A) It's my favorite team.
(B) Let's go to the match tonight.
(C) Check the ticket.

game 경기   favorite 가장 좋아하는   match 경기

해석 농구 경기는 언제 시작하나요?
(A) 그건 제가 가장 좋아하는 팀이에요.
(B) 오늘 밤 경기에 갑시다.
(C) 표를 확인해보세요.

해설 농구 경기가 시작하는 시점이 언제인지를 묻는 When 의문문입니다.
(A) [x] 질문의 game(경기)과 내용이 연관된 team(팀)을 사용하여 혼동을 주는 오답입니다.
(B) [x] 질문의 game(경기)과 같은 의미인 match(경기)를 사용하여 혼동을 주는 오답입니다.
(C) [o] 표를 확인해보라는 말로 농구 경기가 언제 시작하는지 모른다고 간접적으로 응답했으므로 정답입니다.

12 🔊 영국 → 캐나다

Where did you put the new computer?
(A) I heard it's new.
(B) It was sent yesterday.
(C) It's in the conference room.

conference room 회의실

해석 새 컴퓨터를 어디에 뒀나요?
(A) 저는 그것이 새것이라고 들었어요.
(B) 그건 어제 보내졌어요.
(C) 그건 회의실 안에 있어요.

해설 새 컴퓨터를 둔 장소가 어디인지를 묻는 Where 의문문입니다.
(A) [x] 질문의 new를 반복 사용하여 혼동을 주는 오답입니다.
(B) [x] 장소를 묻는 질문에 yesterday(어제)라는 시점으로 응답했으므로 오답입니다.
(C) [o] in the conference room(회의실 안에)이라는 장소로 응답했으므로 정답입니다.

첫토익 **4**일   의문사가 있는 의문문 ②

✦첫토익 연습문제   p.58

| **01** (B) | **02** (A) | **03** (A) |
| **04** (C) | **05** (B) | **06** (C) |

01 🔊 호주 → 미국 / 캐나다 / 영국

What do you think of this sofa?
(A) Yes, please sit down.
(B) I would prefer something smaller.

prefer 선호하다

해석 이 소파에 대해 어떻게 생각하나요?
(A) 네, 앉으세요.
(B) 저는 조금 더 작은 것을 선호해요.

해설 소파에 대한 의견을 묻는 What 의문문입니다. What ~ think가 의견을 묻는 것임을 이해할 수 있어야 합니다.
(A) [x] 의문사 의문문에 Yes로 응답했으므로 오답입니다.
(B) [o] prefer something smaller(더 작은 것을 선호한다)라는 의견으로 응답했으므로 정답입니다.

02 🎧 미국 → 호주 / 영국 / 캐나다

How can I turn on the air conditioner?
(A) Use this remote control.
(B) Yes, it's very hot.

turn on 켜다   air conditioner 에어컨
remote control 리모컨

해석 에어컨을 어떻게 켤 수 있나요?
　　(A) 이 리모컨을 사용하세요.
　　(B) 네, 정말 더워요.

해설 에어컨을 켤 수 있는 방법을 묻는 How 의문문입니다. How can이 방법을 묻는 것임을 이해할 수 있어야 합니다.
　　(A) [o] Use this remote control(이 리모컨을 사용하라)이라는 방법으로 응답했으므로 정답입니다.
　　(B) [×] 의문사 의문에 Yes로 응답했으므로 오답입니다.

03 🎧 캐나다 → 영국 / 미국 / 호주

Why were you standing outside?
(A) I forgot my keys.
(B) Put it outside.
(C) Please sit here.

outside 밖에, 밖으로   forget 놓고 오다

해석 당신은 왜 밖에 서 있었나요?
　　(A) 제 열쇠를 놓고 왔어요.
　　(B) 그것을 밖에 두세요.
　　(C) 여기에 앉으세요.

해설 밖에 서 있었던 이유를 묻는 Why 의문문입니다.
　　(A) [o] Because를 생략하여 열쇠를 놓고 왔다는 이유를 말하며 응답했으므로 정답입니다.
　　(B) [×] 질문의 outside를 반복 사용하여 혼동을 주는 오답입니다.
　　(C) [×] 질문의 standing(서 있다)과 내용이 연관된 sit(앉다)을 사용하여 혼동을 주는 오답입니다.

04 🎧 미국 → 캐나다 / 호주 / 영국

What time does the reception begin?
(A) I'm going to a reception.
(B) At City Hall.
(C) It starts at 8:30.

reception 환영회   begin 시작하다   City Hall 시청

해석 환영회가 몇 시에 시작하나요?
　　(A) 저는 환영회에 갈 거예요.
　　(B) 시청에서요.

　　(C) 그건 8시 30분에 시작해요.

해설 환영회가 몇 시에 시작하는지 시각을 묻는 What 의문문입니다. What time이 시각을 묻는 것임을 이해할 수 있어야 합니다.
　　(A) [×] 질문의 reception을 반복 사용하여 혼동을 주는 오답입니다.
　　(B) [×] 시각을 묻는 질문에 At City Hall(시청에서)이라는 장소로 응답했으므로 오답입니다.
　　(C) [o] at 8:30(8시 30분에)라는 시각으로 응답했으므로 정답입니다.

05 🎧 영국 → 캐나다 / 호주 / 미국

Why are the employees gathering in the conference room?
(A) Some of the employees.
(B) I have no idea.
(C) We have enough space.

employee 직원   gather 모이다   enough 충분한
space 공간

해석 직원들이 왜 회의실로 모이고 있나요?
　　(A) 직원들 중 일부요.
　　(B) 저는 모르겠어요.
　　(C) 충분한 공간이 있어요.

해설 직원들이 회의실로 모이고 있는 이유를 묻는 Why 의문문입니다.
　　(A) [×] 질문의 employees를 반복 사용하여 혼동을 주는 오답입니다.
　　(B) [o] 모르겠다고 간접적으로 응답했으므로 정답입니다.
　　(C) [×] 질문의 conference room(회의실)과 내용이 연관된 space(공간)를 사용하여 혼동을 주는 오답입니다.

06 🎧 호주 → 영국 / 캐나다 / 미국

How many rooms are available at your hotel?
(A) Yes, I will book now.
(B) The hotel across the road.
(C) Five are left.

available 이용 가능한   book 예약하다
across 건너편에, 가로질러

해석 당신의 호텔에 몇 개의 방이 이용 가능한가요?
　　(A) 네, 제가 지금 예약할게요.
　　(B) 길 건너편에 있는 호텔이요.
　　(C) 다섯 개가 남았어요.

해설 호텔에 이용 가능한 방이 몇 개인지 수량을 묻는 How 의문문입니다. How many가 수량을 묻는 것임을 이해할 수 있

어야 합니다.

(A) [×] 의문사 의문문에 Yes로 응답했으므로 오답입니다.

(B) [×] 질문의 hotel을 반복 사용하여 혼동을 주는 오답입니다.

(C) [○] Five(다섯 개)라는 수량으로 응답했으므로 정답입니다.

✦첫토익 실전문제

p.59

01 (B)	**02** (C)	**03** (A)	**04** (A)
05 (B)	**06** (A)	**07** (C)	**08** (B)
09 (C)	**10** (B)	**11** (C)	**12** (A)

01 [3▥] 영국 → 호주

What kind of job do you want?
(A) No, I'm not.
(B) One that has to do with advertising.
(C) I went to the job fair.

job 직업 have to do with ~과 관련되다
advertising 광고업 job fair 취업 설명회

해석 어떤 종류의 직업을 원하세요?
(A) 아니요, 전 아니에요.
(B) 광고업과 관련된 것이요.
(C) 저는 취업 설명회에 갔어요.

해설 원하는 직업의 종류를 묻는 What 의문문입니다. What kind가 종류를 묻는 것임을 이해할 수 있어야 합니다.
(A) [×] 의문사 의문문에 No로 응답했으므로 오답입니다.
(B) [○] One that has to do with advertising(광고업과 관련된 것)이라는 종류로 응답했으므로 정답입니다.
(C) [×] 질문의 job을 반복 사용하여 혼동을 주는 오답입니다.

02 [3▥] 캐나다 → 미국

How can I reserve a concert ticket?
(A) I enjoyed the concert.
(B) No, it's later tonight.
(C) By visiting our Web site.

reserve 예약하다

해석 콘서트 티켓을 어떻게 예약할 수 있나요?
(A) 저는 그 콘서트를 즐겼어요.
(B) 아니요, 그건 오늘 밤늦게요.
(C) 저희 웹사이트를 방문해서요.

해설 콘서트 티켓을 예약하는 방법을 묻는 How 의문문입니다.

How can이 방법을 묻는 것임을 이해할 수 있어야 합니다.
(A) [×] 질문의 concert를 반복 사용하여 혼동을 주는 오답입니다.
(B) [×] 의문사 의문문에 No로 응답했으므로 오답입니다.
(C) [○] By visiting our Web site(웹사이트를 방문해서)라는 방법으로 응답했으므로 정답입니다.

03 [3▥] 호주 → 미국

Why did you leave the office early this morning?
(A) Because I had a doctor's appointment.
(B) This morning would be fine.
(C) I'll be back in an hour.

doctor's appointment 진료 예약

해석 당신은 왜 오늘 아침에 일찍 사무실을 떠났나요?
(A) 진료 예약이 있었기 때문이에요.
(B) 오늘 아침도 괜찮아요.
(C) 한 시간 후에 돌아올게요.

해설 일찍 사무실을 떠난 이유를 묻는 Why 의문문입니다.
(A) [○] Because를 사용하여 진료 예약이 있었기 때문이라는 이유를 말하며 응답했으므로 정답입니다.
(B) [×] 질문의 this morning을 반복 사용하여 혼동을 주는 오답입니다.
(C) [×] 이유를 묻는 질문에 in an hour(한 시간 후에)라는 시간으로 응답했으므로 오답입니다.

04 [3▥] 영국 → 캐나다

How many people are coming today?
(A) Maybe 25 people.
(B) Yes, they are.
(C) Because of the party.

come 오다

해석 오늘 사람들이 몇 명 오나요?
(A) 아마도 25명이요.
(B) 네, 그들은 그래요.
(C) 파티 때문에요.

해설 오는 사람들이 몇 명인지 수량을 묻는 How 의문문입니다. How many가 수량을 묻는 것임을 이해할 수 있어야 합니다.
(A) [○] 25 people(25명)이라는 수량으로 응답했으므로 정답입니다.
(B) [×] 의문사 의문문에 Yes로 응답했으므로 오답입니다.
(C) [×] 수량을 묻는 질문에 Because of the party(파티 때문에)라는 이유를 말하며 응답했으므로 오답입니다.

05 [♫] 미국 → 호주

What do you think of our new computer program?
(A) For today's program.
(B) The staff find it helpful.
(C) I bought a keyboard.

helpful 유용한　staff 직원

해석 우리의 새 컴퓨터 프로그램에 대해 어떻게 생각하나요?
(A) 오늘의 프로그램을 위해서요.
(B) 직원들은 그것이 유용하다고 생각해요.
(C) 저는 키보드를 샀어요.

해설 새 컴퓨터 프로그램에 대한 의견을 묻는 What 의문문입니다. What ~ think가 의견을 묻는 것임을 이해할 수 있어야 합니다.
(A) [×] 질문의 program을 반복 사용하여 혼동을 주는 오답입니다.
(B) [○] The staff find it helpful(직원들은 그것이 유용하다고 생각한다)이라는 의견으로 응답했으므로 정답입니다.
(C) [×] 질문의 computer(컴퓨터)와 내용이 연관된 keyboard(키보드)를 사용하여 혼동을 주는 오답입니다.

06 [♫] 호주 → 영국

How long will it take to fix my car?
(A) Two days.
(B) We can drive together.
(C) A long time ago.

fix 고치다

해석 제 자동차를 고치는 데 얼마나 오래 걸릴까요?
(A) 이틀이요.
(B) 우리가 함께 운전해 가도 돼요.
(C) 오래전에요.

해설 수리하는 데 얼마나 오래 걸릴지 기간을 묻는 How 의문문입니다. How long이 기간을 묻는 것임을 이해할 수 있어야 합니다.
(A) [○] Two days(이틀)라는 기간으로 응답했으므로 정답입니다.
(B) [×] 질문의 car(자동차)와 내용이 연관된 drive(운전하다)를 사용하여 혼동을 주는 오답입니다.
(C) [×] 기간을 묻는 질문에 A long time ago(오래전에)는 시점으로 응답했으므로 오답입니다.

07 [♫] 캐나다 → 영국

Why is the elevator still not repaired?
(A) On the seventh floor.
(B) Next to the elevator.
(C) Because of a missing part.

repair 수리하다　missing 부족한, 빠진　part 부품, 부분

해석 엘리베이터가 왜 아직 수리되지 않았나요?
(A) 7층에요.
(B) 엘리베이터 옆에요.
(C) 부족한 부품 때문에요.

해설 엘리베이터가 아직 수리되지 않은 이유를 묻는 Why 의문문입니다.
(A) [×] 이유를 묻는 질문에 On the seventh floor(7층에)라는 위치로 응답했으므로 오답입니다.
(B) [×] 질문의 elevator를 반복 사용하여 혼동을 주는 오답입니다.
(C) [○] Because of를 사용하여 부족한 부품 때문이라는 이유를 말하며 응답했으므로 정답입니다.

08 [♫] 영국 → 미국

What's the price of these desks?
(A) A set of chairs.
(B) The label says $500.
(C) No, I don't need them.

label 라벨, 딱지

해석 이 책상들의 가격은 얼마인가요?
(A) 의자 한 세트요.
(B) 라벨에는 500달러라고 쓰여 있어요.
(C) 아니요, 저는 그것들이 필요하지 않아요.

해설 책상들의 가격을 묻는 What 의문문입니다. What ~ price가 가격을 묻는 것임을 이해할 수 있어야 합니다.
(A) [×] 질문의 desks(책상)와 내용이 연관된 chairs(의자)를 사용하여 혼동을 주는 오답입니다.
(B) [○] $500(500달러)라는 금액으로 응답했으므로 정답입니다.
(C) [×] 의문사 의문문에 No로 응답했으므로 오답입니다.

09 [♫] 호주 → 미국

Why did you buy a suitcase?
(A) He'll be there by noon.
(B) I like this suit.
(C) It's a gift for my sister.

suitcase 여행 가방　noon 정오　suit 정장

해석 여행 가방을 왜 샀나요?

(A) 그는 정오까지 그곳에 있을 거예요.

(B) 저는 이 정장이 마음에 들어요.

(C) 그건 제 여동생을 위한 선물이에요.

해설 여행 가방을 산 이유를 묻는 Why 의문문입니다.

(A) [x] 질문의 buy와 발음이 같은 by를 사용하여 혼동을 주는 오답입니다.

(B) [x] 질문의 suitcase와 발음이 일부 같은 suit를 사용하여 혼동을 주는 오답입니다.

(C) [o] Because를 생략하여 여동생을 위한 선물이라는 이유를 말하며 응답했으므로 정답입니다.

10 🎧 캐나다 → 영국

How do you like your new house?
(A) I already knew about it.
(B) I think it's OK.
(C) On Mabel Street.

already 이미

해석 당신의 새로운 집은 어떤가요?

(A) 저는 이미 그것에 대해 알고 있었어요.

(B) 괜찮은 것 같아요.

(C) Mabel가예요.

해설 새로운 집에 대한 의견을 묻는 How 의문문입니다. How ~ like가 의견을 묻는 것임을 이해할 수 있어야 합니다.

(A) [x] 질문의 new와 발음이 같은 knew를 사용하여 혼동을 주는 오답입니다.

(B) [o] it's OK(괜찮다)라는 의견으로 응답했으므로 정답입니다.

(C) [x] 의견을 묻는 질문에 On Mabel Street(Mable가에)라는 장소로 응답했으므로 오답입니다.

11 🎧 미국 → 캐나다

What time should we have dinner?
(A) It's a dinner menu.
(B) Yes, I'm hungry.
(C) After 6 P.M.

dinner 저녁 식사

해석 저녁 식사를 몇 시에 해야 할까요?

(A) 이건 저녁 식사 메뉴예요.

(B) 네, 저는 배고파요.

(C) 오후 6시 이후예요.

해설 저녁 식사를 몇 시에 해야 할지 시각을 묻는 What 의문문입니다. What time이 시각을 묻는 것임을 이해할 수 있어

야 합니다.

(A) [x] 질문의 dinner를 반복 사용하여 혼동을 주는 오답입니다.

(B) [x] 의문사 의문문에 Yes로 응답했으므로 오답입니다.

(C) [o] After 6 P.M.(오후 6시 이후에)이라는 시각으로 응답했으므로 정답입니다.

12 🎧 캐나다 → 영국

Why did our firm open a branch there?
(A) Our boss will explain that today.
(B) Be sure to fill out this form.
(C) We can meet here.

firm 회사 branch 지점 fill out 기입하다

해석 우리 회사는 왜 그곳에 지점을 열었나요?

(A) 우리 상사가 오늘 그것에 대해 설명해 줄 거예요.

(B) 이 양식을 반드시 기입해 주세요.

(C) 우리는 이곳에서 만날 수 있어요.

해설 회사가 그곳에 지점을 연 이유를 묻는 Why 의문문입니다.

(A) [o] 상사가 오늘 설명해 줄 것이라는 말로 왜 그곳에 지점을 열었는지 모른다고 간접적으로 응답했으므로 정답입니다.

(B) [x] 질문의 firm과 발음이 유사한 form을 사용하여 혼동을 주는 오답입니다.

(C) [x] 질문의 there(그곳)와 내용이 연관된 here(이곳)를 사용하여 혼동을 주는 오답입니다.

첫토익 **5**일 의문사가 없는 의문문

✦첫토익 연습문제   p.64

01 (A)	**02** (B)	**03** (A)
04 (C)	**05** (C)	**06** (B)

01 🎧 캐나다 → 영국 / 호주 / 미국

Did you reserve a hotel room?
(A) Yes. At the Star Resort.
(B) A hotel owner.

reserve 예약하다 owner 주인, 소유자

해석 호텔 방을 예약했나요?

(A) 네. Star Resort예요.

(B) 호텔 주인이요.

해설 호텔 방을 예약했는지를 묻는 조동사 의문문입니다.

(A) [ㅇ] Yes로 응답한 뒤, At Star Resort(Star Resort에)
라고 부연 설명했으므로 정답입니다.

(B) [×] 질문의 hotel을 반복 사용하여 혼동을 주는 오답입니다.

02 [3~] 영국 → 호주 / 미국 / 캐나다

Is this shirt currently on sale?
(A) It's a current trend.
(B) There's a 50 percent discount.

currently 현재 on sale 할인 중인 current 최신의, 현재의
trend 유행

해석 이 셔츠는 현재 할인 중인가요?

(A) 그건 최신 유행이에요.

(B) 50 퍼센트 할인됩니다.

해설 셔츠가 현재 할인 중인지를 묻는 Be동사 의문문입니다.

(A) [×] 질문의 currently와 발음이 일부 같은 current를 사
용하여 혼동을 주는 오답입니다.

(B) [ㅇ] Yes를 생략하고 There's a 50 percent discount
(50 퍼센트 할인된다)라고 긍정의 의미로 응답했으므
로 정답입니다.

03 [3~] 호주 → 미국 / 영국 / 캐나다

Didn't you order office supplies?
(A) No. I didn't have time.
(B) A new branch.
(C) They supply our equipment.

office supply 사무용품 branch 지점 supply 공급하다
equipment 용품, 장비

해석 당신이 사무용품을 주문하지 않았나요?

(A) 아니요. 저는 시간이 없었어요.

(B) 새로운 지점이요.

(C) 그들은 우리의 용품을 공급해요.

해설 사무용품을 주문하지 않았는지를 묻는 부정 의문문입니다.

(A) [ㅇ] No로 응답한 뒤, I didn't have time(시간이 없었다)
이라고 부연 설명했으므로 정답입니다.

(B) [×] 질문의 office(사무실)와 내용이 연관된 branch(지
점)를 사용하여 혼동을 주는 오답입니다.

(C) [×] 질문의 office supplies와 발음이 일부 같은
supply를 사용하여 혼동을 주는 오답입니다.

04 [3~] 미국 → 호주 / 캐나다 / 영국

Would you like an indoor or outdoor table?
(A) The food was delicious.
(B) Sure, that's a good idea.
(C) I prefer a table inside.

indoor 실내의 outdoor 야외의 delicious 맛있는
prefer ~을 더 좋아하다, 선호하다 inside 내부에 있는, 안의

해석 실내 테이블과 야외 테이블 중 어느 것을 원하시나요?

(A) 그 음식은 맛있었어요.

(B) 물론이죠, 좋은 생각이에요.

(C) 저는 내부에 있는 테이블이 더 좋아요.

해설 실내 테이블과 야외 테이블 중 어느 것을 원하는지 묻는 선
택 의문문입니다.

(A) [×] 질문의 table(테이블)과 내용이 연관된 food(음식)를
사용하여 혼동을 주는 오답입니다.

(B) [×] 어느 테이블을 원하는지를 묻는 질문에 that's a
good idea(좋은 생각이다)라고 응답했으므로 오답
입니다.

(C) [ㅇ] table inside(내부에 있는 테이블)를 선택하여 응답했
으므로 정답입니다.

05 [3~] 캐나다 → 영국 / 호주 / 미국

Have you seen the movie?
(A) That actor is famous.
(B) I'll move to a new place.
(C) I saw it last week.

move 이사하다 place 곳, 장소

해석 그 영화를 보셨나요?

(A) 그 배우는 유명해요.

(B) 저는 새로운 곳으로 이사할 거예요.

(C) 저는 지난주에 그걸 봤어요.

해설 영화를 봤는지를 묻는 조동사 의문문입니다.

(A) [×] 질문의 movie(영화)와 내용이 연관된 actor(배우)를
사용하여 혼동을 주는 오답입니다.

(B) [×] 질문의 movie와 발음이 유사한 move를 사용하여
혼동을 주는 오답입니다.

(C) [ㅇ] Yes를 생략하고 I saw it last week(지난주에 그걸
봤다)라고 긍정의 의미로 응답했으므로 정답입니다.

06 [3] 캐나다 → 미국/ 영국 / 호주

Aren't you supposed to prepare a presentation?
(A) I've already repaired it.
(B) I'm working on it now.
(C) Some interesting topics.

be supposed to ~하기로 되어 있다 prepare 준비하다
presentation 발표 already 이미 repair 고치다
interesting 흥미로운 topic 주제

해석 당신은 발표를 준비하기로 되어 있지 않나요?
    (A) 저는 이미 그걸 고쳤어요.
    (B) 지금 그것을 하는 중이에요.
    (C) 몇몇 흥미로운 주제들이요.

해설 발표를 준비하기로 되어 있지 않은지를 묻는 부정 의문문입
    니다.
    (A) [×] 질문의 prepare와 발음이 유사한 repaired를 사용
        하여 혼동을 주는 오답입니다.
    (B) [○] 지금 그것을 하는 중이라는 말로 발표를 준비하기로
        되어 있다고 간접적으로 응답했으므로 정답입니다.
    (C) [×] 질문의 presentation(발표)과 내용이 연관된 topics
        (주제들)를 사용하여 혼동을 주는 오답입니다.

✦첫토익 실전문제
p.65

01 (C)	02 (B)	03 (C)	04 (A)
05 (A)	06 (B)	07 (C)	08 (B)
09 (A)	10 (B)	11 (C)	12 (A)

01 [3] 미국 → 호주

Haven't you sent me a copy of the budget?
(A) Please use this copy machine.
(B) I don't drink coffee.
(C) Yes. This morning.

copy 복사본 budget 예산안 copy machine 복사기

해석 예산안 복사본을 저에게 보내지 않으셨나요?
    (A) 이 복사기를 사용해 주세요.
    (B) 저는 커피를 마시지 않아요.
    (C) 네. 오늘 아침에요.

해설 예산안 복사본을 보내지 않았는지를 묻는 부정 의문문입니
    다.
    (A) [×] 질문의 copy를 반복 사용하여 혼동을 주는 오답입
        니다.
    (B) [×] 질문의 copy와 발음이 유사한 coffee를 사용하여
        혼동을 주는 오답입니다.

    (C) [○] Yes라고 응답한 뒤, This morning(오늘 아침에)이
        라고 부연 설명했으므로 정답입니다.

02 [3] 영국 → 미국

Would you like chicken or fish for dinner?
(A) A table for two.
(B) Let's try fish.
(C) That's the best option.

option 선택

해석 저녁 식사로 닭고기와 생선 중 어느 것을 드시겠어요?
    (A) 두 사람을 위한 테이블이요.
    (B) 생선을 먹어 봅시다.
    (C) 그건 가장 좋은 선택이에요.

해설 닭고기와 생선 중 어느 것을 원하는지를 묻는 선택 의문문입
    니다.
    (A) [×] 질문의 dinner(저녁 식사)와 내용이 연관된 table(테
        이블)을 사용하여 혼동을 주는 오답입니다.
    (B) [○] fish(생선)를 선택하여 응답했으므로 정답입니다.
    (C) [×] 닭고기와 생선 중 무엇을 원하는지 묻는 질문에
        That's the best option(그건 가장 좋은 선택이다)이
        라고 응답했으므로 오답입니다.

03 [3] 미국 → 캐나다

Will you take a taxi to the airport?
(A) I left it in the taxi.
(B) My flight was late.
(C) No. The bus is cheaper.

flight 비행기, 항공편 cheap 저렴한, 값이 싼

해석 당신은 공항으로 택시를 타고 갈 건가요?
    (A) 저는 그걸 택시에 두고 왔어요.
    (B) 제 비행기가 늦었어요.
    (C) 아니요. 버스가 더 저렴해요.

해설 공항으로 택시를 타고 갈 것인지를 묻는 조동사 의문문입니
    다.
    (A) [×] 질문의 taxi를 반복 사용하여 혼동을 주는 오답입니
        다.
    (B) [×] 질문의 airport(공항)와 내용이 연관된 flight(비행기)
        를 사용하여 혼동을 주는 오답입니다.
    (C) [○] No로 응답한 뒤, The bus is cheaper(버스가 더
        저렴하다)라고 부연 설명했으므로 정답입니다.

04 🔊 영국 → 캐나다

Isn't the new product launching next month?
(A) Yes. It should be ready by then.
(B) To increase production.
(C) It's on sale.

launch 출시하다   increase 늘리다   production 생산량, 생산
on sale 할인 중인

해석 새로운 제품이 다음 달에 출시되지 않나요?
  (A) 네, 그건 그때까지 준비가 될 거예요.
  (B) 생산량을 늘리기 위해서요.
  (C) 그건 할인 중이에요.

해설 새로운 제품이 다음 달에 출시되지 않는지를 묻는 부정 의문
문입니다.
  (A) [ㅇ] Yes로 응답한 뒤, It should be ready by then(
      그것은 그때까지 준비가 될 것이다)이라고 부연 설명했
      으므로 정답입니다.
  (B) [x] 질문의 product와 발음이 일부 같은 production
      을 사용하여 혼동을 주는 오답입니다.
  (C) [x] 질문의 product(제품)와 내용이 연관된 on sale(할
      인 중인)을 사용하여 혼동을 주는 오답입니다.

05 🔊 영국 → 호주

Do you prefer the white shirt or the black one?
(A) They're both too big.
(B) I'll pay with cash.
(C) Some T-shirts.

pay with ~으로 지불하다   cash 현금

해석 흰색 셔츠와 검은색 셔츠 중 어느 것을 선호하세요?
  (A) 둘 다 너무 커요.
  (B) 저는 현금으로 지불할게요.
  (C) 몇몇 티셔츠들이요.

해설 흰색 셔츠와 검은색 셔츠 중 어느 것을 선호하는지를 묻는
선택 의문문입니다.
  (A) [ㅇ] 둘 다 너무 크다는 말로 둘 다 거절했으므로 정답입
      니다.
  (B) [x] 흰색 셔츠를 선호하는지 검은색 셔츠를 선호하는지
      를 묻는 질문에 I'll pay with cash(현금으로 지불하
      겠다)라고 응답했으므로 오답입니다.
  (C) [x] 질문의 shirt와 발음이 일부 같은 T-shirts를 사용하
      여 혼동을 주는 오답입니다.

06 🔊 캐나다 → 영국

Is it OK to water this plant every day?
(A) I plan to buy it.
(B) No. Only once a week.
(C) It was very dry.

water 물을 주다   plan 계획하다

해석 이 식물에 매일 물을 줘도 괜찮은가요?
  (A) 저는 그걸 살 계획이에요.
  (B) 아니요. 일주일에 한 번만요.
  (C) 그건 매우 건조했어요.

해설 식물에 매일 물을 줘도 괜찮은지를 묻는 Be동사 의문문입니
다.
  (A) [x] 질문의 plant와 발음이 유사한 plan을 사용하여 혼
      동을 주는 오답입니다.
  (B) [ㅇ] No로 응답한 뒤, Only once a week(일주일에 한
      번만)라고 부연 설명했으므로 정답입니다.
  (C) [x] 질문의 water(물을 주다)와 내용이 연관된 dry(건조
      한)를 사용하여 혼동을 주는 오답입니다.

07 🔊 호주 → 미국

Have you paid for the parking?
(A) In the park.
(B) I'm driving a car.
(C) No. It's free.

pay for 비용을 지불하다   parking 주차

해석 주차 비용을 지불했나요?
  (A) 공원 안에요.
  (B) 저는 차를 운전하고 있어요.
  (C) 아니요. 무료예요.

해설 주차 비용을 지불했는지를 묻는 조동사 의문문입니다.
  (A) [x] 질문의 parking과 발음이 일부 같은 park를 사용하
      여 혼동을 주는 오답입니다.
  (B) [x] 질문의 parking(주차)과 내용이 연관된 car(차)를 사
      용하여 혼동을 주는 오답입니다.
  (C) [ㅇ] No로 응답한 뒤, It's free(무료)라고 부연 설명했
      으므로 정답입니다.

08 🔊 미국 → 캐나다

Will you meet your agent on Monday or Tuesday?
(A) A contract negotiation.
(B) On Friday, actually.
(C) I can meet you then.

agent 대리인   contract 계약   negotiation 협상

해석 당신의 대리인을 월요일과 화요일 중 언제 만날 건가요?

(A) 계약 협상이요.

(B) 사실, 금요일에요.

(C) 그때 당신을 만날 수 있어요.

해설 대리인을 월요일과 화요일 중 언제 만날 것인지 묻는 선택 의문문입니다.

(A) [×] 질문의 agent(대리인)와 내용이 연관된 contract negotiation(계약 협상)을 사용하여 혼동을 주는 오답입니다.

(B) [○] Friday(금요일)라고 제3의 선택 사항을 언급하여 응답했으므로 정답입니다.

(C) [×] 질문의 meet(만나다)를 반복 사용하여 혼동을 주는 오답입니다.

09 🔊 캐나다 → 영국

Are the clients coming next week?
(A) Let me check my calendar.
(B) A client meeting.
(C) Sure, I can go.

calendar 달력 meeting 회의

해석 고객들은 다음 주에 오나요?

(A) 제 달력을 확인해볼게요.

(B) 고객 회의요.

(C) 그럼요, 저는 갈 수 있어요.

해설 고객들이 다음 주에 오는지를 묻는 Be동사 의문문입니다.

(A) [○] 달력을 확인해보겠다는 말로 모른다고 간접적으로 응답했으므로 정답입니다.

(B) [×] 질문의 client를 반복 사용하여 혼동을 주는 오답입니다.

(C) [×] 질문의 come(오다)과 내용이 연관된 go(가다)를 사용하여 혼동을 주는 오답입니다.

10 🔊 영국 → 호주

Does this hotel have a swimming pool?
(A) A large room.
(B) Check with reception.
(C) I stayed at the hotel.

swimming pool 수영장 reception 프런트

해석 이 호텔에 수영장이 있나요?

(A) 큰 방이요.

(B) 프런트에서 확인해보세요.

(C) 저는 그 호텔에서 묵었어요.

해설 호텔에 수영장이 있는지를 묻는 조동사 의문문입니다.

(A) [×] 질문의 hotel(호텔)과 내용이 연관된 room(방)을 사용하여 혼동을 주는 오답입니다.

(B) [○] 프런트에서 확인해보라는 말로 모른다고 간접적으로 응답했으므로 정답입니다.

(C) [×] 질문의 hotel을 반복 사용하여 혼동을 주는 오답입니다.

11 🔊 미국 → 캐나다

Didn't this café recently open?
(A) Close the door behind you.
(B) The coffee is very good.
(C) I came here last year.

recently 최근에

해석 이 카페는 최근에 열지 않았나요?

(A) 당신 뒤에 있는 문을 닫으세요.

(B) 커피가 아주 맛있어요.

(C) 저는 작년에 이곳에 왔어요.

해설 카페가 최근에 열지 않았는지를 묻는 부정 의문문입니다.

(A) [×] 질문의 open(열다)과 내용이 연관된 close(닫다)를 사용하여 혼동을 주는 오답입니다.

(B) [×] 질문의 café(카페)와 내용이 연관된 coffee(커피)를 사용하여 혼동을 주는 오답입니다.

(C) [○] 작년에 이곳에 왔다는 말로 카페가 최근에 연 것이 아니라고 간접적으로 응답했으므로 정답입니다.

12 🔊 호주 → 영국

Should I e-mail you the report, or print it out for you?
(A) It doesn't matter.
(B) About the marketing expenses.
(C) Press the red button on the printer.

print out 출력하다, 인쇄하다 expense 비용 press 누르다

해석 제가 당신에게 보고서를 이메일로 보내드릴까요, 아니면 출력해드릴까요?

(A) 상관없어요.

(B) 마케팅 비용에 대해서요.

(C) 프린터의 빨간 버튼을 누르세요.

해설 보고서를 이메일로 보낼지 아니면 그것을 출력해줘야 할지를 묻는 선택 의문문입니다.

(A) [○] It doesn't matter(상관없다)라고 둘 다 괜찮다고 응답했으므로 정답입니다.

(B) [×] 질문의 report(보고서)와 내용이 연관된 marketing expense(마케팅 비용)를 사용하여 혼동을 주는 오답입니다.

(C) [×] 질문의 print와 발음이 일부 같은 printer를 사용하여 혼동을 주는 오답입니다.

첫토익 **6**일 │ 기타 의문문

✦ 첫토익 연습문제

p.70

01 (A) **02** (B) **03** (C)
04 (A) **05** (C) **06** (B)

---

01 🔊 호주 → 영국 / 캐나다 / 미국

I'm going to Las Vegas next week.
(A) I hope you enjoy the trip.
(B) For a month.

hope 바라다 enjoy 즐기다 trip 여행

해석 저는 다음 주에 라스베이거스에 가요.
(A) 당신이 여행을 즐기길 바라요.
(B) 한 달 동안이요.

해설 다음 주에 라스베이거스에 간다는 사실을 전달하는 평서문입니다.
(A) [○] I hope you enjoy the trip(당신이 여행을 즐기길 바란다)이라고 자신의 의견을 제시했으므로 정답입니다.
(B) [×] 질문의 week(주)와 내용이 연관된 month(달)를 사용하여 혼동을 주는 오답입니다.

---

02 🔊 캐나다 → 영국 / 호주 / 미국

The weather will be nice tomorrow, right?
(A) I'll check the prices.
(B) Yes, I think so.

weather 날씨 price 가격

해석 내일 날씨가 좋을 것이에요, 그렇죠?
(A) 제가 가격을 확인해 볼게요.
(B) 네, 저도 그렇게 생각해요.

해설 내일 날씨가 좋을지에 대해 동의를 구하는 부가 의문문입니다.
(A) [×] 질문의 nice와 발음이 유사한 price를 사용하여 혼동을 주는 오답입니다.
(B) [○] Yes로 응답한 뒤, I think so(그렇게 생각한다)라고 부연 설명했으므로 정답입니다.

---

03 🔊 호주 → 미국 / 캐나다 / 영국

Why don't you ask Mr. Anderson about the training schedule?
(A) It's hard to understand.
(B) Because it was raining there.
(C) Sure. I'll call him.

understand 이해하다

해석 Mr. Anderson에게 교육 일정에 대해 물어보는 게 어때요?
(A) 그건 이해하기 어려워요.
(B) 그곳에 비가 왔기 때문에요.
(C) 물론이죠. 제가 그에게 전화할게요.

해설 Mr. Anderson에게 교육 일정에 대해 물어보는 것이 어떤지 제안하는 제안 의문문입니다.
(A) [×] 교육 일정에 대해 물어보는 게 어떤지 묻는 질문에 It's hard to understand(그건 이해하기 어렵다)라고 응답했으므로 오답입니다.
(B) [×] 질문의 training과 발음이 유사한 raining을 사용하여 혼동을 주는 오답입니다.
(C) [○] Sure로 응답한 뒤, I'll call him(그에게 전화하겠다)이라고 제안을 수락했으므로 정답입니다.

---

04 🔊 미국 → 캐나다 / 영국 / 호주

The project is taking too long.
(A) I totally agree.
(B) It was a long movie.
(C) The projector works fine.

totally 전적으로, 완전히 agree 동의하다 work 작동하다

해석 그 프로젝트는 너무 오래 걸리고 있어요.
(A) 저는 전적으로 동의해요.
(B) 그건 긴 영화였어요.
(C) 그 프로젝터는 잘 작동해요.

해설 프로젝트가 너무 오래 걸리고 있다는 의견을 전달하는 평서문입니다.
(A) [○] I totally agree(전적으로 동의한다)라는 동의의 의미로 응답했으므로 정답입니다.
(B) [×] 질문의 long을 반복 사용하여 혼동을 주는 오답입니다.
(C) [×] 질문의 project와 발음이 일부 같은 projector를 사용하여 혼동을 주는 오답입니다.

05 🎧 영국 → 호주 / 미국 / 캐나다

Could you <u>reschedule my reservation</u>?
(A) You can sign up online.
(B) Yes, it's for November 9.
(C) Sorry, that's not possible.

reschedule 일정을 변경하다 reservation 예약
sign up 등록하다 possible 가능한

해석 제 예약 일정을 변경해 주시겠어요?
(A) 온라인으로 등록할 수 있어요.
(B) 네, 그건 11월 9일을 위한 것이에요.
(C) 죄송하지만, 그것은 가능하지 않아요.

해설 예약 일정을 변경해 달라고 요청하는 요청 의문문입니다.
(A) [×] 질문의 reschedule(일정을 변경하다)과 내용이 연관
된 sign up(등록하다)을 사용하여 혼동을 주는 오답
입니다.
(B) [×] 질문의 reschedule(일정을 변경하다)과 내용이 연관
된 날짜(11월 9일)를 언급하여 혼동을 주는 오답입니
다.
(C) [○] Sorry로 응답한 뒤, that's not possible(그것은 가
능하지 않다)이라고 요청을 거절했으므로 정답입니
다.

06 🎧 미국 → 캐나다 / 호주 / 영국

You are planning to <u>leave early</u>, <u>aren't you</u>?
(A) You can leave now.
(B) I have an appointment at 10 A.M.
(C) She was very late.

plan to ~할 계획이다 leave 떠나다 early 일찍
appointment 약속

해석 당신은 일찍 떠날 계획이죠, 안 그런가요?
(A) 당신은 이제 떠나도 돼요.
(B) 저는 오전 10시에 약속이 있어요.
(C) 그녀는 매우 늦었어요.

해설 일찍 떠날 계획인지 확인하는 부가 의문문입니다.
(A) [×] 질문의 leave를 반복 사용하여 혼동을 주는 오답입
니다.
(B) [○] Yes를 생략하고 I have an appointment at
10 A.M.(오전 10시에 약속이 있다)이라고 긍정의 의미
로 응답했으므로 정답입니다.
(C) [×] 질문의 early(일찍)과 내용이 연관된 late(늦은)를 사
용하여 혼동을 주는 오답입니다.

✦첫토익 실전문제

p.71

01 (C)	**02** (B)	**03** (C)	**04** (A)
05 (C)	**06** (B)	**07** (B)	**08** (A)
09 (C)	**10** (A)	**11** (B)	**12** (A)

01 🎧 캐나다 → 영국

We should clean the storage room.
(A) They went to the store.
(B) In the break room.
(C) I just removed some stuff.

storage room 창고 break room 휴게실
remove 치우다, 제거하다

해석 우리는 창고를 청소해야 해요.
(A) 그들은 가게에 갔어요.
(B) 휴게실 안에요.
(C) 제가 방금 몇몇 물건들을 치웠어요.

해설 창고를 청소해야 한다는 제안을 전달하는 평서문입니다.
(A) [×] 질문의 storage와 발음이 일부 같은 store를 사용
하여 혼동을 주는 오답입니다.
(B) [×] 질문의 room을 반복 사용하여 혼동을 주는 오답입
니다.
(C) [○] I just removed some stuff(내가 방금 몇몇 물건들
을 치웠다)라고 제안을 거절했으므로 정답입니다.

02 🎧 호주 → 영국

Would you like to review the document?
(A) Thanks for watching them.
(B) Yes. Send me the file.
(C) No, I really enjoyed the view.

review 검토하다; 후기 document 서류 view 경치

해석 서류를 검토하시겠어요?
(A) 그것들을 봐주셔서 감사해요.
(B) 네. 제게 파일을 보내주세요.
(C) 아니요, 저는 정말 그 경치를 즐겼어요.

해설 서류를 검토할 것인지 묻는 제안 의문문입니다.
(A) [×] 질문의 review(검토하다)와 내용이 연관된 watching
(봐주다)을 사용하여 혼동을 주는 오답입니다.
(B) [○] Yes로 응답한 뒤, Send me the file(제게 파일을 보
내달라)이라고 제안을 수락했으므로 정답입니다.
(C) [×] 질문의 review와 발음이 일부 같은 view를 사용하
여 혼동을 주는 오답입니다.

03 🔊 미국 → 캐나다

You finished the project last week, didn't you?
(A) It begins at 8 o'clock.
(B) You have many tasks.
(C) The deadline has been extended.

---

begin 시작하다 task 업무 deadline 마감 기한
extend 연장하다

해석 당신은 지난주에 그 프로젝트를 끝냈죠, 안 그런가요?
(A) 그건 8시에 시작해요.
(B) 당신은 업무들이 많아요.
(C) 마감 기한이 연장됐어요.

해설 지난주에 프로젝트를 끝내지 않았는지 확인하는 부가 의문문입니다.
(A) [×] 질문의 finish(끝내다)와 내용이 연관된 begin(시작하다)을 사용하여 혼동을 주는 오답입니다.
(B) [×] 질문의 project(프로젝트)와 내용이 연관된 tasks(업무들)를 사용하여 혼동을 주는 오답입니다.
(C) [○] No를 생략하고 The deadline has been extended(마감 기한이 연장됐다)라며 지난주에 끝나지 않았음을 간접적으로 응답했으므로 정답입니다.

04 🔊 영국 → 호주

The human resources department will interview some job applicants.
(A) Good. We don't have enough staff.
(B) An application form.
(C) She is an excellent team leader.

---

human resources department 인사부
interview 면접을 보다 job applicant 구직자 staff 직원
application form 신청서 excellent 훌륭한

해석 인사부는 몇몇 구직자들을 면접 볼 거예요.
(A) 좋아요. 우리는 직원이 충분하지 않아요.
(B) 신청서요.
(C) 그녀는 훌륭한 팀장이에요.

해설 인사부가 몇몇 구직자들을 면접 볼 것이라는 사실을 전달하는 평서문입니다.
(A) [○] Good으로 응답한 뒤, We don't have enough staff(우리는 직원이 충분하지 않다)라고 부연 설명했으므로 정답입니다.
(B) [×] 질문의 applicants와 발음이 일부 같은 application을 사용하여 혼동을 주는 오답입니다.
(C) [×] 질문의 department(부)와 내용이 연관된 team leader(팀장)를 사용하여 혼동을 주는 오답입니다.

05 🔊 호주 → 미국

You require more time for the report, don't you?
(A) She's late this morning.
(B) About current sales figures.
(C) No. Everything is going well.

---

require 필요하다, 요구하다 current 현재의
sales figures 판매 수치 go well 잘 되어가다

해석 당신은 보고서를 위해 더 많은 시간이 필요하죠, 안 그런가요?
(A) 그녀는 오늘 아침에 늦었어요.
(B) 현재의 판매 수치에 대해서요.
(C) 아니요. 모두 잘 되어가고 있어요.

해설 보고서를 위해 더 많은 시간이 필요한지에 대해 동의를 구하는 부가 의문문입니다.
(A) [×] 질문의 time(시간)과 내용이 연관된 late(늦은)를 사용하여 혼동을 주는 오답입니다.
(B) [×] 질문의 report(보고서)와 내용이 연관된 current sales figures(현재의 판매 수치)를 사용하여 혼동을 주는 오답입니다.
(C) [○] No로 응답한 뒤, Everything is going well(모두 잘 되어가고 있다)이라고 부연 설명했으므로 정답입니다.

06 🔊 미국 → 캐나다

Would you like me to cancel the meeting?
(A) I met her last year.
(B) That won't be necessary.
(C) In the main conference room.

---

cancel 취소하다 necessary 필요한
conference room 회의실

해석 제가 회의를 취소해 드릴까요?
(A) 저는 작년에 그녀를 만났어요.
(B) 그러실 필요 없어요.
(C) 대회의실에서요.

해설 회의를 취소해드릴지 묻는 제안 의문문입니다.
(A) [×] 질문의 meeting(회의)과 내용이 연관된 met(만났다)을 사용하여 혼동을 주는 오답입니다.
(B) [○] No를 생략하여 That won't be necessary(그러실 필요 없다)라고 제안을 거절했으므로 정답입니다.
(C) [×] 회의를 취소할지 묻는 질문에 In the main conference room(대회의실에서)이라고 응답했으므로 오답입니다.

07 🔊 호주 → 영국

You're wearing new running shoes, aren't you?
(A) I have some boots.
(B) I got them as a present.
(C) Yes, I wear glasses.

---

running shoes 운동화 present 선물

해석 당신은 새 운동화를 신고 있죠, 안 그런가요?
(A) 저는 부츠를 몇 개 가지고 있어요.
(B) 저는 그것들을 선물로 받았어요.
(C) 네, 저는 안경을 써요.

해설 새 운동화를 신고 있는지를 확인하는 부가 의문문입니다.
(A) [×] 질문의 shoes(신발)와 내용이 연관된 boots(부츠)를 사용하여 혼동을 주는 오답입니다.
(B) [○] Yes를 생략하고 I got them as a present(나는 그것들을 선물로 받았다)라고 긍정의 의미로 응답했으므로 정답입니다.
(C) [×] 질문의 wearing과 발음이 일부 같은 wear를 사용하여 혼동을 주는 오답입니다.

08 🔊 캐나다 → 미국

Why don't you work with Carl on the analysis?
(A) He transferred to another department.
(B) I've worked there for two years.
(C) Do the research carefully.

---

work with ~와 함께 작업하다 analysis 분석
transfer 이동하다 department 부서 research 조사
carefully 자세하게, 신중히

해석 그 분석을 Carl과 함께 작업하는 것이 어때요?
(A) 그는 다른 부서로 이동했어요.
(B) 저는 그곳에서 2년 동안 일했어요.
(C) 조사를 자세하게 하세요.

해설 그 분석을 Carl과 함께 작업하는 것이 어떨지 제안하는 제안 의문문입니다.
(A) [○] Carl이 다른 부서로 이동했다고 부연 설명하며 제안을 거절했으므로 정답입니다.
(B) [×] 질문의 work를 반복 사용하여 혼동을 주는 오답입니다.
(C) [×] 질문의 analysis(분석)와 내용이 연관된 research(조사)를 사용하여 혼동을 주는 오답입니다.

09 🔊 호주 → 캐나다

You haven't been to China before, have you?
(A) That sounds good.
(B) Some Chinese clients.
(C) Yes, I've been there a few times.

---

client 고객

해석 당신은 전에 중국에 가본 적이 없죠, 그렇죠?
(A) 좋아요.
(B) 몇몇 중국인 고객들이요.
(C) 네, 저는 그곳에 몇 번 가 보았어요.

해설 중국에 가본 적이 있는지를 확인하는 부가 의문문입니다.
(A) [×] 중국에 가본 적이 있는지를 묻는 질문에 That sounds good(좋다)이라고 응답했으므로 오답입니다.
(B) [×] 질문의 China와 발음이 일부 같은 Chinese를 사용하여 혼동을 주는 오답입니다.
(C) [○] Yes로 응답한 뒤, I've been there a few times(그곳에 몇 번 가 보았다)라고 부연 설명했으므로 정답입니다.

10 🔊 미국 → 호주

Let's try using a different sales strategy.
(A) Sure, this one isn't effective.
(B) No, I didn't see it.
(C) I got them at a discount.

---

different 다른 strategy 전략 effective 효과적인
at a discount 할인하여, 정가 이하로

해석 다른 판매 전략을 사용하는 것을 시도해봅시다.
(A) 그래요, 이것은 효과적이지 않아요.
(B) 아니요, 저는 그것을 보지 못했어요.
(C) 저는 그것들을 할인하여 샀어요.

해설 다른 판매 전략을 시도하자고 제안하는 평서문입니다.
(A) [○] Sure로 응답한 뒤, this one isn't effective(이건 효과적이지 않다)라고 부연 설명했으므로 정답입니다.
(B) [×] 다른 판매 전략을 시도해 보자는 제안에 보지 못했다고 응답했으므로 오답입니다.
(C) [×] 질문의 sales(판매의)와 내용이 연관된 at a discount(할인하여)를 사용하여 혼동을 주는 오답입니다.

11 🎧 영국 → 캐나다

Can you pick me up at the airport tomorrow?
(A) It leaves at 7 P.M.
(B) Sorry, I won't be able to.
(C) I took the shuttle bus.

pick up 태우러 오다   shuttle bus 셔틀버스

해석 내일 저를 태우러 공항에 와 주시겠어요?
(A) 그건 오후 7시에 떠나요.
(B) 미안하지만, 그럴 수 없을 것 같아요.
(C) 저는 셔틀버스를 탔어요.

해설 공항에 태우러 와 줄 수 있는지를 묻는 요청 의문문입니다.
(A) [x] 질문의 airport(공항)와 내용이 연관된 leaves(떠나다)를 사용하여 혼동을 주는 오답입니다.
(B) [o] Sorry라고 응답한 뒤, I won't be able to(그럴 수 없을 것 같다)라고 요청을 거절했으므로 정답입니다.
(C) [x] 질문의 pick up(태우러 오다)과 내용이 연관된 shuttle bus(셔틀버스)를 사용하여 혼동을 주는 오답입니다.

12 🎧 미국 → 호주

I'd like to return this purchase.
(A) We cannot accept opened items.
(B) That will be $37.50.
(C) To buy some furniture.

return 반품하다   purchase 구매품   accept 받다
opened 개봉한   item 상품

해석 저는 이 구매품을 반품하고 싶어요.
(A) 저희는 개봉된 상품은 받을 수 없어요.
(B) 그것은 37.50달러입니다.
(C) 가구를 사기 위해서요.

해설 구매품을 반품하고 싶다고 요청을 전달하는 평서문입니다.
(A) [o] 개봉된 상품은 받을 수 없다고 요청을 거절했으므로 정답입니다.
(B) [x] 반품하고 싶다는 말에 That will be $37.50(37.50달러)라고 응답했으므로 오답입니다.
(C) [x] 질문의 purchase(구매품)와 내용이 연관된 buy(사다)를 사용하여 혼동을 주는 오답입니다.

PART 3

첫토익 **7**일   회사 생활

✦첫토익 연습문제
p.79

01 (A)   **02** (B)   **03** (B)   **04** (A)

[01] 🎧 호주 → 미국 / 캐나다 → 영국

Question 1 refers to the following conversation.

M Anna, there's a problem with the storage room door. It doesn't lock. Could you fix it?
W I'm sorry, but I don't know how. [01]I'll call the building maintenance worker.

storage room 창고   lock 잠기다
maintenance worker 관리자

1번은 다음 대화에 관한 문제입니다.

남 Anna, 창고 문에 문제가 있어요. 그것은 잠기지 않아요. 당신이 그걸 고칠 수 있나요?
여 죄송하지만, 전 어떻게 하는지 몰라요. [01]제가 건물 관리자에게 연락할게요.

01

해석 여자는 다음에 무엇을 할 것 같은가?
(A) 건물 관리자에게 연락한다.
(B) 문을 고친다.

해설 What ~ woman ~ do next를 보고 여자가 다음에 할 일을 묻고 있음을 알 수 있습니다. 단서 [01]에서 여자가 건물 관리자에게 연락하겠다고 했으므로 (A)가 정답입니다.

[02] 🎧 영국 → 캐나다 / 미국 → 호주

Question 2 refers to the following conversation.

W Do you mind finding a caterer to provide food [02]for our upcoming employee appreciation banquet?
M Sure. I'll give you a list of available caterers with their prices tomorrow morning.

caterer 연회 업체   upcoming 다가오는   appreciation 감사
banquet 연회   available 이용 가능한   price 가격

2번은 다음 대화에 관한 문제입니다.

여 [02]다가오는 직원 감사 연회를 위해 음식을 제공할 수 있는 연회 업체를 찾아주실 수 있나요?

남 물론이죠. 제가 내일 아침에 이용 가능한 연회 업체들의 목록을 가격과 함께 당신에게 드릴게요.

02

해석 여자는 어떤 종류의 행사를 준비하고 있는가?

(A) 결혼 피로연

(B) 회사 연회

해설 What ~ event ~ woman preparing for를 보고 여자가 준비하고 있는 행사의 종류가 무엇인지를 묻고 있음을 알 수 있습니다. 단서 [02]에서 여자가 다가오는 직원 감사 연회를 위한 연회 업체가 필요하다고 했으므로 (B)가 정답입니다.

[03-04] 🎧 캐나다 → 미국 / 호주 → 영국

Questions 3-4 refer to the following conversation.

M Sandra, I'd like to talk to you about our fall clothing line.

W Do you want to make any changes to [03]the dresses I designed?

M Not at all. [04]I think they're great, especially the fabric patterns. I'm just wondering if we should change the colors.

fall 가을 clothing 의류, 옷 especially 특히
fabric 옷감, 직물 wonder if ~일지 궁금하다

3-4번은 다음 대화에 관한 문제입니다.

남 Sandra, 당신과 우리 가을 의류 상품에 대해 이야기하고 싶어요.

여 [03]제가 디자인했던 드레스들에 약간 수정을 하고 싶으신 건가요?

남 전혀요. [04]전 그것들이 훌륭하다고 생각해요, 특히 옷감 패턴들이요. 단지 우리가 색깔을 바꿔야 할지 궁금해요.

03

해석 여자는 누구인 것 같은가?

(A) 기술자

(B) 디자이너

해설 Who ~ woman을 보고 여자가 누구인지를 묻고 있음을 알 수 있습니다. 단서 [03]에서 여자가 자신이 디자인했던 드레스들이라고 표현했으므로 (B)가 정답입니다.

어휘 engineer 기술자

04

해석 남자는 드레스들에 대해 무엇을 좋아하는가?

(A) 패턴

(B) 색깔

해설 What ~ man like about ~ dresses를 보고 남자가 드레스에 대해 좋아하는 것이 무엇인지를 묻고 있음을 알 수 있습니다. 단서 [04]에서 남자가 특히 옷감 패턴들이 훌륭하다고 생각한다고 했으므로 (A)가 정답입니다.

✦첫토익 실전문제

p.80

01 (C)	02 (D)	03 (A)	04 (B)
05 (B)	06 (A)	07 (B)	08 (C)
09 (C)	10 (B)	11 (C)	12 (D)

[01-03] 🎧 호주 → 영국

Questions 1-3 refer to the following conversation.

M Hi, Christine. This is Harris from the Trimline Fitness Center. [01]We'd like to offer you a position as one of our personal trainers.

W Thank you so much! [02]Only, my schedule has changed since my interview last week. The morning shifts will no longer work for me.

M We actually want you to work the afternoon shifts.

W That's great! When can I start?

M [03]The training session is on Saturday, and your first shift will be next Monday.

offer 제안하다, 제공하다 position 일자리 personal 개인의
morning shift 오전 근무 shift 근무 시간
training session 교육

1-3번은 다음 대화에 관한 문제입니다.

남 안녕하세요, Christine. 저는 Trimline 피트니스 센터의 Harris입니다. [01]당신에게 우리의 개인 트레이너들 중 한 명으로서의 일자리를 제안하고 싶어요.

여 정말 감사합니다! [02]다만, 지난주 면접 이후 제 일정이 변경되었습니다. 오전 근무는 더 이상 가능하지 않아요.

남 저희는 사실 당신이 오후 근무 시간에 일하는 것을 원합니다.

여 잘됐네요! 언제 시작할 수 있나요?

남 [03]토요일에 교육이 있고, 당신의 첫 근무는 다음 주 월요일이 될 거예요.

01

해석 남자는 왜 전화를 하고 있는가?

(A) 회원권을 갱신하기 위해

(B) 수업에 등록하기 위해

(C) 일자리를 제안하기 위해

(D) 요청을 거절하기 위해

해설 Why ~ calling을 보고 남자가 왜 전화를 하고 있는지 묻고 있음을 알 수 있습니다. 단서 [01]에서 남자가 여자에게 개인 트레이너 일자리를 제안하고 싶어서 전화했다고 했으므로 (C)가 정답입니다.

어휘 renew 갱신하다 membership 회원권
register 등록하다 refuse 거절하다 request 요청

02

해석 여자에 따르면, 무엇이 변경되었는가?
(A) 회원 혜택
(B) 주소
(C) 직책
(D) 일정

해설 what ~ changed를 보고 무엇이 변경되었는지 묻고 있음을 알 수 있습니다. 단서 [02]에서 지난주 면접 이후 여자의 개인 일정이 변경되었다고 했으므로 (D)가 정답입니다.

어휘 benefit 혜택 address 주소 job title 직책

03

해석 토요일에 무슨 일이 일어날 것 같은가?
(A) 교육이 실시될 것이다.
(B) 전시회가 시작될 것이다.
(C) 책자가 주어질 것이다.
(D) 지역 사회 행사가 열릴 것이다.

해설 What ~ happen on Saturday를 보고 토요일에 무슨 일이 일어날 것인지를 묻고 있음을 알 수 있습니다. 단서 [03]에서 교육이 토요일에 있다고 했으므로 (A)가 정답입니다.

어휘 conduct 실시하다, 시행하다 exhibit 전시회
community 지역 사회

[04-06] 🎧 호주 → 미국 → 영국

Questions 4-6 refer to the following conversation with three speakers.

M Rachael, are you going to the conference next Thursday?
W1 Of course. Are you coming too?
M Yes. [04]I will be giving a presentation on workplace safety.
W1 Is everything ready for your talk?
M Not yet. [05]I can't find enough data on the topic. Paula, do you have any documents that might be helpful?
W2 I have a report related to your topic. Do you want me to send it to you?
M [06]Please just print it out for me. Thank you, Paula.

conference 회의 give a presentation 발표를 하다
workplace safety 업무 현장 안전 document 문서, 서류

4-6번은 다음 세 명의 대화에 관한 문제입니다.
남 Rachael, 다음 주 목요일에 회의에 갈 건가요?
여1 물론이죠. 당신도 오시나요?
남 네. [04]저는 업무 현장 안전에 대해 발표할 거예요.
여1 당신의 연설을 위해 모든 것이 준비되었나요?
남 아직이요. [05]그 주제에 대한 충분한 자료를 못 찾겠어요. Paula, 도움이 될 만한 문서가 있으신가요?
여2 당신의 주제와 관련 있는 보고서를 가지고 있어요. 그걸 당신에게 보내드릴까요?
남 [06]제게 그냥 그걸 출력해주세요. 고마워요, Paula.

04

해석 남자는 무엇을 하기로 계획하고 있는가?
(A) 프로젝트에 합류한다.
(B) 발표를 한다.
(C) 연설을 듣는다.
(D) 회의실을 예약한다.

해설 What ~ man planning to do를 보고 남자가 계획하고 있는 것이 무엇인지를 묻고 있음을 알 수 있습니다. 단서 [04]에서 남자가 업무 현장 안전에 대해 발표할 것이라고 했으므로 (B)가 정답입니다.
[패러프레이징]
giving a presentation(~에 대해 발표하다)
→ deliver a presentation(발표하다)

어휘 join 합류하다 book 예약하다

05

해석 남자는 무엇을 걱정하는가?
(A) 정확하지 않은 서류
(B) 정보의 부족
(C) 예상하지 못한 필요조건
(D) 출력 지연

해설 What ~ man ~ worried about을 보고 남자가 무엇을 걱정하는지를 묻고 있음을 알 수 있습니다. 단서 [05]에서 남자가 주제에 대한 충분한 자료를 못 찾겠다고 했으므로 (B)가 정답입니다.
[패러프레이징]
data(자료) → information(정보)

어휘 inaccurate 정확하지 않은 lack 부족
unexpected 예상하지 못한 delay 지연

06

해석 남자는 Paula에게 무엇을 하라고 요청하는가?

(A) 서류를 인쇄한다.
(B) 계약서를 수정한다.
(C) 조수를 채용한다.
(D) 의견을 제공한다.

해설 What ~ man ask Paula to do를 보고 남자가 Paula에게 하라고 요청하는 것이 무엇인지를 묻고 있음을 알 수 있습니다. 단서 [06]에서 남자가 Paula에게 그것, 즉 보고서를 출력해달라고 했으므로 (A)가 정답입니다.

어휘 revise 수정하다   contract 계약서   hire 채용하다
assistant 조수   provide 제공하다   feedback 의견

[07-09] 🔊 영국 → 캐나다

Questions 7-9 refer to the following conversation.

W Harry, I have a meeting with our clients tomorrow. [07]Could you help me introduce the marketing plan we created for them?

M I'm sorry. [08]I'll be busy with my report then.

W Oh, but you're so good at persuading clients. I really think you should be there. [09]Why don't you speak to your manager about changing the deadline?

M Hmm . . . OK. [09]I'll talk to her now.

client 고객   introduce 소개하다   plan 기획, 계획
be busy with ~으로 바쁘다   good at ~을 잘하는
change 변경하다   deadline 마감 기한

7-9번은 다음 대화에 관한 문제입니다.

여 Harry, 저는 내일 우리 고객들과 회의가 있어요. [07]내일 우리가 그들을 위해 만든 마케팅 기획을 소개하는 것을 도와줄 수 있나요?

남 죄송해요. [08]저는 그때 제 보고서 작업으로 바쁠 것 같아요.

여 오, 하지만 당신은 고객들을 굉장히 잘 설득하잖아요. 저는 당신이 정말 거기 있어야 한다고 생각해요. [09]당신의 부장님에게 마감 기한 변경에 대해 말해보는 게 어때요?

남 흠… 알겠어요. [09]지금 그녀와 이야기할게요.

07

해석 화자들은 어디에서 일하는 것 같은가?

(A) 호텔에서
(B) 마케팅 회사에서
(C) 백화점에서
(D) 출판사에서

해설 Where ~ speakers ~ work를 보고 화자들이 일하는 곳이 어디인지를 묻고 있음을 알 수 있습니다. 단서 [07]에서

여자가 남자에게 자신들이 만든 마케팅 기획을 소개하는 것을 도와줄 수 있는지 물었으므로 (B)가 정답입니다.

어휘 firm 회사   department store 백화점
publishing company 출판사

08

해석 남자는 왜 내일 바쁠 것인가?

(A) 그는 휴가를 갈 것이다.
(B) 그는 몇몇 직원들을 교육할 것이다.
(C) 그는 보고서를 쓸 것이다.
(D) 그는 세미나에 갈 것이다.

해설 Why will ~ man ~ be busy tomorrow를 보고 남자가 내일 바쁜 이유를 묻고 있음을 알 수 있습니다. 단서 [08]에서 여자가 남자에게 마케팅 기획 소개하는 것을 도와줄 수 있는지를 묻는 말에 남자가 자신은 보고서 작업으로 그때 바쁠 것이라고 했으므로 (C)가 정답입니다.

어휘 go on vacation 휴가를 가다

09

해석 남자는 다음에 무엇을 할 것 같은가?

(A) 그의 업무 공간으로 돌아간다.
(B) 마케팅 영상을 본다.
(C) 상사와 이야기한다.
(D) 예약을 한다.

해설 What ~ man ~ do next를 보고 남자가 다음에 할 것이 무엇인지를 묻고 있음을 알 수 있습니다. 단서 [09]에서 여자가 상사에게 가서 마감 기한 변경에 대해 말해보라고 제안하자 남자가 알겠다며 지금 이야기하겠다고 했으므로 (C)가 정답입니다.

어휘 workspace 업무 공간   supervisor 상사
reservation 예약

[10-12] 🔊 미국 → 호주

Questions 10-12 refer to the following conversation.

W Sam, [10]I think we should seek more candidates for our open librarian position. None of the people who applied are qualified.

M In that case, [11]how about listing the job posting again on another Web site? We might hear from other people.

W That's a good idea. Do you think we should revise the posting at all?

M I don't think that's necessary. I think it's fine as it is.

W OK. [12]I have a meeting now, so I can't post it right away. I'll take care of it afterward.

seek 구하다 candidate 지원자 open 공석인, 비어 있는
librarian 사서 position (일자리) apply 지원하다
qualified 자격을 충족하는, 자격이 있는
in that case 그렇다면, 그런 경우에는 list 목록에 올리다
job posting 구인 공고 hear from ~로부터 연락을 받다
revise 수정하다 necessary 필요한
take care of 처리하다, 돌보다 afterward 나중에, 이후에

10-12번은 다음 대화에 관한 문제입니다.
여 Sam, [10]공석인 우리 사서 자리를 위해 더 많은 지원자들을 구해봐야 할 것 같아요. 지원한 사람들 중 아무도 자격을 충족하지 않아요.
남 그렇다면, [11]다른 웹사이트에 구인 공고를 다시 올리는 게 어때요? 다른 사람들로부터 연락을 받을 수도 있어요.
여 좋은 생각이에요. 당신은 우리가 공고를 조금이라도 수정해야 한다고 생각하세요?
남 그럴 필요는 없다고 생각해요. 지금 이대로도 괜찮은 것 같아요.
여 알겠어요. [12]저는 지금 회의가 있어서, 그것을 바로 올릴 수는 없어요. 나중에 제가 처리할게요.

10

해석 대화는 주로 무엇에 대한 것인가?
(A) 곧 있을 프로젝트
(B) 채용 공고
(C) 새로운 지점
(D) 기업 모임

해설 What ~ mainly about을 듣고 대화가 주로 무엇에 대한 것인지 묻고 있음을 알 수 있습니다. 공석인 사서 자리를 위해 더 많은 지원자들을 구해봐야 할 것 같다는 단서 [10]을 통해 채용 공고에 대해 이야기하고 있음을 알 수 있으므로 (B)가 정답입니다.

어휘 upcoming 곧 있을, 다가오는 job opening 채용 공고
branch 지점 corporate 기업의 gathering 모임

11

해석 남자는 무엇을 제안하는가?
(A) 메시지에 응답하는 것
(B) 면접 일정을 잡는 것
(C) 광고를 다시 게시하는 것
(D) 마감 기한을 늘리는 것

해설 What ~ man suggest를 보고 남자가 제안하는 것이 무엇인지를 묻고 있음을 알 수 있습니다. 단서 [11]에서 남자가 다른 웹사이트에 구인 공고를 다시 올리는 것이 어떤지를 물었으므로 (C)가 정답입니다.
[패러프레이징]
listing the job posting again(구인 공고를 다시 올리다)

→ Reposting an advertisement(광고를 다시 게시하는 것)

어휘 respond 응답하다 repost 다시 게시하다
extend 늘리다 deadline 마감 기한

12

해석 여자는 왜 업무를 연기할 것인가?
(A) 이메일을 읽기 위해
(B) 웹사이트를 업데이트하기 위해
(C) 지원자를 면접 보기 위해
(D) 회의에 참석하기 위해

해설 Why ~ woman delay a task를 보고 여자가 왜 업무를 연기할 것인지를 묻고 있음을 알 수 있습니다. 단서 [12]에서 여자는 지금 회의가 있다고 했으므로 (D)가 정답입니다.
[패러프레이징]
have a meeting(회의가 있다)
→ attend a meeting(회의에 참석하다)

어휘 interview 면접을 보다 attend 참석하다

첫토익 8일 일상 생활

첫토익 연습문제 p.87

01 (B)   **02** (A)   **03** (A)   **04** (B)

[01] 🔊 캐나다 → 미국 / 호주 → 영국

Question 1 refers to the following conversation.

M Excuse me. I'd like to return this shirt. [01]Here's the receipt.

W I see. Just a moment, sir. I'll get my supervisor to help you with this.

return 환불하다 receipt 영수증 supervisor 관리자

1번은 다음 대화에 관한 문제입니다.
남 실례합니다. 저는 이 셔츠를 환불하고 싶어요. [01]여기 영수증이 있습니다.
여 그렇군요. 잠시만 기다려주세요, 손님. 당신을 도와드릴 수 있도록 제 관리자를 모셔 올게요.

01

해석 남자는 여자에게 무엇을 주는가?
(A) 가격표
(B) 영수증

해설 What ~ man give to the woman을 보고 남자가 여자에게 주는 것이 무엇인지를 묻고 있음을 알 수 있습니다. 단서 [01]에서 남자가 영수증이 여기 있다고 했으므로 (B)가 정답입니다.

[02] 🔊 영국 → 호주 / 미국 → 캐나다

> Question 2 refers to the following conversation.
>
> **W** Good morning. I booked a suite at your hotel. Do I need to pay to use the parking lot?
> **M** [02]It's free for our guests.
> **W** I see. Thank you for the information.
>
> book 예약하다 suite 스위트룸 parking lot 주차장
> guest 투숙객, 손님

2번은 다음 대화에 관한 문제입니다.

여 안녕하세요. 저는 당신의 호텔에 스위트룸을 예약했습니다. 주차장을 사용하려면 비용을 지불해야 하나요?

남 [02]그것은 저희 투숙객분들에게는 무료입니다.

여 알겠습니다. 안내 감사합니다.

02

해석 남자에 따르면, 무엇이 무료로 이용 가능한가?

　　(A) 주차장

　　(B) 회의실

해설 what ~ available for free를 보고 무료로 이용 가능한 것이 무엇인지를 묻고 있음을 알 수 있습니다. 단서 [02]에서 남자가 그것, 즉 주차장이 투숙객들에게는 무료라고 했으므로 (A)가 정답입니다.

어휘 available 이용 가능한 for free 무료로

[03-04] 🔊 캐나다 → 영국 / 호주 → 미국

> Questions 3-4 refer to the following conversation.
>
> **M** [03]My car's engine is making a loud noise. Can you check it?
> **W** Sure. [04]Please write your phone number on this form. We will call you after we inspect the vehicle. It should take two hours.
> **M** OK. I'll wait for your call.
>
> loud 시끄러운 noise 소음 form 양식 inspect 점검하다
> vehicle 차량

3-4번은 다음 대화에 관한 문제입니다.

남 [03]제 차의 엔진이 시끄러운 소음을 내고 있어요. 그것을 확인해주실 수 있나요?

여 물론이죠. [04]이 양식에 당신의 전화번호를 적어 주세요. 저희가 차량을 점검한 뒤에 전화드릴게요. 2시간이 걸릴 거예요.

남 네. 전화 주시길 기다릴게요.

03

해석 여자는 어디에서 일하는 것 같은가?

　　(A) 자동차 수리점에

　　(B) 차량 대여점에

해설 Where ~ woman work를 보고 여자가 일하는 곳이 어디인지를 묻고 있음을 알 수 있습니다. 단서 [03]에서 남자가 자신의 차의 엔진이 시끄러운 소음을 내고 있고 그것을 확인해줄 수 있는지를 물었으므로 (A)가 정답입니다.

어휘 auto repair shop 자동차 수리점

04

해석 여자는 남자에게 무엇을 하라고 요청하는가?

　　(A) 서비스 비용을 지불한다.

　　(B) 연락처를 제공한다.

해설 What ~ man to do를 보고 남자가 해야 하는 것이 무엇인지를 묻고 있음을 알 수 있습니다. 단서 [04]에서 여자가 남자에게 양식에 전화번호를 적어 달라고 했으므로 (B)가 정답입니다.

어휘 pay for (비용을) 지불하다 contact number 연락처

✦첫토익 실전문제　　　　　　　　p.88

01 (D)	02 (B)	03 (A)	04 (C)
05 (A)	06 (D)	07 (A)	08 (D)
09 (B)	10 (A)	11 (C)	12 (B)

[01-03] 🔊 미국 → 호주

> Questions 1-3 refer to the following conversation.
>
> **W** Hi. This is Jackie from Dr. Roberts' clinic. [01]I'm afraid we need to postpone your checkup on Friday morning.
> **M** Oh, can I just come in later that afternoon?
> **W** No. I'm sorry. [02]Dr. Roberts will be in Vancouver for a workshop until Monday. Can you come on Tuesday at 4 P.M.?
> **M** Um . . . I have meetings planned all day, [03]but I can call my clients and reschedule now.
> **W** OK, great. We'll see you then.
>
> clinic 병원 postpone 연기하다 checkup 건강검진
> reschedule 일정을 변경하다

1-3번은 다음 대화에 관한 문제입니다.

여 안녕하세요. Dr. Roberts 병원의 Jackie입니다. [01]유감이
　 지만 저희가 금요일 오전에 있는 고객님의 건강검진을 미뤄야
　 해요.

남 아, 그냥 그날 오후 늦게 가도 될까요?

여 아니오. 죄송합니다. [02]Dr. Roberts는 워크숍을 위해 월요
　 일까지 밴쿠버에 계실 예정이에요. 화요일 오후 4시에 오실
　 수 있으신가요?

남 음. . . 저는 하루 종일 회의들이 계획되어 있지만, [03]고객들
　 에게 전화해서 지금 일정을 변경할 수 있어요.

여 네, 좋아요. 그때 뵙겠습니다.

01

해석 여자는 왜 전화하고 있는가?
　 (A) 늦은 것에 대해 사과하기 위해
　 (B) 주소를 확인하기 위해
　 (C) 여행에 대해 문의하기 위해
　 (D) 예약 일정을 변경하기 위해

해설 Why ~ woman calling을 보고 여자가 왜 전화하고 있는
　 지를 묻고 있음을 알 수 있습니다. 단서 [01]에서 여자가 남
　 자의 건강검진을 미뤄야 한다고 했으므로 (D)가 정답입니다.

어휘 apologize 사과하다　confirm 확인하다, 확정하다
　 inquire 문의하다　trip 여행

02

해석 Dr. Roberts는 밴쿠버에서 무엇을 할 것인가?
　 (A) 환자를 방문한다.
　 (B) 세미나에 참석한다.
　 (C) 검사를 실시한다.
　 (D) 수술을 행한다.

해설 What ~ Dr. Roberts do in Vancouver를 보고 의사가
　 밴쿠버에서 무엇을 할 것인지를 묻고 있음을 알 수 있습니
　 다. 단서 [02]에서 의사가 워크숍을 위해 밴쿠버에 있을 예
　 정이라고 했으므로 (B)가 정답입니다.
　 [패러프레이징]
　 workshop(워크숍) → seminar(세미나)

어휘 patient 환자　attend 참석하다　examination 검사
　 perform 행하다　operation 수술

03

해석 남자는 다음에 무엇을 할 것 같은가?
　 (A) 전화 통화를 한다.
　 (B) 회의를 이끈다.
　 (C) 병원을 방문한다.
　 (D) 휴식을 취한다.

해설 What ~ man do next를 보고 남자가 다음에 무슨 일을 할

것인지를 묻고 있음을 알 수 있습니다. 단서 [03]에서 남자
가 고객들에게 전화해 지금 일정을 변경할 수 있다고 했으므
로 (A)가 정답입니다.

어휘 lead 이끌다　break 휴식

[04-06]　🔊 영국 → 캐나다

Questions 4-6 refer to the following conversation.

W Excuse me. [04]I just arrived here, and I think
　 I'm going to miss my 6 P.M. flight to Miami.
　 What should I do? Here's my passport.

M Your flight hasn't left yet, but you can't catch
　 it now. I can book you on an 8:15 one, but
　 [05]you'll have to pay a $50 transfer fee.

W That's fine.

M Just a moment . . . Done. Now, [06]please
　 check your suitcase with my colleague.

arrive 도착하다　miss 놓치다　flight 항공편　book 예약하다
transfer 이전, 이동　fee 수수료　suitcase 여행 가방
colleague 동료

4-6번은 다음 대화에 관한 문제입니다.

여 실례합니다. [04]저는 막 여기 도착했고, 마이애미로 가는 6시
　 항공편을 놓칠 것 같아요. 제가 어떻게 해야 하나요? 여기 제
　 여권이 있어요.

남 당신의 비행기는 아직 떠나지 않았지만, 지금 그것을 타실 수
　 는 없어요. 제가 8시 15분 것으로 예약해 드릴 수 있지만,
　 [05]50달러의 변경 수수료를 지불하셔야 합니다.

여 괜찮습니다.

남 잠시만요… 됐습니다. 이제 [06]제 동료에게 가서 당신의 여행
　 가방을 부치세요.

04

해석 화자들은 어디에 있는 것 같은가?
　 (A) 기차역에
　 (B) 버스 터미널에
　 (C) 공항에
　 (D) 택시 승강장에

해설 Where ~ are the speakers를 보고 화자들이 어디에 있
　 는지를 묻고 있음을 알 수 있습니다. 단서 [04]에서 여자가
　 지금 막 도착해서 마이애미로 가는 6시 항공편을 놓칠 것 같
　 다고 했으므로 (C)가 정답입니다.

어휘 taxi stand 택시 승강장

05

해석 여자는 무엇을 하도록 요구되었는가?
　 (A) 추가 비용을 지불한다.
　 (B) 신청서를 작성한다.

(C) 판매 영수증을 제공한다.
(D) 최신 일정을 확인한다.

해설 What ~ woman required to do를 보고 여자가 무엇을 하도록 요구되었는지를 묻고 있음을 알 수 있습니다. 단서 [05]에서 50달러의 변경 수수료를 지불해야 한다고 했으므로 (A)가 정답입니다.

어휘 **pay** 지불하다 **extra** 추가의 **fill out** 작성하다 **request form** 신청서

06

해석 여자는 다음에 무엇을 할 것 같은가?
(A) 그녀의 동료에게 연락한다.
(B) 출발 안내 전광판을 확인한다.
(C) 대합실로 간다.
(D) 수하물을 부친다.

해설 What ~ woman ~ do next를 보고 여자가 다음에 무슨 일을 할 것 같은지를 묻고 있음을 알 수 있습니다. 단서 [06]에서 남자가 여자에게 자신의 동료에게 가서 여행 가방을 부치라고 했으므로 (D)가 정답입니다.

[패러프레이징]
suitcase(여행 가방) → luggage(수하물)

어휘 **review** 확인하다 **departure board** 출발 안내 전광판 **head** 가다, 향하다 **luggage** 수하물

[07-09] 🔊 호주 → 미국

Questions 7-9 refer to the following conversation.

M Hello. [07]I'm looking for a two-bedroom apartment.
W [07]I've got two options for you. The first one is on Adams Street.
M Hmm . . . [08]That's too far from my office.
W Then I recommend this one on Jefferson Avenue. It's available now and only costs $700 per month.
M That sounds good. [09]I have to leave my current apartment in May, so I don't have much time to search.

look for ~을 찾다 apartment 아파트 option 선택지, 선택권 far 먼 recommend 권하다 available 이용할 수 있는 leave 떠나다 current 현재의 search 찾아보다

7-9번은 다음 대화에 관한 문제입니다.
남 안녕하세요. [07]저는 두 개의 침실이 있는 아파트를 찾고 있어요.
여 [07]당신을 위한 두 가지 선택지가 있어요. 첫 번째는 Adams 가에 있어요.
남 흠… [08]그곳은 제 사무실에서 너무 멀어요.
여 그럼 Jefferson가에 있는 이곳을 권해 드려요. 이곳은 지금

이용할 수 있고 매달 700달러밖에 들지 않아요.
남 좋네요. [09]저는 5월에 제 현재 아파트를 떠나야 해서, 찾아볼 시간이 많이 없거든요.

07

해석 여자는 어디에서 일하는 것 같은가?
(A) 부동산에서
(B) 이삿짐 회사에서
(C) 건설 회사에서
(D) 가구점에서

해설 Where ~ woman ~ work를 보고 여자가 어디에서 일하는지를 묻고 있음을 알 수 있습니다. 단서 [07]에서 아파트를 찾고 있다는 남자의 말에 두 가지 선택지가 있다고 대답하며 임대할 수 있는 장소를 이야기해 주고 있으므로 (A)가 정답입니다.

어휘 **real estate agency** 부동산 **construction** 건설 **firm** 회사 **furniture** 가구

08

해석 남자는 왜 첫 번째 선택지를 거절하는가?
(A) 그의 회사가 이전하고 있다.
(B) 가격이 너무 비싸다.
(C) 그는 더 많은 공간이 필요하다.
(D) 그의 직장이 가깝지 않다.

해설 Why ~ man reject ~ first option을 보고 남자가 첫 번째 선택지를 거절하는 이유를 묻고 있음을 알 수 있습니다. 단서 [08]에서 남자가 그곳, 즉 첫 번째 선택지가 자신의 사무실에서 너무 멀다고 했으므로 (D)가 정답입니다.

[패러프레이징]
too far from my office(내 사무실에서 너무 멀다)
→ workplace is not close(직장이 가깝지 않다)

어휘 **reject** 거절하다 **relocate** 이전하다, 이동하다 **space** 공간 **workplace** 직장 **close** 가까운

09

해석 남자는 5월에 무엇을 해야 하는가?
(A) 청구서를 지불한다.
(B) 그의 아파트에서 이사를 나온다.
(C) 새로운 사무실에서 일한다.
(D) 차를 구매한다.

해설 What ~ man have to do in May를 보고 남자가 5월에 해야 하는 것이 무엇인지를 묻고 있음을 알 수 있습니다. 단서 [09]에서 남자가 5월에 자신의 현재 아파트를 떠나야 한다고 했으므로 (B)가 정답입니다.

[패러프레이징]
leave(떠나다) → Move out(이사를 나오다)

어휘 **bill** 청구서 **move out** 이사를 나오다
purchase 구매하다

[10-12] 🎙️ 미국 → 캐나다

Questions 10-12 refer to the following conversation and map.

W Here is your ticket. [10]You can visit all of our regular art exhibitions with it.

M [11]I heard that some Rodin sculptures are on display this week. I was wondering if I could see those.

W Let me check . . . I'm sorry, but special exhibitions require a separate ticket.

M OK. I'd like to buy a ticket for that, too.

W Here you go. That'll be an additional $15.

M Thank you. [12]Can you tell me where that exhibit is?

W Of course. We're in the Main Hall now, and [12]it's between Exit 1 and Exit 3.

---

art exhibition 미술 전시회 **sculpture** 조각품
on display 전시 중인 **require** 필요하다 **separate** 별도의
additional 추가의

10-12번은 다음 대화와 지도에 관한 문제입니다.

여 당신의 티켓이 여기 있습니다. [10]그것으로 모든 저희의 정규 미술 전시회들을 방문하실 수 있습니다.

남 [11]이번 주에 로댕 조각품들이 전시 중이라고 들었어요. 제가 그것들을 볼 수 있는지 궁금해요.

여 확인해 보겠습니다… 죄송하지만, 특별 전시회들은 별도의 티켓이 필요합니다.

남 알겠습니다. 저는 그걸 위한 티켓도 사고 싶어요.

여 여기 있습니다. 그건 추가 15달러가 되겠습니다.

남 감사합니다. [12]그 전시회가 어디인지 말씀해 주시겠어요?

여 물론이죠. 저희는 지금 메인 홀에 있고, [12]그건 출구 1과 출구 3 사이에 있습니다.

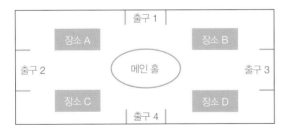

10

해석 대화는 어디에서 일어나고 있는가?

(A) 미술관에서
(B) 극장에서

(C) 사진관에서
(D) 패션쇼에서

해설 Where ~ conversation taking place를 보고 대화가 일어나고 있는 곳이 어디인지를 묻고 있음을 알 수 있습니다. 단서 [10]에서 여자가 티켓으로 모든 정규 미술 전시회들을 방문할 수 있다고 했으므로 (A)가 정답입니다.

어휘 **art museum** 미술관 **theater** 극장
photo studio 사진관

11

해석 남자는 무엇을 하고 싶어 하는가?

(A) 회원권을 구매한다.
(B) 가격을 확인한다.
(C) 전시를 본다.
(D) 일정을 확정한다.

해설 What ~ man want to do를 보고 남자가 하고 싶어 하는 것이 무엇인지를 묻고 있음을 알 수 있습니다. 단서 [11]에서 남자가 로댕 조각품의 전시를 보고 싶다고 했으므로 (C)가 정답입니다.

어휘 **membership** 회원권 **price** 가격 **confirm** 확정하다

12

해석 시각 자료를 보아라. 남자는 어떤 장소로 갈 것인가?

(A) 장소 A
(B) 장소 B
(C) 장소 C
(D) 장소 D

해설 Which site ~ man go to를 보고 남자가 어떤 장소로 갈 것인지를 묻고 있음을 알 수 있습니다. 단서 [12]에서 남자가 전시회가 어디인지 묻자 여자가 출구 1과 출구 3 사이에 있다고 했으므로 (B)가 정답입니다.

PART 4

첫토익 **9**일 음성 메시지와 공지·안내

✦ **첫토익 연습문제** p.97

01 (B)   **02** (A)   **03** (B)   **04** (A)

[01] 🎧 캐나다 / 호주

Question 1 refers to the following announcement.

Attention, all personnel. [01]A new air-conditioning system will be set up next week. From Monday to Wednesday, everyone will work at our other location on Bayman Street. Before you leave on Friday, please remove everything from your workspaces.

attention 주목하다   personnel 직원들
air-conditioning system 냉난방 장치   be set up 설치되다
location 지점, 장소   remove 치우다   workspace 업무 공간

1번은 다음 공지에 관한 문제입니다.
모든 직원분들, 주목해주십시오. [01]다음 주에 새로운 냉난방 장치가 설치될 것입니다. 월요일부터 수요일까지, 모든 분들은 Bayman가에 있는 우리의 다른 지점에서 근무할 것입니다. 금요일에 떠나기 전에, 여러분의 업무 공간에서 모든 것을 치워주시기 바랍니다.

01

해석 다음 주에 무슨 일이 일어날 것인가?
(A) 제품 시연
(B) 설치 작업

해설 What ~ happen next week를 보고 다음 주에 무슨 일이 일어날 것인지를 묻고 있음을 알 수 있습니다. 단서 [01]에서 다음 주에 새로운 냉난방 장치가 설치될 것이라고 했으므로 (B)가 정답입니다.

[02] 🎧 미국 / 영국

Question 2 refers to the following telephone message.

Hello. My name is Paula Newton. [02]I ordered a laptop on your company's Web site. It's been over two weeks, and it still hasn't arrived. Was there a problem? Please call me back to resolve this matter.

order 주문하다   resolve 해결하다   matter 사안, 문제

2번은 다음 전화 메시지에 관한 문제입니다.
안녕하세요. 제 이름은 Paula Newton입니다. [02]저는 귀사의 웹사이트에서 노트북을 주문했습니다. 2주가 넘었는데, 아직도 도착하지 않았습니다. 문제가 있었나요? 이 사안을 해결하기 위해 제게 다시 전화해주세요.

02

해석 화자는 무슨 제품을 샀는가?
(A) 전자 기기

(B) 비디오 게임

해설 What product ~ speaker buy를 보고 화자가 무슨 제품을 샀는지를 묻고 있음을 알 수 있습니다. 단서 [02]에서 화자가 노트북을 주문했다고 했으므로 (A)가 정답입니다.

[패러프레이징]
order(주문하다) → buy(사다)

[03-04] 🎧 호주 / 캐나다

Questions 3-4 refer to the following announcement.

Can I have everyone's attention, please? [03]Since our auto repair services have been so popular over the past year, I've decided to open a second branch in the downtown area. [04]It's conveniently located, as it is only a short drive from most residential areas. If you want to relocate to the new shop, please put your name on the registration sheet.

popular 인기 있는   decide 결정하다   branch 지점
conveniently 편리하게   drive (차로 가는) 거리
residential area 주거 지역, 주택가   relocate 이전하다
put 적다   registration sheet 등록지

3-4번은 다음 공지에 관한 문제입니다.
모두들 주목해주시겠습니까? [03]지난 한 해 동안 우리의 자동차 수리 서비스가 너무나 인기 있었기 때문에, 저는 도심 지역에 두 번째 지점을 열기로 결정했습니다. [04]그것은 대부분의 주거 지역에서 자동차로 짧은 거리에 있어서 편리한 위치에 있습니다. 새로운 매장으로 이전하고 싶다면, 등록지에 이름을 적어주십시오.

03

해석 공지는 어디에서 일어나고 있는가?
(A) 창고에서
(B) 수리점에서

해설 Where ~ taking place를 듣고 공지가 일어나고 있는 곳이 어디인지를 묻고 있음을 알 수 있습니다. 단서 [03]에서 지난 한 해 동안 자신들의 자동차 수리 서비스가 인기 있었다고 했으므로 (B)가 정답입니다.

어휘 warehouse 창고   repair shop 수리점

04

해석 새로운 지점의 특징은 무엇일 것인가?
(A) 편리한 위치
(B) 넓은 주차장

해설 What ~ feature of the new branch를 보고 새로운 지점의 특징이 무엇일 것인지를 묻고 있음을 알 수 있습니다. 단서 [04]에서 그것, 즉 새로운 매장은 대부분의 주거 지역에서 자동차로 짧은 거리에 있어서 편리한 위치에 있다고 했으

므로 (A)가 정답입니다.

어휘 convenient 편리한 spacious 넓은
parking lot 주차장

✨첫토익 실전문제

p.98

01 (D)	**02** (A)	**03** (D)	**04** (C)
05 (A)	**06** (B)	**07** (B)	**08** (C)
09 (A)	**10** (C)	**11** (B)	**12** (B)

[01-03] 캐나다

Questions 1-3 refer to the following telephone message.

Hi, Mr. Lima. [01]This is Sam West from Vines Hotel. [02]You requested an airport pick-up service, but your flight arrives at 10 P.M. The shuttle runs only from 8 A.M. to 9 P.M. [03]Please call me back as soon as possible at 555-4058 to discuss the matter further. We need to hear back from you today. Thank you very much.

request 요청하다; 요청 arrive 도착하다 run 운영하다
as soon as possible 가능한 한 빨리 matter 사안
further 더

1-3번은 다음 전화 메시지에 관한 문제입니다.

안녕하세요, Mr. Lima. [01]Vines Hotel의 Sam West입니다. [02]당신은 공항 픽업 서비스를 요청하셨는데, 당신의 항공편은 오후 10시에 도착합니다. 셔틀은 오전 8시부터 오후 9시까지만 운영됩니다. 이 사안을 더 논의하기 위해 [03]555-4058로 가능한 한 빨리 저에게 연락주세요. 저희는 오늘 당신에게 답변을 받아야 합니다. 고맙습니다.

01

해석 화자는 누구인 것 같은가?

(A) 배달원
(B) 택시 기사
(C) 개인 비서
(D) 접수원

해설 Who ~ speaker를 보고 화자가 누구인 것 같은지를 묻고 있음을 알 수 있습니다. 단서 [01]에서 남자가 Vines Hotel의 Sam West라고 했으므로 (D)가 정답입니다.

어휘 delivery 배달 personal 개인의 assistant 비서

02

해석 화자는 "셔틀은 오전 8시부터 오후 9시까지만 운영됩니다"라고 말할 때 무엇을 의도하는가?

(A) 서비스가 이용 불가능하다.
(B) 요청이 승인되었다.
(C) 일정이 변경되었다.
(D) 티켓이 제공될 것이다.

해설 What ~ speaker mean when ~ says, The shuttle runs only from 8 A.M. to 9 P.M.을 보고 화자가 셔틀은 오전 8시부터 오후 9시까지 운영된다고 말할 때 의도하는 것이 무엇인지를 묻고 있음을 알 수 있습니다. 단서 [02]에서 공항 픽업 서비스를 신청했는데 당신의 항공편은 오후 10시에 도착한다고 한 뒤, 셔틀은 오후 9시까지만 운영된다고 언급하는 것을 통해 서비스가 이용 불가능함을 전달하려는 의도임을 알 수 있으므로 (A)가 정답입니다.

어휘 unavailable 이용 불가능한 approve 승인하다
provide 제공하다

03

해석 화자는 청자에게 무엇을 하라고 요청하는가?

(A) 표를 예약한다.
(B) 웹사이트를 방문한다.
(C) 서비스를 위해 금액을 지불한다.
(D) 전화로 회신한다.

해설 What ~ speaker ask ~ listener to do를 보고 화자가 청자에게 하라고 요청하는 것이 무엇인지를 묻고 있음을 알 수 있습니다. 단서 [03]에서 가능한 한 빨리 연락을 달라고 했으므로 (D)가 정답입니다.

[패러프레이징]
call back(다시 전화하다) → Return a call(전화로 회신하다)

어휘 book 예약하다 pay for 금액을 지불하다

[04-06] 호주

Questions 4-6 refer to the following announcement.

Attention, travelers. [04]Due to a heavy snowstorm, Flight 223 to New York has been canceled. There won't be any other departures to your destination today, so passengers must fly out tomorrow. [05]To receive a complimentary hotel voucher as compensation, stop by the Easton Airlines ticketing counter. Otherwise, [06]you are free to rest in the Easton lounge overnight. It is located next to the café.

snowstorm 눈보라 departure 출발편 destination 목적지
complimentary 무료의 voucher 이용권
compensation 보상 stop by 잠시 들르다 overnight 밤새
located ~에 위치한

4-6번은 다음 공지에 관한 문제입니다.

여행자분들은 주목해주십시오. [04]심한 눈보라 때문에, 뉴욕행

LC

해커스 첫토익 LC+RC+VOCA

223 항공편이 취소되었습니다. 오늘은 여러분의 목적지로 향하는 다른 출발편들이 없을 것이므로, 승객분들은 내일 출발해야 합니다. [05]보상으로 무료 호텔 이용권을 받으시려면 Easton 항공사 발권 창구에 잠시 들러 주세요. 아니면, [06]Easton 라운지에서 밤새 쉬셔도 됩니다. 그것은 카페 옆에 위치해 있습니다.

04

해석 공지는 어디에서 이루어지고 있는가?

(A) 여행사에서

(B) 기차역에서

(C) 공항에서

(D) 호텔에서

해설 Where ~ announcement ~ made를 보고 공지가 이루어지고 있는 곳이 어디인지를 묻고 있음을 알 수 있습니다. 단서 [04]에서 눈보라 때문에 항공편이 취소되었다고 했으므로 (C)가 정답입니다.

어휘 travel agency 여행사

05

해석 청자들은 왜 발권 창구를 방문해야 하는가?

(A) 이용권을 받기 위해

(B) 그들의 수하물을 받기 위해

(C) 표를 변경하기 위해

(D) 그들의 신분증을 보여주기 위해

해설 Why ~ listeners visit a ticketing counter를 보고 청자들이 발권 창구를 방문해야 하는 이유를 묻고 있음을 알 수 있습니다. 단서 [05]에서 보상으로 무료 호텔 이용권을 받기 위해서는 승객들이 발권 창구에 잠시 들러야 한다고 했으므로 (A)가 정답입니다.

[패러프레이징]

visit(방문하다) → stop by(잠시 들르다)

어휘 luggage 수하물   identification 신분증

06

해석 화자에 따르면, 무엇이 카페 옆에 위치해 있는가?

(A) 식당

(B) 라운지

(C) 편의점

(D) 안내소

해설 what ~ located next to the café를 보고 카페 옆에 위치해 있는 것이 무엇인지를 묻고 있음을 알 수 있습니다. 단서 [06]에서 승객들은 Easton 라운지에서 쉬어도 되고, 그것이 카페 옆에 있다고 했으므로 (B)가 정답입니다.

어휘 convenience store 편의점
information booth 안내소

[07-09] 🎧 영국

Questions 7-9 refer to the following announcement.

Excuse me, everyone. I have a quick announcement. In a recent survey, [07]many employees complained about the bathroom on the third floor. As a result, [08]we will do some remodeling work from Tuesday to Friday of next week. During that period, [09]employees from the third floor will have to use the restrooms on the second floor. Thank you for your cooperation.

recent 최근의   survey 설문조사   employee 직원
complain 항의하다   remodel 개조하다   period 기간
restroom 화장실   cooperation 협조

7-9번은 다음 공지에 관한 문제입니다.

실례합니다, 여러분. 간단한 공지사항이 있습니다. 최근의 설문조사에서, [07]많은 직원들이 3층에 있는 화장실에 대해 항의했습니다. 그 결과, [08]우리는 다음 주 화요일부터 금요일까지 개조 작업을 할 것입니다. 그 기간 동안, [09]3층의 직원들은 2층에 있는 화장실들을 사용해야 할 것입니다. 여러분의 협조에 감사합니다.

07

해석 직원들은 무엇에 대해 항의했는가?

(A) 장비

(B) 화장실

(C) 회의실

(D) 엘리베이터

해설 What ~ employees complain about을 보고 직원들이 무엇에 대해 항의했는지를 묻고 있음을 알 수 있습니다. 단서 [07]에서 직원들이 3층에 있는 화장실에 대해 항의했다고 했으므로 (B)가 정답입니다.

[패러프레이징]

bathroom(화장실) → restroom(화장실)

어휘 equipment 장비

08

해석 다음 주에 무슨 일이 일어날 것인가?

(A) 회사가 이전할 것이다.

(B) 기계가 교체될 것이다.

(C) 개조 작업이 있을 것이다.

(D) 공지가 이루어질 것이다.

해설 What ~ happen next week를 보고 다음 주에 무슨 일이 일어날 것인지를 묻고 있음을 알 수 있습니다. 단서 [08]에서 다음 주 화요일부터 금요일까지 개조 작업을 할 것이라고 했으므로 (C)가 정답입니다.

[패러프레이징]

will do some remodeling work(개조 작업을 할 것이다)

→ A renovation project will take place(개조 작업이 있을 것이다)

어휘 machinery 기계(류) replace 교체하다
renovation 개조

09

해석 일부 청자들은 무엇을 하도록 요청받는가?

(A) 다른 공간들을 사용한다.
(B) 설문조사를 작성한다.
(C) 주소를 확인한다.
(D) 의견을 제출한다.

해설 What ~ listeners asked to do를 보고 청자들이 하도록 요청받는 것이 무엇인지를 묻고 있음을 알 수 있습니다. 단서 [09]에서 직원들은 2층에 있는 화장실들을 사용해야 할 것이라고 했으므로 (A)가 정답입니다.

[패러프레이징]
employees ~ have to use the restrooms on the second floor(직원들은 2층 화장실을 사용해야 한다)
→ Use different spaces(다른 공간들을 사용한다)

어휘 different 다른 fill out 작성하다, 기입하다
address 주소 submit 제출하다 feedback 의견

[10-12] 🎧 미국

> Questions 10-12 refer to the following telephone message.
>
> Hey, Jun. It's Meghan Clay. [10]The other managers and I were really impressed with the new office furniture you designed. [11]We looked over the sample product this morning, and it seemed very comfortable. Now, before the model is manufactured, [12]I think we need to discuss the colors we can use. Why don't we meet in the conference room at 2 P.M.?
>
> impressed 감명받은 furniture 가구 look over 살펴보다
> product 제품 comfortable 편안한 manufacture 제조하다
> discuss 논의하다 conference room 회의실

10-12번은 다음 전화 메시지에 관한 문제입니다.

안녕하세요, Jun. Meghan Clay입니다. [10]다른 관리자들과 저는 당신이 디자인한 새 사무용 가구에 매우 감명받았습니다. [11]저희는 오늘 아침에 견본 제품을 살펴보았는데, 그건 매우 편안해 보였습니다. 이제, 그 모델이 제조되기 전에, [12]우리가 사용할 수 있는 색상들에 대해 논의해야 할 것 같습니다. 오후 2시에 회의실에서 만나는 게 어떨까요?

10

해석 화자는 어디에서 일하는가?

(A) 컴퓨터 상점에서
(B) 부동산 중개소에서
(C) 가구 회사에서
(D) 옷 가게에서

해설 Where ~ speaker work를 보고 화자가 일하는 곳이 어디인지를 묻고 있음을 알 수 있습니다. 단서 [10]에서 화자와 다른 관리자들이 청자가 디자인한 새 사무용 가구에 감명받았다고 했으므로 (C)가 정답입니다.

어휘 real estate agency 부동산 중개소 clothing 옷

11

해석 화자는 오늘 아침에 무엇을 했는가?

(A) 서류를 이메일로 보냈다.
(B) 견본품을 검토했다.
(C) 새 사무실로 이사했다.
(D) 프로젝트를 승인했다.

해설 What ~ speaker do this morning을 보고 화자가 오늘 아침에 무엇을 했는지를 묻고 있음을 알 수 있습니다. 단서 [11]에서 오늘 아침에 견본 제품을 살펴보았다고 했으므로 (B)가 정답입니다.

[패러프레이징]
looked over the sample product(견본 제품을 살펴보았다)
→ Examined a sample item(견본품을 검토했다)

어휘 document 서류 examine 검토하다, 살펴보다
approve 승인하다

12

해석 화자는 무엇을 논의하고 싶어 하는가?

(A) 생산 비용
(B) 색상 선택
(C) 추가 서비스
(D) 고객 의견

해설 What ~ speaker want to discuss를 보고 화자가 논의하고 싶어 하는 것이 무엇인지를 묻고 있음을 알 수 있습니다. 단서 [12]에서 사용할 수 있는 색상들에 대해 논의해야 할 것 같다고 했으므로 (B)가 정답입니다.

어휘 production 생산 additional 추가의 opinion 의견

✦첫토익 연습문제
p.105

01 (B)　　　**02** (A)　　　**03** (B)　　　**04** (A)

[01] 🔊 호주 / 캐나다

Question 1 refers to the following excerpt from a meeting.

Welcome, Kolls Corporation interns. [01]I'd like to explain the morning schedule for the orientation session. You'll start by watching a presentation on the history of our company. After that, there will be a short break. Then, Maria Mews, one of our staff members, will show you around our office building.

corporation 회사, 기업　presentation 발표
history 연혁, 역사　break 휴식 시간
show around 구경시켜 주다

1번은 다음 회의 발췌록에 관한 문제입니다.
Kolls사 인턴 여러분, 환영합니다. [01]저는 오리엔테이션을 위한 아침 일정에 대해 설명하고자 합니다. 여러분은 우리 회사의 연혁에 대한 발표를 보는 것으로 시작할 것입니다. 그 후, 짧은 휴식 시간이 있을 것입니다. 그 다음에, 저희 직원들 중 한 명인 Maria Mews가 저희 사무실 건물을 구경시켜 줄 것입니다.

01

해석 담화는 주로 무엇에 관한 것인가?

(A) 발표 주제

(B) 교육 일정

해설 What ~ talk mainly about을 보고 담화가 무엇에 관한 것인지를 묻고 있음을 알 수 있습니다. 단서 [01]에서 화자가 오리엔테이션을 위한 아침 일정에 대해 설명하겠다고 했으므로 (B)가 정답입니다.

[02] 🔊 캐나다 / 호주

Question 2 refers to the following broadcast.

It's time for our traffic report. [02]Due to road construction, people traveling on Highway 5 should expect longer delays than usual. To avoid heavy traffic, drivers are encouraged to use an alternative route.

due to ~으로 인해　construction 공사
expect 예상하다, 기대하다　delay 지연　usual 평소의
avoid 피하다　encourage 권장하다　alternative 대체의
route 경로, 도로

2번은 다음 방송에 관한 문제입니다.
교통 방송 시간입니다. [02]도로 공사로 인해, 5번 고속도로로 이동하시는 분들은 평소보다 더 오랜 지연을 예상하셔야 합니다. 교통 혼잡을 피하기 위해서, 운전자분들은 대체 경로를 이용하는 것이 권장됩니다.

02

해석 지연의 원인은 무엇인가?

(A) 도로 공사

(B) 악천후

해설 What ~ cause of a delay를 보고 지연의 원인이 무엇인지를 묻고 있음을 알 수 있습니다. 단서 [02]에서 도로 공사로 인해 5번 고속도로로 이동하는 사람들은 평소보다 더 오랜 지연을 예상해야 한다고 했으므로 (A)가 정답입니다.

[03-04] 🔊 영국 / 미국

Questions 3-4 refer to the following advertisement.

[03]If you need great pictures of yourself or your family, visit Top Shots right now. Our professional photographers are perfect for satisfying all your needs. In addition, Top Shots promises that you will receive your pictures in only 30 minutes. [04]Visit our Web site and download a coupon. You can get a frame at no cost on your first visit.

visit 방문하다; 방문　professional 전문적인
photographer 사진작가　needs 필요　in addition 게다가
promise 약속하다　frame 액자　at no cost 무료로

3-4번은 다음 광고에 관한 문제입니다.
[03]귀하나 귀하의 가족의 멋진 사진들이 필요하시다면, 지금 바로 Top Shots를 방문하세요. 저희의 전문 사진작가들은 귀하의 모든 필요를 충족시키는 데 제격입니다. 게다가, Top Shots는 귀하께서 단 30분 내로 사진을 받을 것을 약속합니다. [04]저희 웹사이트를 방문하셔서 쿠폰을 다운로드하세요. 첫 번째 방문 시 무료로 액자를 받으실 수 있습니다.

03

해석 무슨 업종이 광고되고 있는가?

(A) 카메라 가게

(B) 사진 스튜디오

해설 What type of business ~ advertised를 보고 광고되고 있는 업종이 무엇인지를 묻고 있음을 알 수 있습니다. 단서 [03]에서 당신이나 당신의 가족의 멋진 사진들이 필요하다

면 Top Shots를 방문하라고 했으므로 (B)가 정답입니다.

어휘 **photography** 사진

04

해석 청자들은 웹사이트에서 무엇을 얻을 수 있는가?
(A) **쿠폰**
(B) 회원 카드

해설 What ~ listeners get ~ Web site를 보고 청자들이 웹사이트에서 얻을 수 있는 것이 무엇인지를 묻고 있음을 알 수 있습니다. 단서 [04]에서 웹사이트를 방문해서 쿠폰을 다운로드하라고 했으므로 (A)가 정답입니다.

어휘 **membership** 회원

✦첫토익 실전문제   p.106

01 (B)	02 (D)	03 (A)	04 (D)
05 (C)	06 (A)	07 (C)	08 (A)
09 (D)	10 (B)	11 (C)	12 (A)

[01-03] 🔊 영국

Questions 1-3 refer to the following excerpt from a meeting.

[01]I'd like to discuss the results of the customer survey on our new smartphone line. Most people gave the device positive reviews. However, [02]multiple consumers complained about its camera quality. Since people often rely on their phones to take pictures, [03]this feature is very important to most of our customers. That's why, [03]with our next model, we cannot overlook this feedback.

discuss 논의하다   customer survey 고객 설문조사
device 기기, 장치   positive 긍정적인   multiple 다수의
consumer 소비자   complain 불평하다   quality 질
rely on 의존하다   feature 기능, 특징   overlook 간과하다
feedback 의견

1-3번은 다음 회의 발췌록에 관한 문제입니다.

[01]저는 우리의 신규 스마트폰 라인에 대한 고객 설문조사 결과를 논의하고자 합니다. 대부분의 사람들은 기기에 대해 긍정적인 평가를 주었습니다. 하지만 [02]다수의 소비자들이 그것의 카메라 품질에 대해 불평하였습니다. 사람들은 흔히 사진을 찍을 때 그들의 핸드폰에 의존하므로, [03]이 기능은 대부분의 우리 소비자들에게 매우 중요합니다. 그것이 바로 [03]우리의 다음 모델에서 우리가 이 의견을 간과할 수 없는 이유입니다.

01

해석 청자들은 어디에서 일하는 것 같은가?
(A) 쇼핑몰
(B) **기술 회사**
(C) 마케팅 에이전시
(D) 자문 회사

해설 Where ~ listeners ~ work를 보고 청자들이 어디에서 일하는 것 같은지를 묻고 있음을 알 수 있습니다. 단서 [01]에서 자신들의 신규 스마트폰 라인에 대한 고객 설문조사 결과를 논의하고자 한다고 했으므로 (B)가 정답입니다.

어휘 **consulting** 자문의, 고문의   **firm** 회사

02

해석 소비자들은 무엇에 대해 불평했는가?
(A) 광고 스타일
(B) 서비스 비용
(C) 보증 기간
(D) **부품의 품질**

해설 What ~ customers ~ complain about을 보고 소비자들이 무엇에 대해 불평했는지를 묻고 있음을 알 수 있습니다. 단서 [02]에서 다수의 소비자들이 핸드폰의 카메라 품질에 대해 불평했다고 했으므로 (D)가 정답입니다.

어휘 **commercial** 광고   **length** 기간   **warranty** 보증
component 부품

03

해석 화자는 "우리는 이 의견을 간과할 수 없습니다"라고 말할 때 무엇을 의도하는가?
(A) **제품이 개선될 것이다.**
(B) 출시가 취소될 것이다.
(C) 할인이 제공될 것이다.
(D) 홍보 행사가 연장될 것이다.

해설 What ~ speaker mean when ~ says, we cannot overlook this feedback을 보고 화자가 이 의견을 간과할 수 없다고 말할 때 의도하는 것이 무엇인지를 묻고 있음을 알 수 있습니다. 단서 [03]에서 소비자들에게 카메라 기능이 매우 중요하다고 말한 뒤, 다음 모델에 대해 언급한 것을 통해 화자가 제품이 개선될 것을 전달하려는 의도임을 알 수 있으므로 (A)가 정답입니다.

어휘 **launch** 출시   **rebate** 할인, (일부) 환불
extend 연장하다

> Questions 4-6 refer to the following broadcast.
>
> You're listening to *The World Hour*. I'm your host, Greg Nelson. Our guest today is [04]physician Jessica Leman. Last year, [05]she went to China to do some research on diets. She'll tell us about this experience. Thank you for coming, Dr. Leman. If you don't mind, [06]I'll start by reading a part of your book to introduce your research.
>
> physician 의사 diet 식이요법 research 연구
> experience 경험 introduce 소개하다

4-6번은 다음 방송에 관한 문제입니다.

여러분께서는 *The World Hour*를 듣고 계십니다. 저는 여러분의 호스트 Greg Nelson입니다. 오늘 저희의 초대 손님은 [04]의사 Jessica Leman입니다. 작년에, [05]그녀는 식이요법에 관한 연구를 하기 위해 중국에 갔습니다. 그녀는 저희에게 이 경험에 대해 말해줄 것입니다. 와 주셔서 감사합니다, Dr. Leman. 괜찮으시다면, [06]저는 당신의 연구를 소개하기 위해 당신 책의 일부를 읽는 것으로 시작하겠습니다.

04

해석 Jessica Leman은 누구인가?
(A) 라디오 진행자
(B) 요리사
(C) 기자
(D) 의사

해설 Who ~ Jessica Leman을 보고 Jessica Leman이 누구인지를 묻고 있음을 알 수 있습니다. 단서 [04]에서 의사 Jessica Leman이라고 했으므로 (D)가 정답입니다.

[패러프레이징]
physician(의사) → medical doctor(의사)

어휘 host 진행자 journalist 기자 medical doctor 의사

05

해석 Jessica Leman은 왜 중국에 갔는가?
(A) 그녀의 작품을 홍보하기 위해
(B) 과학자를 만나기 위해
(C) 연구를 수행하기 위해
(D) 프로젝트를 설명하기 위해

해설 Why ~ Jessica Leman go to China를 보고 Jessica Leman이 중국에 간 이유를 묻고 있음을 알 수 있습니다. 단서 [05]에서 그녀, 즉 Jessica Leman이 식이요법에 관한 연구를 하기 위해 중국에 갔다고 했으므로 (C)가 정답입니다.

[패러프레이징]
do(하다) → conduct(수행하다)

어휘 promote 홍보하다 scientist 과학자
conduct 수행하다 research 연구 explain 설명하다

06

해석 화자는 다음에 무엇을 할 것 같은가?
(A) 글을 읽는다.
(B) 조언을 준다.
(C) 질문들에 응답한다.
(D) 전화를 건다.

해설 What ~ speaker ~ do next를 보고 화자가 다음에 할 일이 무엇인지를 묻고 있음을 알 수 있습니다. 단서 [06]에서 화자가 책의 일부를 읽는 것으로 시작하겠다고 했으므로 (A)가 정답입니다.

[패러프레이징]
a part of your book(당신 책의 일부) → a text(글)

어휘 text 글 respond 응답하다, 답하다
make a phone call 전화를 걸다

> Question 7-9 refer to the following broadcast.
>
> In local news, [07]it was announced that schools throughout Denver will no longer be allowed to sell sugary drinks on their property. The decision comes after months of discussions with medical professionals. [08]Mayor Omar held a press conference this morning to announce the change. For more on this developing story, stay tuned. [09]We're now going to hear from our lead reporter, Macy Mendez.
>
> announce 발표하다 allow 허용하다 sugary 설탕이 든
> property 건물 professional 전문가 mayor 시장
> press conference 기자 회견

7-9번은 다음 방송에 관한 질문입니다.

지역 뉴스로, [07]Denver 내에 있는 학교들은 건물 내에서 설탕이 든 음료를 파는 것이 더 이상 허용되지 않을 것임이 발표되었습니다. 이 결정은 몇 달에 걸친 의료계 전문가들과의 논의 후에 나온 것입니다. [08]Omar 시장은 오늘 아침 그 변동 사항을 발표하기 위해 기자 회견을 열었습니다. 이 진행 중인 이야기에 대한 더 많은 내용을 들으시려면, 채널을 고정하세요. [09]이제 수석 기자 Macy Mendez로부터 소식을 듣겠습니다.

07

해석 방송은 주로 무엇에 관한 것인가?
(A) 투자 기회

(B) 지역 사회 행사

(C) 새로운 정책

(D) 운동 수업

해설 What ~ broadcast ~ mainly about을 보고 방송이 무엇에 관한 것인지를 묻고 있음을 알 수 있습니다. 단서 [07]에서 학교 건물 내에서 설탕이 든 음료를 파는 것이 허용되지 않을 것임이 발표되었다고 했으므로 (C)가 정답입니다.

어휘 **funding** 투자, 자금 제공 **opportunity** 기회 **community** 지역 사회 **policy** 정책

08

해석 화자에 따르면, 누가 기자 회견을 열었는가?

(A) 시장

(B) 교장

(C) 의회 의원

(D) 의사

해설 who held a press conference를 보고 누가 기자 회견을 열었는지 묻고 있음을 알 수 있습니다. 단서 [08]에서 Omar 시장이 기자 회견을 열었다고 했으므로 (A)가 정답입니다.

어휘 **school principal** 교장 **council member** 의회 의원

09

해석 다음에 무슨 일이 일어날 것 같은가?

(A) 대회에 대해 설명될 것이다.

(B) 인기 있는 노래가 들려질 것이다.

(C) 광고가 방송될 것이다.

(D) 기자가 화제에 대해 논할 것이다.

해설 What ~ happen next를 보고 다음에 무슨 일이 일어날 것 같은지를 묻고 있음을 알 수 있습니다. 단서 [09]에서 수석 기자로부터 소식을 듣겠다고 했으므로 (D)가 정답입니다.

어휘 **contest** 대회 **popular** 인기 있는 **commercial** 광고 **air** 방송하다 **discuss** 논하다

[10-12] 🎧 호주

> Questions 10-12 refer to the following excerpt from a meeting and chart.
>
> Unfortunately, [10]we have to remove one item from our product catalog due to its high production cost. [10]It's a shame since that tablet is our second-best seller. But we hope [11]our newest tablet, which comes with a digital pen, will do well. One more thing: [12]I want to discuss our sales strategies during tomorrow's meeting. I think we'll benefit from a different approach.

> **unfortunately** 유감스럽게도 **remove** 없애다, 삭제하다 **production cost** 생산 비용 **shame** 안타까운 **strategy** 전략 **benefit from** ~로부터 이득을 얻다 **approach** 접근법

10-12번은 다음 회의 발췌록과 도표에 관한 문제입니다.

유감스럽게도, 높은 생산 비용으로 인해 [10]우리의 제품 목록에서 한 품목을 없애야 합니다. 그 태블릿이 우리의 두 번째 베스트 셀러이기 때문에 안타깝습니다. 하지만 [11]디지털 펜이 딸려 있는 우리의 새로운 태블릿이 잘 되기를 바랍니다. 한 가지 더, [12]저는 내일 회의에서 우리의 판매 전략들에 대해 논의하고 싶습니다. 제 생각에 우리는 색다른 접근법으로 이득을 얻을 수 있을 것입니다.

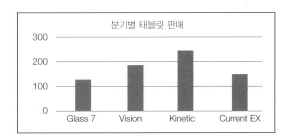

분기별 태블릿 판매

10

해석 시각 자료를 보아라. 무슨 품목이 제품 목록에서 없어질 것인가?

(A) Glass 7

(B) Vision

(C) Kinetic

(D) Current EX

해설 Which item ~ removed from a catalog를 보고 제품 목록에서 없어질 품목이 무엇인지를 묻고 있음을 알 수 있습니다. 단서 [10]에서 제품 목록에서 한 품목을 없애야 한다고 한 뒤, 그 태블릿이 두 번째 베스트 셀러라고 했으므로 (B)가 정답입니다.

11

해석 새로운 태블릿에는 무엇이 딸려 있는가?

(A) 보호용 케이스

(B) 휴대용 충전기

(C) 필기 기구

(D) 무선 키보드

해설 What comes with ~ new tablet을 보고 새로운 태블릿에 딸려 있는 것이 무엇인지를 묻고 있음을 알 수 있습니다. 단서 [11]에서 새로운 태블릿에는 디지털 펜이 딸려 있다고 했으므로 (C)가 정답입니다.

[패러프레이징]

a digital pen(디지털 펜) → A writing device(필기 기구)

어휘 **protective** 보호용의, 보호하는 **portable** 휴대용의 **charger** 충전기 **wireless** 무선의

12

해석 내일 무슨 일이 일어날 것인가?

(A) 판매 기술이 논의될 것이다.

(B) 시연이 제공될 것이다.

(C) 새로운 지점이 열 것이다.

(D) 수리가 시작될 것이다.

해설 What ~ happen tomorrow를 보고 내일 무슨 일이 일어
날 것인지를 묻고 있음을 알 수 있습니다. 단서 [12]에서 내
일 회의에서 판매 전략들에 대해 논의하고 싶다고 했으므로
(A)가 정답입니다.

어휘 technique 기술 demonstration 시연 branch 지점
renovation 수리 get underway 시작하다

RC

PART 5&6

첫토익 1일 명사

핵심 콕콕 퀴즈   p.118

01 ⓐ, ⓒ, ⓔ   **02** ⓐ   **03** ⓐ   **04** ⓑ

01

해석 ⓐ 예약 ⓑ 지불하다 ⓒ 다양성 ⓓ 수정하다 ⓔ 사용자

해설 -ment, -ty, -er 같은 꼬리말로 끝나는 ⓐ appointment, ⓒ variety, ⓔ user가 정답입니다.

02

해석 그 상담가는 무료로 유용한 조언을 해 주었다.

해설 advice는 셀 수 없는 명사이므로 뒤에 -(e)s를 붙이지 않습니다. 따라서 ⓐ advice(조언)가 정답입니다.

어휘 consultant 상담가 useful 유용한 for free 무료로

03

해석 대금은 프로젝트 완료 후에 지불될 것이다.

해설 빈칸은 관사(the) 뒤에 있으므로 명사가 와야 하는 자리입니다. 따라서 명사 ⓐ completion(완료)이 정답입니다.

어휘 payment 대금 complete 완료하다

04

해석 고용의 조건은 계약서에 명확히 쓰여 있다.

해설 '고용의 조건은 쓰여 있다'라는 의미가 되어야 하므로 추상명사 ⓑ employment(고용)가 정답입니다.

어휘 terms 조건 contract 계약서

✦첫토익 연습문제   p.122

01 (A)   **02** (B)   **03** (B)
04 (A)   **05** (A)   **06** (A)

01 명사 자리 채우기

해석 Mr. Chan은 그의 신용카드로 그 비용들을 지불했다.

해설 빈칸은 관사 the 뒤, 동사 paid for의 목적어 자리이므로 명사가 와야 하는 자리입니다. 따라서 명사 (A) expenses (비용)가 정답입니다.

어휘 expense 비용 expensive 비싼

02 명사 자리 채우기

해석 Lasry 미술관은 현대 미술에 대한 전시회를 열고 있다.

해설 빈칸은 관사 an 뒤, 동사 is holding의 목적어 자리이므로 명사가 와야 하는 자리입니다. 따라서 명사 (B) exhibition (전시회)이 정답입니다.

어휘 exhibit 전시하다 exhibition 전시회

03 사람명사와 추상명사 구별하여 채우기

해석 사진작가들을 위한 대회가 뉴욕에서 개최될 것이다.

해설 빈칸은 관사 The 뒤, 문장의 주어 자리이므로 명사 자리에 올 수 있는 명사 (A), (B) 모두 정답의 후보입니다. '대회가 개최 되다'라는 의미가 되어야 하므로 추상명사 (B) competition (대회)이 정답입니다.

어휘 competitor 경쟁자 competition 대회

04 명사 자리 채우기

해석 모든 승객들은 탑승 전에 그들의 신분증을 보여주어야 한다.

해설 빈칸은 소유격 their 뒤에 있으므로 명사가 와야 하는 자리 입니다. 따라서 명사 (A) identification(신분증)이 정답입니다.

어휘 identification 신분증 identify 확인하다

05 셀 수 있는 명사 채우기

해석 그 회사는 그 아파트 건물을 건설할 허가증이 있다.

해설 관사 a는 셀 수 있는 명사의 단수형 앞에 쓸 수 있습니다. 따

라서 단수형 (A) permit(허가증)이 정답입니다.

어휘 **permit** 허가증

06 사람 명사와 사물명사 구별하여 채우기

해석 당신은 이 물품을 반품하기 위해 영수증이 필요하다.

해설 빈칸은 관사 a 뒤, 동사 need의 목적어 자리이므로 명사 자리에 올 수 있는 명사 (A), (B) 모두 정답의 후보입니다. '영수증이 필요하다'라는 의미가 되어야 하므로 사물명사 (A) receipt(영수증)이 정답입니다.

어휘 **receipt** 영수증 **recipient** 수령인

✦첫토익 실전문제   p.123

PART5

01 (C)	**02** (D)	**03** (A)	**04** (C)
05 (B)	**06** (C)	**07** (C)	**08** (B)

01 명사 자리 채우기

해석 Mr. Harvey는 그의 부서에서 최고의 판매원이다.

해설 빈칸은 소유격(his) 뒤에 있으므로 명사가 와야 하는 자리입니다. 따라서 명사 (C) division(부서)이 정답입니다. 동사 (A), 동사의 과거형 또는 과거분사 (B), 형용사 (D)는 명사 자리에 올 수 없습니다.

어휘 **salesperson** 판매원 **divide** 나누다
divisible 나눌 수 있는

02 명사 자리 채우기

해석 올해 영화제에서 영화 제작자들은 엄청난 창의성을 보여주었다.

해설 빈칸은 형용사(great) 뒤에 있고, 동사(showed)의 목적어 자리이므로 명사가 와야 하는 자리입니다. 따라서 명사 (D) creativity(창의성)가 정답입니다. 동사 (A), 부사 (B), 형용사 (C)는 명사 자리에 올 수 없습니다.

어휘 **filmmaker** 영화제작자 **film festival** 영화제
create 창조하다 **creatively** 창조적으로
creative 창조적인

03 셀 수 없는 명사 채우기

해석 그 건물로의 출입은 수리 때문에 제한될 것이다.

해설 문장에 동사(will be limited)만 있고 주어가 없으므로 주어 자리에 올 수 있는 명사 (A) Access(출입)가 정답입니다. 동사 (B), 동사의 과거형 또는 과거분사 (C), 형용사 (D)는 명사 자리에 올 수 없습니다. (B)를 명사로 본다 해도, access는 셀 수 없는 명사이므로 뒤에 -(e)s를 붙이면 안 됩니다.

어휘 **limit** 제한하다 **renovation** 수리
access 출입; 출입하다 **accessible** 출입할 수 있는

04 사람명사와 추상명사 구별하여 채우기

해석 그 회사의 로고 디자인은 Ace 대행사에 의해 만들어졌다.

해설 빈칸은 관사(The) 뒤에 있으므로 명사가 와야 하는 자리입니다. 따라서 명사 (B)와 (C)가 정답의 후보입니다. '로고 디자인은 Ace 대행사에 의해 만들어졌다'라는 의미가 되어야 하므로 추상명사 (C) design(디자인)이 정답입니다. 사람명사 (B)는 '로고의 디자이너는 Ace 대행사에 의해 만들어졌다'라는 어색한 문맥을 만듭니다. 형용사 (A)와 동사의 과거형 또는 과거분사 (D)는 명사 자리에 올 수 없습니다.

어휘 **firm** 회사 **agency** 대행사 **designable** 설계할 수 있는
designer 디자이너 **design** 디자인; 설계하다

05 사람명사와 추상명사 구별하여 채우기

해석 우리 웹사이트의 모든 이용자들은 콘서트 티켓들에 대한 할인을 받을 것입니다.

해설 문장에 동사(will get)만 있고 주어가 없으므로 주어 자리에 올 수 있는 명사 (B)와 (D)가 정답의 후보입니다. '웹사이트 이용자들은 할인을 받을 것이다'라는 의미가 되어야 하므로 사람명사 (B) users(이용자들)가 정답입니다. 추상명사 (D)는 '웹사이트 이용이 할인을 받을 것이다'라는 어색한 문맥을 만듭니다. 형용사 (A)와 동사의 과거형 또는 과거분사 (C)는 명사 자리에 올 수 없습니다.

어휘 **discount** 할인 **usable** 이용 가능한 **use** 이용하다
usage 이용

06 셀 수 있는 명사 채우기

해석 Abiz Media사는 지난달에 많은 젊은 연기자들에게 계약들을 제안했다.

해설 빈칸은 동사(offered)의 목적어 자리이므로 목적어 자리에 올 수 있는 명사 (A)와 (C)가 정답의 후보입니다. contract(계약)는 셀 수 있는 명사이므로 단수일 때는 앞에 관사 a나 the를 쓰고, 복수일 때는 뒤에 -(e)s를 붙여야 합니다. 빈칸 앞에 관사가 없으므로 복수 형태 (C) contracts(계약들)가 정답입니다. 단수 형태 (A)는 관사 없이 쓰일 수 없습니다. 동사의 과거형 또는 과거분사 (B)와 형용사 (D)는 명사 자리에 올 수 없습니다.

어휘 **offer** 제안하다 **performer** 연기자
contract 계약; 계약하다 **contractual** 계약상의

07 사람명사와 추상명사 구별하여 채우기

해석 Dover 재단은 14년 동안 그 지역의 저소득 가정들에게 도움을 제공했다.

해설 빈칸은 동사(has provided)의 목적어 자리이므로 목적어 자리에 올 수 있는 명사 (C)와 (D)가 정답의 후보입니다. '재단이 도움을 제공했다'라는 의미가 되어야 하므로 추상명사 (C) assistance가 정답입니다. 사람명사 (D) assistant (조수)는 '재단이 조수를 제공했다'라는 어색한 문맥을 만듭니다. 동사의 과거형 혹은 과거분사 (A)와 형용사 (B)는 명사 자리에 올 수 없습니다.

어휘 foundation 재단   low-income 저소득의
local 지역의   assist 지원하다, 돕다
assistive 도움이 되는   assistance 도움, 지원
assistant 조수, 보조

08 명사 자리 채우기

해석 그 소책자는 새로운 기술의 이점들을 설명한다.

해설 빈칸은 관사(the) 뒤에 있고, 동사(explains)의 목적어 자리이므로 명사가 와야 하는 자리입니다. 따라서 명사 (B) benefits(이점들)가 정답입니다. 형용사 (A), 동사의 과거형 또는 과거분사 (C), 부사 (D)는 명사 자리에 올 수 없습니다.

어휘 pamphlet 소책자   explain 설명하다
technology 기술   beneficial 유익한
benefit 이점; 득을 보다   beneficially 유익하게

핵심 콕콕 퀴즈 p.124

01 (1) I   (2) him   (3) hers   **02** ⓑ
03 ⓑ   **04** ⓑ

01

해석 (1) 나는   (2) 그를   (3) 그녀의 것

해설 (1)의 '나는'은 1인칭 단수 주격 인칭대명사 I, (2)의 '그를'은 3인칭 단수 목적격 인칭대명사 him, (3)의 '그녀의 것'은 3인칭 단수 소유대명사 hers를 써야 합니다.

02

해석 Mr. Ford는 그의 면접에 늦었다.

해설 인칭대명사 중 명사 interview(면접) 앞에 오는 것은 소유격입니다. 따라서 인칭대명사의 소유격 ⓑ his(그의)가 정답입니다.

어휘 late 늦은

03

해석 이 이메일들은 Ms. Han에 의해서 보내졌다.

해설 복수 명사(e-mails) 앞에 오는 지시대명사 ⓑ These(이 ~)가 정답입니다.

어휘 send 보내다

04

해석 Mr. Yoon은 공학 분야에서 어떤 경험도 가지고 있지 않다.

해설 '어떤 경험도 가지고 있지 않다'라는 의미가 되어야 하므로 부정문에 쓸 수 있는 ⓑ any(어떤)가 정답입니다.

어휘 engineering 공학   field 분야

✦첫토익 연습문제 p.128

01 (A)   **02** (B)   **03** (A)
04 (A)   **05** (B)   **06** (A)

01 격에 맞는 인칭대명사 채우기

해석 손님들이 실수로 그들의 여행 가방들을 호텔에 두고 갔다.

해설 인칭대명사 중 명사 suitcases(여행 가방들) 앞에 올 수 있는 것은 소유격 인칭대명사입니다. 따라서 소유격 인칭대명사 (A) their(그들의)가 정답입니다.

02 격에 맞는 인칭대명사 채우기

해석 Ms. Verma는 그녀의 것이 없어서 핸드폰을 빌렸다.

해설 인칭대명사 중 주어 자리에 올 수 있는 것은 소유대명사입니다. 따라서 소유대명사 (B) hers(그녀의 것)가 정답입니다.

03 부정대명사 채우기

해석 저희에게 두 종류의 호텔 방들이 있으므로, 하나를 선택해 주시기 바랍니다.

해설 '두 종류의 방들 중 하나'라는 의미가 되어야 하므로 부정대명사 (A) one(하나)이 정답입니다. (B)는 '나머지 전부'라는 의미로 '두 종류의 방들 중 나머지 전부'라는 어색한 문맥을 만듭니다.

04 격에 맞는 인칭대명사 채우기

해석 당신은 웹사이트에서 주문 상태를 확인하실 수 있습니다.

해설 인칭대명사 중 주어 자리에 올 수 있는 것은 주격 인칭대명사입니다. 따라서 주격 인칭대명사 (A) You(당신은)가 정답입니다.

05 격에 맞는 인칭대명사 채우기

해석 Mr. Clark는 그 자신을 위원회의 회장으로 지명했다.

해설 인칭대명사 중 목적어 자리에 올 수 있는 것은 재귀대명사입니다. 따라서 (B) himself(그 자신)가 정답입니다.

06 지시대명사 채우기

해석 그 직무에 선발된 사람들은 다음 주에 이메일을 받을 것이다.

해설 '그 직무에 선발된 사람들'이라는 의미가 되어야 하므로, 빈칸 뒤의 who와 함께 '~한 사람들'이라는 표현을 만드는 (A) Those(~한 사람들)가 정답입니다.

✦첫토익 실전문제
p.129

PART 5
01 (D) **02** (B) **03** (A) **04** (A)

PART 6
05 (B) **06** (C) **07** (C) **08** (A)

01 부정대명사 채우기

해석 Ms. Rivers가 그녀의 첫 번째 프로젝트를 끝낸 후, 그녀는 또 다른 하나를 시작했다.

해설 동사의 목적어 자리에 오면서 '첫 번째 프로젝트를 끝낸 후, 또 다른 하나를 시작했다'라는 의미가 되어야 하므로, 동사의 목적어 자리에 올 수 있고 '또 다른 하나'를 의미하는 부정대명사 (D) another(또 다른 하나)가 정답입니다. 주격 인칭대명사 (A)와 소유격 인칭대명사 (C)는 동사의 목적어 자리에 올 수 없습니다. 부정대명사 (B)는 주로 부정문, 의문문, 조건문에 쓰이므로 정답이 될 수 없습니다.

어휘 finish 끝내다

02 격에 맞는 인칭대명사 채우기

해석 임원들은 Mr. Kim에게 감명받아서, 그를 즉시 고용했다.

해설 인칭대명사 중 동사(hired)의 목적어 자리에 올 수 있는 목적격 인칭대명사 (B), 소유대명사 (C), 재귀대명사 (D)가 정답의 후보입니다. '임원들이 Mr. Kim을 즉시 고용했다'라는 의미로, 빈칸에 들어갈 목적어가 Mr. Kim을 가리키므로 목적격 인칭대명사 (B) him(그를)이 정답입니다. (C)는 '그들은 그의 것을 즉시 고용했다'라는 어색한 문맥을 만듭니다. (D)는 주어와 목적어가 같은 대상일 때 쓰이는데, 복수인 주어 they(그들은)와 단수인 himself(그 자신)는 같은 대상이 아니므로 답이 될 수 없습니다. 주격 인칭대명사 (A)는 동사의 목적어 자리에 올 수 없습니다.

어휘 board member 임원 impressed 감명받은
hire 고용하다 immediately 즉시

03 격에 맞는 인칭대명사 채우기

해석 저희 제품들에 대해 문의하기 위해서 당신은 고객 서비스 부서에 전화해야 합니다.

해설 문장에 동사(should call)만 있고 주어가 없으므로 인칭대명사 중 주어 자리에 올 수 있는 주격 인칭대명사 (A)와 소유대명사 (C)가 정답의 후보입니다. '당신은 전화해야 한다'라는 의미가 되어야 하므로 주격 인칭대명사 (A) you(당신)가 정답입니다. (C)는 '당신의 것은 전화할 수 있다'라는 어색한 문맥을 만듭니다. 소유격 인칭대명사 (B)와 재귀대명사 (D)는 주어 자리에 올 수 없습니다.

어휘 customer 고객 department 부서 product 제품

04 부정대명사 채우기

해석 세 명의 지원자들 중 한 명은 좋은 말하기 능력이 있고, 나머지 전부는 영업 경력이 있다.

해설 '세 명의 지원자들 중 한 명'이라는 의미가 되어야 하므로, 부정대명사 (A) One(하나)이 정답입니다. 부정대명사 (B)는 '다른 몇 명', (D)는 '또 다른 하나'라는 의미로 각각 '세 명의 지원자들 중 다른 몇 명/또 다른 한 명'이라는 어색한 문맥을 만듭니다. 부정대명사 (C)는 '몇몇'이라는 의미로 '세 명의 지원자들 중 몇몇'이라고 자연스러운 문맥을 만드는 것 같지만, 질문의 the others(나머지 전부)가 세 명 중 두 명을 가리키는 내용이기 때문에 주어 부분에는 한 명에 대한 내용이 나와야 합니다. 따라서 복수를 의미하는 some(몇몇)은 올 수 없습니다.

어휘 applicant 지원자 sales 영업, 판매 experience 경력

[05-08] 05-08번은 다음 편지에 관한 문제입니다.

Mr. Peck께,

저는 귀사의 서비스를 요청하기 위해 이메일을 씁니다. 저희 회사는 곧 중요한 행사를 개최할 것이며, [05]저희는 귀사에서 그것을 계획해 주셨으면 합니다. 그 행사는 보스턴의 고급 아파트들을 홍보하기 위한 것입니다. [06]목표는 고객들이 한 채를 구매하도록 권하는 것입니다. 그 행사를 위한 [07]장소가 아직 선정되지 않아서, 귀사에서 세 가지 선택지들을 제공해 주시기를 요청합니다. 귀사가 추천하는 장소들은 크고 매력적이어야 합니다. 행사 자체와 관련하여, 저희는 [08]몇몇 아이디어들을 모아두었습니다. 저희는 이것들을 귀사와 공유하고 귀사의 의견을 듣고 싶습니다.

Blair Walsh 드림

---

firm 회사 hold 개최하다 major 중요한, 주요한 plan 계획하다
promote 홍보하다 luxury 고급의 select 선정하다
option 선택지 space 장소, 공간 recommend 추천하다
large 큰, 넓은 attractive 매력적인 regarding ~과 관련하여
gather 모으다 hear 듣다 opinion 의견

---

05 인칭대명사 채우기 주변 문맥 파악

해설 문장에 동사(would like ~ to plan)만 있고 주어가 없으므로 주어 자리에 올 수 있는 주격 인칭대명사 (A), (B), (C)와 소유대명사 (D)가 모두 정답의 후보입니다. 빈칸이 있는 문장만으로는 정답을 고를 수 없으므로 빈칸의 주변 문맥을 파악합니다. 앞 문장에서 우리 회사(Our firm)는 곧 중요한 행사를 개최할 것이라고 했으므로, 빈칸에도 Our firm을 가리킬 수 있는 인칭대명사가 들어가야 함을 알 수 있습니다. 따라서 (B) we(우리는)가 정답입니다. (A) you(당신은)와 (C) he(그는)와 (D) theirs(그들의 것은)는 문맥에 적합하지 않습니다.

06 알맞은 문장 고르기

해석 (A) 귀사는 부동산 중개소에서 사본을 찾아가실 수 있습니다.
(B) 저희는 귀하가 그 집 구경을 즐겼다는 것을 들어 기쁩니다.
(C) 목표는 고객들이 한 채를 구매하도록 권하는 것입니다.
(D) 귀사의 제안들을 제공해주셔서 감사합니다.

해설 빈칸에 들어갈 알맞은 문장을 고르는 문제이므로 빈칸의 주변 문맥 또는 전체 문맥을 파악합니다. 앞 문장 'The event is to promote luxury apartments in Boston'에서 그 행사는 고급 아파트들을 홍보하기 위한 것이라고 했으므로 빈칸에는 아파트 홍보 행사와 관련된 내용이 들어가야 함을 알 수 있습니다. 따라서 (C) The goal is to encourage guests to buy one이 정답입니다.

어휘 pick up ~을 찾아가다 copy 사본
real estate office 부동산 중개소 pleased 기쁜
enjoy 즐기다 showing 집 구경, 전시 goal 목표
encourage 권하다 provide 제공하다
suggestion 제안

07 명사 어휘 고르기 주변 문맥 파악

해설 '행사를 위한 _____이 아직 선정되지 않았다'라는 문맥이므로 모든 보기가 정답의 후보입니다. 빈칸이 있는 문장만으로는 정답을 고를 수 없으므로 빈칸의 주변 문맥 또는 전체 문맥을 파악합니다. 뒤 문장에서 귀사가 추천하는 장소들은 크고 매력적이어야 한다고 했으므로, 행사를 위한 장소가 아직 선정되지 않았다는 것을 알 수 있습니다. 따라서 (C) venue(장소)가 정답입니다. (A) host(진행자), (B) time(시간), (D) theme(주제)은 문맥에 적합하지 않습니다.

08 부정형용사 채우기

해설 명사(ideas) 앞에 올 수 있는 부정형용사 (A)와 지시형용사 (C)가 정답의 후보입니다. '행사 자체와 관련하여 몇몇 아이디어들을 모아두었다'라는 의미가 되어야 하므로 부정형용사 (A) some(몇몇의)이 정답입니다. (C)는 복수 명사

(ideas)가 아니라 단수 명사 앞에 와야 합니다. 부정대명사 (B)와 (D)는 명사 앞에 올 수 없습니다.

첫토익 **3**일 형용사와 부사

핵심 콕콕 퀴즈   p.130

01 ⓑ	02 ⓑ	03 ⓑ	04 ⓐ

01

해석 그 회사는 직원들의 개인 정보를 보호할 필요가 있다.

해설 명사(information) 앞에서 명사를 꾸밀 수 있는 것은 형용사입니다. 따라서 형용사 ⓑ personal(개인의)이 정답입니다.

어휘 protect 보호하다 employee 직원 person 개인

02

해석 그 공사는 상당한 양의 시간이 걸렸다.

해설 '상당한 양의 시간이 걸렸다'라는 의미가 되어야 하므로 형용사 ⓑ considerable(상당한)이 정답입니다.

어휘 construction 공사 amount 양

03

해석 Ms. Parker는 사업을 위해 정기적으로 여행한다.

해설 동사 travels(여행하다) 뒤에서 동사를 꾸밀 수 있는 것은 부사입니다. 따라서 부사 ⓑ regularly(정기적으로)가 정답입니다.

어휘 travel 여행하다 business 사업, 업무
regular 정기적인

04

해석 Springdale에 있는 집들은 판매를 위해 거의 나오지 않는다.

해설 '집들이 판매를 위해 거의 나오지 않는다'라는 의미가 되어야 하므로 빈도를 나타내는 부사 ⓐ seldom(거의 ~않다)이 정답입니다.

어휘 come up (집 등이 매물로) 나오다, 생기다
for sale 판매의, 팔려고 내놓은

✦첫토익 연습문제 　　　　　　　　p.134

01 (A)	**02** (B)	**03** (A)
04 (B)	**05** (B)	**06** (B)

01 형용사 자리 채우기

해석 Q-150 드릴은 강력한 기계이다.

해설 명사(machine) 앞에서 명사를 꾸밀 수 있는 것은 형용사입니다. 따라서 형용사 (A) powerful(강력한)이 정답입니다.

어휘 **powerful** 강력한　**power** 힘; 동력을 공급하다

02 부사 자리 채우기

해석 실수로 유실된 파일들이 복구되었다.

해설 형용사(lost) 앞에서 형용사를 꾸밀 수 있는 것은 부사입니다. 따라서 부사 (B) mistakenly(실수로)가 정답입니다.

어휘 **mistaken** 잘못된　**mistakenly** 실수로

03 부사 자리 채우기

해석 Mr. Trenton은 그 관리자의 지시 내용들을 완벽히 이해했다.

해설 동사(understood) 앞에서 동사를 꾸밀 수 있는 것은 부사입니다. 따라서 부사 (A) perfectly(완벽히)가 정답입니다.

어휘 **perfectly** 완벽히　**perfect** 완벽한

04 문맥에 어울리는 시간 부사 채우기

해석 881 항공편의 모든 좌석들은 이미 예약되었다.

해설 '모든 좌석들이 이미 예약되었다'라는 의미가 되어야 하므로 시간을 나타내는 부사 (B) already(이미)가 정답입니다.

어휘 **sometimes** 때때로　**already** 이미, 벌써

05 형용사 자리 채우기

해석 SuperMax 광고 회사의 새로운 캠페인은 혁신적이었다.

해설 문장에 주어(SuperMax Advertising's new campaign)와 동사(was)만 있고 보어가 없으므로, 보어 자리에 올 수 있는 형용사 (B) innovative(혁신적인)가 정답입니다.

어휘 **innovate** 혁신하다　**innovative** 혁신적인

06 부사 자리 채우기

해석 경비원들은 밤에 문들을 잠그도록 엄격히 요구된다.

해설 be동사 + p.p.(are required) 사이에서 동사를 꾸밀 수 있는 것은 부사이므로, 부사 (B) strictly(엄격히)가 정답입니다.

✦첫토익 실전문제 　　　　　　　　p.135

PART 5

01 (D)	**02** (B)	**03** (C)	**04** (D)
05 (A)	**06** (C)	**07** (C)	**08** (B)

01 부사 자리 채우기

해석 그 수석 주방장은 저녁 만찬을 위해 새로운 메뉴를 심사숙고하여 개발했다.

해설 동사(developed) 앞에서 동사를 꾸밀 수 있는 것은 부사입니다. 따라서 부사 (D) thoughtfully(심사숙고하여)가 정답입니다. 명사 또는 동사의 과거형 (A), 명사의 복수 형태 (B), 형용사 (C)는 동사를 꾸밀 수 없습니다.

어휘 **head chef** 수석 주방장　**develop** 개발하다
banquet 만찬, 연회
thought 생각; 생각했다(think의 과거형)
thoughtful 심사숙고하는, 사려 깊은

02 형용사 자리 채우기

해석 지역 명소들에 대한 추가적인 정보는 시의 웹사이트에서 찾을 수 있다.

해설 명사(information) 앞에서 명사를 꾸밀 수 있는 것은 형용사입니다. 따라서 형용사 (B) Additional(추가적인)이 정답입니다. 동사 (A), 명사 (C), 부사 (D)는 명사를 꾸밀 수 없습니다.

어휘 **information** 정보　**local** 지역의, 현지의
attraction 명소　**add** 더하다　**addition** 추가
additionally 추가적으로

03 부사 자리 채우기

해석 Meritt 560 배낭은 놀라울 정도로 튼튼하고 가볍다.

해설 형용사(durable) 앞에서 형용사를 꾸밀 수 있는 것은 부사입니다. 따라서 부사 (C) impressively(놀라울 정도로)가 정답입니다. 동사 (A), 형용사 (B), 명사 (D)는 형용사를 꾸밀 수 없습니다.

어휘 **durable** 튼튼한, 내구성이 있는　**light** 가벼운
impress 감명을 주다　**impressive** 인상적인
impression 인상

04 문맥에 어울리는 시간 부사 채우기

해석 그 관리자는 모금 행사를 위한 예산을 아직 승인하지 않았다.

해설 '예산을 아직 승인하지 않았다'라는 의미가 되어야 하므로 시간을 나타내는 부사 (D) still(아직)이 정답입니다. (A) once (한때, 이전에; 한 번), (B) ago(~ 전에), (C) quite(꽤)는 문맥에 적합하지 않습니다.

어휘 confirm 승인하다, 확정하다   budget 예산
fund-raising 모금(의)

05 형용사 자리 채우기

해석 Mr. Bloom은 매우 효과적인 자동차 광고를 제작했다.

해설 부사(highly)의 꾸밈을 받으면서 명사(advertisement)를 앞에서 꾸밀 수 있는 것은 형용사입니다. 따라서 형용사 (A) effective(효과적인)가 정답입니다. 명사 또는 동사 (B), 명사 (C), 부사 (D)는 명사를 꾸밀 수 없습니다.

어휘 create 제작하다   highly 매우   advertisement 광고
effect 효과; 초래하다   effectiveness 유효성
effectively 효과적으로

06 문맥에 어울리는 시간 부사 채우기

해석 Living Essential사는 곧 플로리다에 두 번째 지점을 열 계획이다.

해설 '곧 두 번째 지점을 열 계획이다'라는 의미가 되어야 하므로 시간을 나타내는 부사 (C) soon(곧)이 정답입니다. (A) already(이미), (B) often(자주), (D) very(매우)는 문맥에 적합하지 않습니다.

어휘 plan to ~할 계획이다   branch 지점

07 부사 자리 채우기

해석 그 공장 노동자는 위험한 기계 장치를 조심스럽게 사용했다.

해설 동사(used) 앞에서 동사를 꾸밀 수 있는 것은 부사입니다. 따라서 부사 (C) cautiously(조심스럽게)가 정답입니다. 명사 또는 동사 (A), 형용사 (B), 동사의 과거형 또는 과거분사 (D)는 동사를 꾸밀 수 없습니다.

어휘 factory 공장   dangerous 위험한
machinery 기계 장치   caution 조심; 경고하다
cautious 조심스러운

08 부사 자리 채우기

해석 Lake 지구는 몇몇 새로운 주차 정책들을 성공적으로 도입했다.

해설 have + p.p.(has introduced) 사이에서 동사를 꾸밀 수 있는 것은 부사입니다. 따라서 부사 (B) successfully(성공적으로)가 정답입니다. 명사 (A), 형용사 (C), 명사의 복수 형태 (D)는 동사를 꾸밀 수 없습니다. 참고로, 부사가 'have + p.p.' 형태의 동사를 꾸밀 때는 have 동사와 p.p.

사이에 올 수 있음을 알아둡니다.

어휘 district 지구, 구역   introduce 도입하다
policy 정책   success 성공   successive 연속적인

첫토익 4일   동사

핵심 콕콕 퀴즈 p.136

01 ⓑ   **02** ⓑ   **03** ⓐ   **04** ⓐ

01

해석 시민들은 다음 주에 새 시장을 선출할 것이다.

해설 미래 시제와 함께 쓰이는 표현 next week(다음 주)가 있으므로 미래 시제 ⓑ will elect(선출할 것이다)가 정답입니다.

어휘 citizen 시민   elect 선출하다   mayor 시장

02

해석 Ms. Brown은 10년 동안 그 학회에 참석해왔다.

해설 현재완료 시제와 함께 쓰이는 표현 for 10 years(10년 동안)가 있으므로 현재완료 시제 ⓑ has attended(참석해왔다)가 정답입니다.

어휘 conference 학회   attend 참석하다

03

해석 새로운 규정들은 주말에 차량 접근을 제한한다.

해설 주어(The new regulations)가 복수이므로 복수 동사 ⓐ limit(제한하다)가 정답입니다.

어휘 regulation 규정   vehicle 차량   access 접근

04

해석 소프트웨어 설치를 위한 설명들이 수정되었다.

해설 '설명들이 수정되었다'라는 의미가 되어야 하고, 빈칸 뒤에 목적어가 없으므로 수동태 ⓐ were revised(수정되었다)가 정답입니다.

어휘 instruction 설명   installation 설치   revise 수정하다

✦첫토익 연습문제 p.140

01 (A)   **02** (A)   **03** (B)
04 (B)   **05** (B)   **06** (A)

01 올바른 시제의 동사 채우기

해석 Mr. Taylor는 가까운 미래에 휴가를 얻을 것이다.

해설 미래 시제와 함께 쓰이는 표현 in the near future(가까운 미래에)가 있으므로 미래 시제 (A) will take가 정답입니다.

어휘 take 얻다, 잡다

02 주어와 수일치하는 동사 채우기

해석 그 컴퓨터는 제대로 작동하기 위해 업데이트가 필요하다.

해설 문장에 단수 주어(The computer)만 있고 동사가 없으므로 단수 동사 (A) requires가 정답입니다.

어휘 require 필요하다, 요구하다

03 올바른 태의 동사 채우기

해석 면접들은 인사부에 의해 처리된다.

해설 '면접들은 인사부에 의해 처리된다'라는 의미가 되어야 하고, 빈칸 뒤에 'by + 목적격(by the human resources department)'이 있으므로 수동태 (B) are handled가 정답입니다.

어휘 handle 처리하다

04 올바른 태의 동사 채우기

해석 Ms. Finn은 매월 1일에 일정을 게시한다.

해설 'Ms. Finn은 매월 1일에 일정을 게시한다'라는 의미가 되어야 하고, 빈칸 뒤에 목적어(the schedule)가 있으므로 능동태 (B) posts가 정답입니다.

어휘 post 게시하다

05 올바른 시제의 동사 채우기

해석 그 노점상은 지난 5년 동안 같은 물품들을 판매해왔다.

해설 현재 완료 시제와 함께 쓰이는 표현 for the last(지난 ~동안)가 있으므로 현재 완료 시제 (B) has sold가 정답입니다.

어휘 sell 판매하다

06 올바른 태의 동사 채우기

해석 Taco Delight의 음식들은 매운 양념과 함께 제공된다.

해설 'Taco Delight의 음식들은 매운 양념과 함께 제공된다'라는 의미가 되어야 하고, 빈칸 뒤에 목적어가 없으므로 수동태 (A) are served가 정답입니다.

어휘 serve 제공하다

⁂첫토익 실전문제   p.141

PART 5

01 (D)   **02** (B)   **03** (A)   **04** (C)

PART 6

05 (B)   **06** (A)   **07** (C)   **08** (A)

01 올바른 시제의 동사 채우기

해석 Mesmia사는 6개월 전에 2층에 있는 사무실을 사용했다.

해설 과거 시제와 함께 쓰이는 표현 ago(~ 전에)가 있으므로 과거 시제 (D) occupied(사용했다)가 정답입니다. 동명사 또는 현재분사 (A)는 동사 자리에 올 수 없습니다. 현재 시제 (B), 미래 시제 (C)는 과거를 나타낼 수 없습니다.

어휘 floor 층 occupy 사용하다

02 올바른 태의 동사 채우기

해석 정치에 관한 그 다큐멘터리는 전국의 시청자들에 의해 시청되었다.

해설 '다큐멘터리가 시청되었다'라는 의미가 되어야 하고, 빈칸 뒤에 행위자를 나타내는 'by + 목적격'이 있으므로, 수동태 (B) was viewed(시청되었다)가 정답입니다. 능동태 (A), (C), (D)는 뒤에 목적어가 없고 'by + 목적격'과 함께 쓰일 수 없으므로 답이 될 수 없습니다.

어휘 documentary 다큐멘터리 politics 정치 audience 시청자, 청중 across the country 전국의 view 시청하다

03 주어와 수일치하는 동사 채우기

해석 새 노트북의 가격은 포함된 기능들에 따라 다르다.

해설 문장에 주어(The price of a new laptop)만 있고 동사가 없으므로 동사 (A)와 (B)가 정답의 후보입니다. 주어가 단수이므로 단수 동사 (A) differs(다르다)가 정답입니다. 참고로, 명사 The price 뒤에 있는 of a new laptop은 수식어로 주어와 동사의 수일치에 전혀 영향을 주지 않습니다. 동명사 또는 현재분사 (C)와 형용사 (D)는 동사 자리에 올 수 없습니다.

어휘 based on ~에 따른, ~에 근거한 feature 기능 differ 다르다 different 다른

04 올바른 시제의 동사 채우기

해석 Broadwick Lab은 지난해 이래로 연구를 위해 장비를 구매해왔다.

해설 현재 완료 시제와 함께 쓰이는 표현 since last year(지난해 이래로)가 있으므로 과거부터 현재까지 계속하고 있다는 의미를 만드는 현재 완료 시제 (C) has bought(구매해왔다)가

정답입니다. 과거 완료 시제 (A)는 과거의 특정 시점 이전에 발생한 일이 과거의 특정 시점까지 계속되는 것을 나타냅니다. 동명사 또는 현재분사 (B)는 동사 자리에 올 수 없습니다. 현재 시제 (D)는 과거에서 현재까지 계속되는 일을 나타낼 수 없습니다.

어휘 **equipment** 장비 **research** 연구 **buy** 구매하다

[05-08] 05-08번은 다음 편지에 관한 문제입니다.

> Amy에게,
>
> 지난 7월에, 우리의 모든 TV 모델들이 우리 경쟁업체들의 것들보다 저렴했기 때문에 많은 고객들을 [05]유치했습니다. 우리는 굉장히 가격이 저렴한 부품 공급처를 찾음으로써 가격을 낮게 유지할 수 있었습니다. [06]그러나, 자재들의 비용이 올랐기 때문에 우리의 TV 화면 공급사가 그것의 가격을 인상하기로 결정했습니다. 그것은 우리가 우리의 TV세트들에 대해 더 많은 금액을 청구해야 한다는 의미입니다. 그러나 저는 우리가 우리의 가격을 너무 많이 [07]인상한다면 우리의 매출이 감소할 것이 우려됩니다. [08]더 저렴한 현지 공급 회사를 찾아주시길 바랍니다. 이는 우리가 우리의 경쟁업체들보다 더 적게 금액을 청구하는 것을 계속하는 데 도움이 될 것입니다.
>
> Ahmad Perez 드림
>
> ----
>
> **cheap** 저렴한 **competitor** 경쟁업체, 경쟁자
> **supplier** 공급 회사 **decide** 결정하다 **material** 자재
> **go up** 오르다 **charge** 금액을 청구하다 **worried** 우려되는
> **if** ~한다면 **continue** 계속하다

05 올바른 시제의 동사 채우기 주변 문맥 파악

해설 문장에 주어(we)만 있고 동사가 없으므로 모든 보기가 정답의 후보입니다. '그달에 많은 고객들을 유치하다'라는 문맥인데, 이 경우 빈칸이 있는 문장만으로는 올바른 시제의 동사를 고를 수 없으므로 주변 문맥을 파악합니다. 앞 문장에서 지난 7월에 자신들의 모든 TV 모델들이 경쟁업체들의 것보다 저렴했다고 했으므로, 그달에 많은 고객들을 유치한 것이 과거에 일어난 일임을 알 수 있습니다. 따라서 과거 시제 (B) attracted(유치했다)가 정답입니다. 현재 시제 (A), 미래 시제 (C), 현재진행 시제 (D)는 과거를 나타낼 수 없습니다.

어휘 **attract** 유치하다, 끌어모으다

06 문맥에 어울리는 접속부사 채우기

해설 빈칸이 콤마와 함께 문장의 맨 앞에 온 접속부사 자리이므로, 앞 문장과 빈칸이 있는 문장의 의미 관계를 파악하여 정답을 고릅니다. 앞 문장에서 가격이 굉장히 저렴한 부품 공급처를 찾음으로써 가격을 낮게 유지할 수 있었다고 했고, 빈칸이 있는 문장에서 자재들의 비용이 올랐기 때문에 TV 화면 공급사가 가격을 인상하기로 했다고 했으므로 앞

문장과 반대되는 내용을 나타낼 때 사용되는 접속부사 (A) However(그러나)가 정답입니다. (B) Similarly(유사하게), (C) Therefore(따라서), (D) For instance(예를 들어)는 문맥에 적합하지 않습니다.

07 동사 어휘 고르기

해설 '가격을 너무 많이 인상한다면 매출이 감소할 것이 우려된다'라는 문맥이므로 (C) raise(인상하다)가 정답입니다. (A) advertise(광고하다), (B) analyze(분석하다), (D) reveal(드러내다)은 문맥에 적합하지 않습니다.

08 알맞은 문장 고르기

해석 (A) 더 저렴한 현지 공급 회사를 찾아주시길 바랍니다.
(B) 그 상황은 우리의 제품 출시 행사 이후에 정상으로 돌아올 것입니다.
(C) 우리는 온라인으로 주문했기 때문에 할인을 받았습니다.
(D) 우리의 연간 수익에 대한 정보는 그 보고서 안에 포함되어 있습니다.

해설 빈칸에 들어갈 알맞은 문장을 고르는 문제이므로 빈칸의 주변 문맥 또는 전체 문맥을 파악합니다. 뒤 문장 'This will help us continue to charge less than our competitors.'에서 이는 자신들이 경쟁업체들보다 더 적게 금액을 청구하는 것을 계속하는 데 도움이 될 것이라고 했으므로, TV 금액을 적게 유지하는 데 도움이 되는 방안과 관련된 내용이 들어가야 함을 알 수 있습니다. 따라서 (A) Please find a more affordable local supplier가 정답입니다.

어휘 **affordable** 저렴한 **local** 현지의 **situation** 상황
normal 정상 **launch** 출시
get a discount 할인을 받아 **order** 주문하다
information 정보 **annual** 연간의 **profits** 수익
include 포함하다

첫토익 **5**일 **to 부정사와 동명사**

핵심 콕콕 퀴즈

p.142

01 ⓑ	02 ⓑ	03 ⓑ	04 ⓐ

01

해석 그 행사의 늦은 등록을 허용하기 위해 마감 시간이 연기되었다.

해설 주어(The deadline)와 동사(was postponed)가 있는 완전한 문장이므로, ____ late registration for the event는 수식어입니다. 수식어 자리에 올 수 있는 것은 to 부정사이므로 ⓑ to allow가 정답입니다.

어휘 deadline 마감 시간 postpone 연기하다
registration 등록 allow 허용하다

02
해설 Mr. Weber는 회사 행사를 위해 연설 작성하는 것을 해야 한다.

해설 동사(needs) 다음에 목적어 자리가 비어 있습니다. 따라서 동사 needs의 목적어 자리에 올 수 있으면서 '~하는 것'이라고 해석하는 to 부정사 ⓑ to write가 정답입니다.

어휘 speech 연설 write 작성하다

03
해설 Ms. Simons는 그녀 자신의 사업을 시작하는 것을 생각하고 있다.

해설 전치사(about) 뒤에는 동명사가 와야 합니다. 따라서 동명사 ⓑ starting이 정답입니다.

어휘 business 사업

04
해설 임원들은 제품 디자이너와 직접 상의하는 것을 원했다.

해설 동사(wanted)의 목적어 자리가 비어 있습니다. 이때 동사 want(원하다)는 to 부정사를 목적어로 취하는 동사입니다. 따라서 to 부정사 ⓐ to consult가 정답입니다.

어휘 executive 임원 directly 직접 consult 상의하다

✦첫토익 연습문제   p.146

| 01 (B) | 02 (A) | 03 (A) |
| 04 (B) | 05 (B) | 06 (B) |

01 to 부정사 채우기
해석 사업주는 그 손님에게 할인을 제공하기로 결정했다.

해설 동사(chose)의 목적어 자리가 비어 있습니다. 이때 동사 choose(결정하다)는 to 부정사를 목적어로 취하는 동사입니다. 따라서 to 부정사 (B) to give가 정답입니다.

어휘 give 제공하다

02 동명사 채우기
해석 시간을 효율적으로 관리하는 것은 몇몇 근로자들에게는 어렵다.

해설 동사 is 앞에 있는 '____ time efficiently'는 주어 자리입니다. 따라서 주어 자리에서 명사 역할을 할 수 있는 동명사 (A) Managing이 정답입니다.

어휘 manage 관리하다

03 to 부정사 채우기
해석 Pharma사는 10주년을 기념하기 위해 행사를 개최했다.

해설 문맥상 '10주년을 기념하기 위해'라는 의미가 되어야 하므로 '~하기 위해'라는 목적을 나타내는 to 부정사 (A) to celebrate가 정답입니다.

어휘 celebrate 기념하다 celebration 기념행사

04 to 부정사 채우기
해석 그 감독은 여배우 Alice Janssen과 다시 작업하기를 희망한다.

해설 동사(hopes)의 목적어 자리가 비어 있습니다. 이때 동사 hope(희망하다)는 to 부정사를 목적어로 취하는 동사입니다. 따라서 to 부정사 (B) to work가 정답입니다.

어휘 work 작업하다

05 동명사 채우기
해석 그 제조업체는 몇몇 자재들을 개선함으로써 제품 품질을 향상시켰다.

해설 전치사(by) 뒤에는 동명사가 와야 합니다. 따라서 동명사 (B) upgrading이 정답입니다.

어휘 upgrade 개선하다

06 동명사 채우기
해석 Ms. Chiao는 성수기 동안 휴가 가는 것을 피한다.

해설 동사(avoids)의 목적어 자리가 비어 있습니다. 이때 동사 avoid(피하다)는 동명사를 목적어로 취하는 동사입니다. 따라서 동명사 (B) taking이 정답입니다.

✦첫토익 실전문제   p.147

PART 5

| 01 (A) | 02 (A) | 03 (C) | 04 (A) |
| 05 (B) | 06 (D) | 07 (C) | 08 (B) |

01 to 부정사 채우기
해석 Northpoint 쇼핑몰에 있는 보안 시스템은 허위 경보들을 방지하기 위해 교체되었다.

해설 문맥상 '보안 시스템은 허위 경보들을 방지하기 위해 교체

되었다'라는 의미가 되어야 하므로 '~하기 위해'라는 목적을 나타내는 to 부정사가 와야 합니다. 따라서 to 부정사의 to 다음에 오는 동사원형 (A) prevent가 정답입니다. 명사 (B), 동명사 또는 현재분사 (C), 동사의 과거형 또는 과거분사 (D)는 to와 함께 '~하기 위해'라는 의미를 만들 수 없습니다.

어휘 security 보안 replace 교체하다
false 허위의, 거짓의 alarm 경보 prevent 방지하다
prevention 방지

02 동명사 채우기

해석 이사회 회의에 참석하는 것의 필요성에 대해 Mr. Clark는 간단히 안건을 검토했다.

해설 전치사(of) 뒤에는 동명사가 와야 합니다. 따라서 동명사 (A) attending이 정답입니다. 명사 (C)도 전치사 뒤에 올 수 있지만, 빈칸 뒤의 명사(the board meeting)를 목적어로 가질 수 없으므로 답이 될 수 없습니다. 동사 (B)와 동사의 과거형 또는 과거분사 (D)는 전치사 뒤에 올 수 없습니다.

어휘 board 이사회 briefly 간단히 review 검토하다
necessity 필요성 attend 참석하다
attendance 참석, 출석

03 동명사 채우기

해석 안전 장비 없이 그 공장 기기를 가동하는 것은 위험하다.

해설 동사(is) 앞에 있는 '____ the factory equipment'는 주어 자리입니다. 따라서 주어 자리에서 명사 역할을 할 수 있는 동명사 (C) Operating이 정답입니다. 명사 (D)도 주어 자리에 올 수 있지만, 빈칸 뒤의 명사(the factory equipment)를 목적어로 가질 수 없으므로 답이 될 수 없습니다. 동사 (A)와 형용사 (B)는 주어 자리에 올 수 없습니다.

어휘 equipment 기기, 장비 without ~없이
safety gear 안전 장비 operate 가동하다
operative 가동되는 operation 작동, 운영

04 to 부정사 채우기

해석 그 모바일 게임 회사는 문제가 발생했을 때 사용자들에게 게임을 다시 설치할 것을 요청했다.

해설 동사 ask(요청하다)는 to 부정사를 목적격 보어로 취하는 동사입니다. 따라서 to 부정사 (A) to install이 정답입니다. 동명사 또는 현재분사 (B), 동사 (C), 동사의 과거형 또는 과거분사 (D)는 동사 ask의 목적격 보어 자리에 올 수 없습니다.

어휘 occur 발생하다 install 설치하다

05 to 부정사 채우기

해석 Sphere 여행사는 고객들이 불만사항을 제기할 다양한 방법을 제공한다.

해설 빈칸에는 명사(ways) 뒤에서 형용사처럼 명사를 꾸며 줄 수 있는 to 부정사가 와야 합니다. 따라서 to 부정사 (B) to submit이 정답입니다. 동사의 과거형 또는 과거분사 (A), 동사 (C)와 (D)는 to 부정사 자리에 올 수 없습니다.

어휘 various 다양한 complaint 불만사항
submit 제기하다, 제출하다

06 동명사 채우기

해석 Ms. Stefan은 토지 가치가 인상되기 전에 부동산에 투자하는 것을 제안했다.

해설 동사(suggested)의 목적어 자리가 비어 있습니다. 동사 suggest(제안하다)는 동명사를 목적어로 취하는 동사이므로 동명사 (D) investing이 정답입니다. 동사의 과거형 또는 과거분사 (A)와 to 부정사 (B)는 동사 suggest의 목적어 자리에 올 수 없습니다. 명사 (C)는 동사의 목적어 자리에 올 수 있지만, 단수 명사(investor) 앞에 관사 an이 없고, '토지 가치가 인상되기 전에 부동산에 투자자를 고려했다'라는 어색한 문맥을 만들므로 답이 될 수 없습니다.

어휘 suggest 제안하다 real estate 부동산
property 토지, 재산 value 가치 invest 투자하다
investor 투자자

07 to 부정사 채우기

해석 Mr. Parker는 환불을 받기 위해 고객 서비스 센터로 갔다.

해설 문맥상 '환불을 받기 위해 갔다'라는 의미가 되어야 하고 빈칸 다음에 동사원형(get)이 있으므로, 빈칸은 동사원형과 함께 '~하기 위해'라는 목적을 나타내는 to 부정사의 to가 와야 하는 자리임을 알 수 있습니다. to 부정사가 목적을 나타낼 때는 to 대신 in order to를 쓸 수 있으므로 (C) in order to가 정답입니다. 접속부사 (A), (B), (D)는 콤마와 함께 두 문장을 의미적으로 연결할 때 쓰이므로 답이 될 수 없습니다.

어휘 get a refund 환불을 받다 therefore 그러므로
for example 예를 들어 however 그러나

08 to 부정사 채우기

해석 Rowville은 다리 공사를 시작하기 위해 더 많은 자금이 필요했다.

해설 주어(Rowville), 동사(needed), 목적어(more funding)가 있는 완전한 문장이므로, ____ construction on the bridge는 수식어입니다. 수식어 자리에 오면서, 문맥상 '공사를 시작하기 위해 더 많은 자금이 필요했다'라는 의미를 만들어야 하므로 '~하기 위해'라는 목적을 나타내는 to 부

정사 (B) to begin이 정답입니다. 동사 (A), (C), (D)는 to 부정사 자리에 올 수 없습니다.

어휘 funding 자금   construction 공사   begin 시작하다

첫토익 **6**일   분사

핵심 콕콕 퀴즈   p.148

01 ⓑ   **02** ⓑ   **03** ⓐ   **04** ⓐ

01

해석 우리는 변경된 계획들을 논의할 것이다.

해설 명사(plans) 앞에 올 수 있는 것은 형용사입니다. 따라서 형용사 역할의 과거분사 ⓑ changed가 정답입니다.

어휘 discuss 논의하다   plan 계획

02

해석 그 새 오븐을 사용하는 고객들은 먼저 구성품들을 세척해야 한다.

해설 명사 Customers를 꾸며주면서 뒤의 명사(the new oven)를 목적어로 가질 수 있는 분사가 와야 하므로 현재분사 ⓑ using이 정답입니다.

어휘 customer 고객   component 구성품   usage 사용   use 사용하다

03

해석 곧 있을 이벤트를 알리는 공지가 게시되었다.

해설 빈칸 뒤에 목적어 an upcoming event가 있으므로 현재분사 ⓐ announcing이 정답입니다.

어휘 notice 공지   upcoming 곧 있을, 다가오는   announce 알리다

04

해석 새로운 휴대폰의 그 기능은 꽤 실망스럽다.

해설 '기능이 실망스럽다'라는 의미로, 주어 The feature가 실망스럽게 하는 원인이므로 현재분사 ⓐ disappointing이 정답입니다.

어휘 feature 기능   quite 꽤   disappoint 실망시키다

✦첫토익 연습문제   p.152

01 (A)   **02** (B)   **03** (A)
04 (A)   **05** (B)   **06** (A)

01 분사 채우기

해석 환승하시는 승객분들은 17번 탑승구로 가셔야 합니다.

해설 빈칸은 명사(passengers) 앞에서 명사를 꾸미는 형용사 역할을 하고 있으므로 분사 (A) Transferring이 정답입니다.

어휘 transfer 환승하다

02 감정을 나타내는 분사 채우기

해석 *Sunflower Wings*는 그 박물관에서 가장 흥미로운 미술품이다.

해설 '가장 흥미로운 예술품이다'라는 의미가 되어야 하므로 현재분사 (B) interesting이 정답입니다. (A)는 '흥미로워하는 예술품'이라는 어색한 문맥을 만듭니다.

어휘 interest 흥미를 끌다; 흥미

03 현재분사와 과거분사 구별하여 채우기

해석 기차역에 있는 화면은 예정된 도착 시간들을 보여준다.

해설 '예정된 도착 시간'이라는 의미가 되어야 하므로 과거분사 (A) scheduled가 정답입니다. (B)는 '예정하는 도착 시간'이라는 어색한 문맥을 만듭니다.

어휘 schedule 예정하다

04 현재분사와 과거분사 구별하여 채우기

해석 모든 PPR사의 카드들은 재활용된 종이로 만들어진다.

해설 '재활용된 종이'라는 의미가 되어야 하므로 과거분사 (A) recycled가 정답입니다. (B)는 '재활용하는 종이'라는 어색한 문맥을 만듭니다.

어휘 recycle 재활용하다

05 현재분사와 과거분사 구별하여 채우기

해석 Ms. Russell은 인기 있는 가수를 주연으로 하는 뮤지컬을 연출하고 있다.

해설 '인기 있는 가수를 주연으로 하는 뮤지컬'이라는 의미가 되어야 하므로 (B) starring이 정답입니다. (A)는 '인기 있는 가수가 주연으로 된 뮤지컬'이라는 어색한 문맥을 만듭니다.

어휘 star 주연으로 하다

06 분사 채우기

해석 Rely 컨설팅 회사는 빠르게 변하는 기술에 대한 조언을 제

공한다.

해설 빈칸은 명사(technology) 앞에서 명사를 꾸미는 형용사 역할을 하고 있으므로 분사 (A) changing이 정답입니다.

어휘 change 변하다; 변화

✦첫토익 실전문제

PART 5

01 (A) **02** (B) **03** (A) **04** (D)

PART 6

05 (D) **06** (B) **07** (B) **08** (C)

01 현재분사와 과거분사 구별하여 채우기

해석 저희 웹사이트에 제시된 모든 생활용품들은 금요일까지 할인 중입니다.

해설 빈칸은 명사(household items) 뒤에서 명사를 꾸미는 형용사 역할을 하고 있으므로 분사 (A)와 (D)가 정답의 후보입니다. 의미상 '제시하는(showing) 생활용품들'보다 '제시된(shown) 생활용품들'이 더 자연스러우므로 과거분사 (A) shown이 정답입니다. 동사 (B)와 (C)는 명사를 꾸밀 수 없습니다.

어휘 show 제시하다

02 현재분사와 과거분사 구별하여 채우기

해석 건물 지도를 포함하는 그 책자는 안내 데스크에서 찾아질 수 있다.

해설 빈칸은 명사(The brochure) 뒤에서 명사를 꾸미는 형용사 역할을 하고 있으므로 분사 (B)와 (D)가 정답의 후보입니다. 의미상 '건물 지도를 포함된(included) 책자'보다 '건물 지도를 포함하는(including) 책자'가 더 자연스러우므로 현재분사 (B) including이 정답입니다. 동사 (A)와 명사 (C)는 명사를 꾸밀 수 없습니다.

어휘 brochure 책자 front desk 안내 데스크
include 포함하다 inclusion 포함

03 분사 채우기

해석 그 관리자는 그의 팀에게 곧 있을 워크숍에 대해 상세한 설명을 해주었다.

해설 빈칸은 명사(explanations) 앞에서 명사를 꾸미는 형용사 역할을 하고 있으므로 분사 (A) detailed가 정답입니다. 명사 또는 동사 (B)와 (C)는 명사를 꾸밀 수 없습니다. to 부정사 (D)는 명사를 앞에서 꾸밀 수 없습니다.

어휘 explanation 설명 upcoming 곧 있을, 다가오는
detail 상세히 알리다; 세부사항

04 감정을 나타내는 분사 채우기

해석 그 기념일 파티의 주최자는 손님들의 수에 만족했다.

해설 빈칸은 be동사(was)의 보어 자리이므로 보어 자리에 올 수 있는 분사 (C)와 (D)가 정답의 후보입니다. '주최자는 손님들의 수에 만족했다'라는 의미로, 문장의 주어(The organizer)가 만족을 느끼는 주체이므로 과거분사 (D) pleased가 정답입니다. 현재분사 (C)는 '주최자는 손님들의 수에 만족을 주었다'라는 어색한 문맥을 만듭니다. 동사 (A)와 (B)는 보어 자리에 올 수 없습니다.

어휘 organizer 주최자 anniversary 기념일
the number of ~의 수 please 만족시키다

[05-08] 05-08번은 다음 공고에 관한 문제입니다.

> BluCorp사는 Shawn Vihari를 관리자직으로 승진시키게 되어 자랑스럽습니다. [05]Mr. Vihari는 그의 훌륭한 혁신들로 존경받습니다. 그가 현 직책에 있던 기간 동안 [06]제안된 아이디어들은 제품 개발에 있어 생산성과 효율성을 크게 높였습니다. 관리자로서, Mr. Vihari는 [07]미래의 아시아 본부를 맡을 것입니다. 그의 지휘하에 처음으로 아시아에서 운영이 시작되면, 그는 그곳에서 BluCorp사의 제품 라인을 개발할 것입니다. [08]게다가, 그는 자사의 아시아 판매 네트워크를 구축할 것입니다.

> proud 자랑스러운 promote 승진시키다 management 관리자
> current 현재의 role 직무, 역할 productivity 생산성
> efficiency 효율성
> be responsible for ~을 맡다, ~에 책임이 있다
> operation 운영 leadership 지휘, 지도 build 구축하다

05 알맞은 문장 고르기

해석 (A) 다른 후보자들은 고려 중입니다.
(B) 이 정보는 아직 저희에게 제공되지 않았습니다.
(C) BluCorp사의 이사회는 그에게 특별한 은퇴 선물을 주었습니다.
(D) Mr. Vihari는 그의 훌륭한 혁신들로 존경받습니다.

해설 빈칸에 들어갈 알맞은 문장을 고르는 문제이므로 빈칸의 주변 문맥 또는 전체 문맥을 파악합니다. 앞 문장 'BluCorp is proud to promote Shawn Vihari to a management role.'에서 Shawn Vihari를 관리자직으로 승진시킨다고 했고, 뒤 문장 'The ideas ~ increased our productivity and efficiency in developing products.'에서 그가 제안한 아이디어들이 제품 개발에 있어 생산성과 효율성을 높였다고 했으므로 빈칸에는 Mr. Vihari가 승진한 이유와 관련된 내용이 들어가야 함을 알 수 있습니다. 따라서 (D) Mr. Vihari is admired for his excellent innovations가 정답입니다.

어휘 candidate 후보자 under consideration 고려 중인
offer 제공하다 board of directors 이사회

RC 첫토익 6일 | 분사 **53**

RC

해커스 첫토익 LC+RC+VOCA

retirement 은퇴　admire 존경하다　excellent 훌륭한
innovation 혁신

06 현재분사와 과거분사 구별하여 채우기

해설　빈칸은 명사(The ideas) 뒤에서 명사를 꾸미는 형용사 역
할을 하고 있으므로 분사 (B)와 (C)가 정답의 후보입니다.
의미상 '제안하는(proposing) 아이디어들'보다 '제안된
(proposed) 아이디어들'이 더 자연스러우므로 과거분사
(B) proposed가 정답입니다. 동사 (A)와 (D)는 명사를 꾸
밀 수 없습니다.

어휘　propose 제안하다

07 형용사 어휘 고르기 주변 문맥 파악

해설　'＿＿＿한 아시아 본부를 맡을 것이다'라는 문맥이므로 모든
보기가 정답의 후보입니다. 빈칸이 있는 문장만으로는 정답
을 고를 수 없으므로 빈칸의 주변 문맥 또는 전체 문맥을 파
악합니다. 뒤 문장에서 그, 즉 Mr. Vihari의 지휘하에 처
음으로 아시아에서 운영이 시작된다고 했으므로 그가 미래
의 아시아 본부를 맡을 것임을 알 수 있습니다. 따라서 (B)
future(미래의)가 정답입니다. (A) continuous(끊임없는),
(C) established(확정된), (D) final(최종의)은 문맥에 적합
하지 않습니다.

08 문맥에 어울리는 접속부사 채우기

해설　빈칸이 콤마와 함께 문장의 맨 앞에 온 접속부사 자리이므
로, 앞 문장과 빈칸이 있는 문장의 의미 관계를 파악하여 정
답을 고릅니다. 앞 문장에서 그는 그곳, 즉 아시아에서 제
품 라인을 개발할 것이라고 했고, 빈칸이 있는 문장에서 그
가 아시아 판매 네트워크를 구축할 것이라고 했으므로 앞
문장에 덧붙이는 내용을 제시할 때 사용되는 접속부사 (C)
Additionally(게다가)가 정답입니다. (A) Although(그럼에
도 불구하고), (B) In contrast(반대로), (D) Formerly(이전
에)는 문맥에 적합하지 않습니다.

첫토익 7일 　전치사

핵심 콕콕 퀴즈　p.154

01 ⓑ	02 ⓐ	03 ⓐ	04 ⓐ

01

해석　그 조수는 발표 전에 자료를 나눠 주었다.

해설　전치사(before) 뒤에 올 수 있는 것은 명사입니다. 따라서
명사 ⓑ presentation(발표)이 정답입니다.

어휘　assistant 조수　present 발표하다

02

해석　Flash Max사는 3월에 새로운 프로그램을 출시했다.

해설　빈칸 뒤에 월을 나타내는 March(3월)가 있으므로 시간 전
치사 중 월 앞에 오는 전치사 ⓐ in(~에)이 정답입니다.

어휘　launch 출시하다

03

해석　정지 표지판이 그 도로에 설치되었다.

해설　빈칸 뒤에 표면 위를 나타내는 road(도로)가 있으므로 장소
전치사 중 표면 위에 있는 것을 나타내는 전치사 ⓐ on(~에)
이 정답입니다.

어휘　install 설치하다

04

해석　그 기차는 안전 검사 때문에 지연되었다.

해설　'안전 검사 때문에 지연되다'라는 의미가 되어야 하므로 '~
때문에'라는 이유를 나타내는 전치사 ⓐ due to가 정답입니
다.

어휘　delay 지연시키다　safety inspection 안전 검사
except ~을 제외하고

✦첫토익 연습문제　p.158

01 (A)	02 (B)	03 (B)
04 (A)	05 (A)	06 (B)

01 전치사 채우기: 기간

해석　Mr. Grant는 두 달 동안 그의 제안서에 공들여왔다.

해설　'Mr. Grant는 두 달 동안 그의 제안서에 공들여왔다'라는
의미가 되어야 하므로 '~ 동안'이라는 기간을 나타내는 전
치사 (A) for가 정답입니다.

어휘　for ~ 동안, ~을 위해　by ~까지

02 전치사 채우기: 시간

해석　소규모 자영업자들을 위한 사교 행사가 정오에 열릴 것이다.

해설　시각을 나타내는 noon(정오) 앞에 쓸 수 있는 전치사 (B) at
이 정답입니다.

03 전치사 채우기: 기간

해석　회사 연회 동안 네 가지 코스 식사가 제공되었다.

해설　'회사 연회 동안 네 가지 코스 식사가 제공되었다'라는 의미

가 되어야 하므로 '~ 동안'이라는 기간을 나타내는 전치사 (B) during이 정답입니다.

어휘 since ~이래로 during ~ 동안

04 전치사 채우기: 이유

해석 그 책꽂이들은 공간의 부족 때문에 치워졌다.

해설 '그 책꽂이들은 공간의 부족 때문에 치워졌다'라는 의미가 되어야 하므로 '~ 때문에'라는 이유를 나타내는 전치사 (A) because of가 정답입니다.

어휘 because of ~ 때문에 except ~을 제외하고는

05 전치사 채우기: 방향

해석 Hills 컨벤션 센터의 방문객들은 서쪽 문을 통해 나가셔야 합니다.

해설 'Hills 컨벤션 센터의 방문객들은 서쪽 문을 통해 나가셔야 합니다'라는 의미가 되어야 하므로 '~을 통해'라는 방향을 나타내는 전치사 (A) through가 정답입니다.

어휘 through ~을 통해 about ~에 관한

06 전치사 채우기: 시점

해석 그 기자는 다음 주 선거 전에 그 시장을 인터뷰할 것이다.

해설 '그 기자는 다음 주 선거 전에 그 시장을 인터뷰할 것이다'라는 의미가 되어야 하므로 '~ 전에'라는 시점을 나타내는 전치사 (B) before가 정답입니다.

어휘 across ~을 가로질러 before ~ 전에

첫 토익 실전 문제 p.159

PART 5

01 (A)	**02** (B)	**03** (B)	**04** (C)
05 (C)	**06** (C)	**07** (A)	**08** (D)

01 전치사 채우기: 시점

해석 Mr. Crane은 2년의 근무 후에 승진했다.

해설 '2년의 근무 후에 승진했다'라는 의미가 되어야 하므로 '~ 후에'라는 시점을 나타내는 전치사 (A) after가 정답입니다. (B) toward(~ 쪽으로), (C) inside(~ 안에), (D) about(~에 관한)은 문맥에 적합하지 않습니다.

어휘 promote 승진시키다

02 전치사 채우기: 장소

해석 투자 전략에 대한 무료 세미나가 Dorham 홀에서 개최될 것이다.

해설 빈칸 뒤에 특정 지점을 나타내는 Dorham Hall(Dorham 홀)이 있으므로 장소 전치사 중 특정 지점 앞에 오는 전치사 (B) at(~에서)이 정답입니다. (A)는 층·표면 위를 나타냅니다. (C) of(~의)와 (D) for(~을 위해)는 문맥에 적합하지 않습니다.

어휘 investment 투자 strategy 전략
take place 개최되다

03 전치사 채우기: 양보

해석 그것의 작은 크기에도 불구하고, Chasebot사의 3-D 프린터는 다른 것들보다 더 많은 기능을 가지고 있다.

해설 '그것의 작은 크기에도 불구하고, 많은 기능을 가지고 있다'라는 의미가 되어야 하므로 '~에도 불구하고'라는 양보를 나타내는 전치사 (B) Despite가 정답입니다. (A) Outside(~ 밖에), (C) Between(~ 사이에), (D) From(~에서)은 문맥에 적합하지 않습니다.

어휘 function 기능

04 전치사 채우기: 기간

해석 신입 사원들은 교육 과정 동안 회사 정책들에 관한 질문들을 할 수 있다.

해설 '교육 과정 동안 질문을 하다'라는 의미가 되어야 하므로 '~ 동안'이라는 기간을 나타내는 전치사 (C) during이 정답입니다. (A) without(~ 없이), (B) along(~을 따라), (D) into(~ 안으로)는 문맥에 적합하지 않습니다.

어휘 policy 정책 training course 교육 과정

05 전치사 채우기: 제외

해석 Folio 서점은 휴일을 제외하고는 매일 영업 중이다.

해설 '휴일을 제외하고는 매일 영업 중이다'라는 의미가 되어야 하므로 '~을 제외하고는'이라는 제외를 나타내는 전치사 (C) except가 정답입니다. (A) across(~을 가로질러), (B) until(~까지), (D) through(~을 통과하여)는 문맥에 적합하지 않습니다.

어휘 be open for business 영업 중이다 holiday 휴일

06 전치사 채우기: 이유

해석 Bolt Hardware사는 중대한 결함 때문에 몇몇 장비를 회수해야 했다.

해설 '중대한 결함 때문에 장비를 회수해야 했다'라는 의미가 되어야 하므로 '~ 때문에'라는 이유를 나타내는 전치사 (C) because of가 정답입니다. (A) except for(~을 제외하고는), (B) in addition to(~에 더하여), (D) in spite of(~에도 불구하고)는 문맥에 적합하지 않습니다.

어휘 recall 회수하다 equipment 장비

major 중대한, 주요한   defect 결함

07 전치사 채우기: 시점

해석 자원봉사자 프로그램에 참가하길 원하는 사람들은 7월 16
일까지 등록해야 한다.

해설 '참가하길 원하는 사람들은 7월 16일까지 등록해야 한다'라
는 의미가 되어야 하므로 '~까지'라는 시점을 나타내는 전
치사 (A) by가 정답입니다. (B) to(~로)와 (D) with(~와 함
께)는 문맥에 적합하지 않습니다. (C)는 날짜가 아니라 시각
앞에 와야 합니다.

어휘 participate in ~에 참가하다   volunteer 자원봉사자
sign up 등록하다, 신청하다

08 전치사 채우기: 방향

해석 Banford 관광청은 다른 나라들로부터 더 많은 관광객들을
유치하고자 노력하고 있다.

해설 '다른 나라들로부터 더 많은 관광객들을 유치하고자 노력하
고 있다'라는 의미가 되어야 하므로 '~로부터'라는 방향을
나타내는 전치사 (D) from이 정답입니다. (A) across(~을
가로질러), (B) after(~ 후에), (C) due to(~ 때문에)는 문맥
에 적합하지 않습니다.

어휘 attract 유치하다, 끌어모으다   visitor 관광객, 방문객

첫토익 8일   접속사

핵심 콕콕 퀴즈   p.160

| 01 ⓑ | 02 ⓐ | 03 ⓑ | 04 ⓐ |

01

해석 그 TV쇼의 첫 번째 시즌은 인상 깊었으나, 두 번째는 실망
스러웠다.

해설 '첫 번째 시즌은 인상 깊었으나 두 번째는 실망스러웠다'라
는 의미가 되어야 하므로 등위접속사 ⓑ but(그러나)이 정답
입니다.

어휘 impressive 인상 깊은   disappoint 실망시키다

02

해석 관리자는 회계 보고서에 문제가 있었다는 것을 말했다.

해설 '보고서에 문제가 있었다'는 확실한 사실을 전달하고 있으므
로 명사절 접속사 ⓐ that(~라는 것)이 정답입니다.

어휘 accounting 회계

03

해석 Mr. Venn은 그가 준비되자마자 그 회의를 시작할 것이다.

해설 '준비되자마자 회의를 시작할 것이다'라는 의미가 되어야 하
므로 시간 접속사 ⓑ as soon as(~하자마자)가 정답입니
다.

어휘 begin 시작하다

04

해석 Ms. Martinez는 비록 경험이 부족했을지라도 그녀의 열정
덕분에 고용되었다.

해설 '경험이 부족했을지라도'라는 의미로 해석하는 것이 자연스
러우므로 양보 접속사 ⓐ although(비록 ~일지라도)가 정답
입니다.

어휘 lack 부족하다   enthusiasm 열정

첫토익 연습문제   p.164

| 01 (A) | 02 (A) | 03 (B) |
| 04 (A) | 05 (B) | 06 (A) |

01 부사절 접속사 채우기: 시간

해석 일단 회의가 시작되면, 참가자들은 그들의 휴대폰을 꺼야
한다.

해설 '일단 회의가 시작되면'이라는 의미가 되어야 하므로 '일단
~하면'이라는 시간을 나타내는 부사절 접속사 (A) Once가
정답입니다.

어휘 once 일단 ~하면   while ~하는 동안, ~한 반면에

02 부사절 접속사 채우기: 양보

해석 비록 휴가철이 아니었을지라도 그 호텔은 완전히 예약되었
다.

해설 '비록 휴가철이 아니었을지라도'라는 의미가 되어야 하므로
'비록 ~일지라도'라는 양보를 나타내는 부사절 접속사 (A)
Although가 정답입니다.

어휘 since ~한 이래로

03 명사절 접속사 채우기: 의문사

해석 언제 공사가 시작될지가 오늘 아침에 발표되었다.

해설 '언제 공사가 시작될지가 오늘 아침에 발표되었다'라는 의
미가 되어야 하므로 '언제'라는 시간을 나타내는 의문사 (B)
When이 정답입니다.

04 상관접속사 채우기

해석 Motor Pals사는 차량들을 판매할 뿐만 아니라 다양한 종류의 차들을 수리하기도 한다.

해설 '차량들을 판매할 뿐만 아니라 다양한 종류의 차들을 수리하기도 한다'라는 의미가 되어야 하므로 not only와 짝을 이루는 상관 접속사 (A) but also가 정답입니다.

어휘 both 둘 다

05 부사절 접속사 채우기: 조건

해석 만약 당신이 좌석에 만족하지 않는다면 그것을 변경할 수 있습니다.

해설 '만약 당신이 좌석에 만족하지 않는다면'이라는 의미가 되어야 하므로 '만약'이라는 조건을 나타내는 부사절 접속사 (B) if가 정답입니다.

어휘 if 만약 ~이라면

06 등위접속사 채우기

해석 Collins는 지원 기한을 놓쳐서 면접을 보지 못했다.

해설 '지원 기한을 놓쳐서 면접을 보지 못했다'라는 의미가 되어야 하므로 등위접속사 (A) so(그래서)가 정답입니다.

어휘 nor ~도 아니다

✦첫토익 실전문제

p.165

PART 5

| 01 (D) | 02 (C) | 03 (C) | 04 (B) |

PART 6

| 05 (A) | 06 (A) | 07 (C) | 08 (B) |

01 등위접속사 채우기

해석 그 협상은 일주일 이상 걸렸으나 양측 모두 결과에 만족했다.

해설 '그 협상은 일주일 이상 걸렸으나 양측 모두 결과에 만족했다'라는 의미가 되어야 하므로 등위접속사 (D) but(그러나)이 정답입니다. 명사절 접속사 (A) that(~라는 것)과 등위접속사 (B) or(또는)는 문맥에 적합하지 않습니다. (C) nor는 neither와 짝을 이루어 상관접속사 neither A nor B(A도 B도 아닌)를 만들어야 하므로 답이 될 수 없습니다.

어휘 negotiation 협상 side 측, 쪽 outcome 결과

02 부사절 접속사 채우기: 시간

해석 Mr. Choi는 그가 경비 보고서를 제출하기 전에 잘못된 정보를 수정했다.

해설 빈칸 앞은 주어(Mr. Choi), 동사(revised), 목적어(the incorrect information)를 모두 갖춘 완벽한 절이므로, 빈칸이 있는 문장은 꾸며주는 절입니다. 주절을 꾸미는 것은 부사절이므로 부사절 접속사 (B)와 (C)가 정답의 후보입니다. '경비 보고서를 제출하기 전에 잘못된 정보를 수정했다'라는 의미로 해석하는 것이 자연스러우므로 시간 접속사 (C) before(~하기 전에)가 정답입니다. 양보 접속사 (B) though(비록 ~이지만)는 문맥에 적합하지 않습니다. 전치사 (A)와 (D)는 부사절을 이끌 수 없습니다.

어휘 incorrect 잘못된 turn in 제출하다
expense 경비, 비용 during ~동안
besides ~ 외에도

03 부사절 접속사 채우기: 양보

해석 직원들은 비록 그들이 작년에 갔을지라도 소프트웨어 교육 과정에 한 번 더 참석해야 한다.

해설 빈칸 앞은 주어(Employees), 동사(must attend), 목적어(the software training course)를 모두 갖춘 완벽한 절이므로, 빈칸이 있는 문장은 꾸며주는 절입니다. 주절 뒤에서 주절을 꾸미는 것은 부사절이므로 부사절 접속사 (A)와 (C)가 정답의 후보입니다. '비록 작년에 갔을지라도 한 번 더 참석해야 한다'라는 의미로 부사절을 양보의 의미로 해석하는 것이 자연스러우므로 양보 접속사 (C) even though(비록 ~할지라도)가 정답입니다. 이유 접속사 (A) now that(~이니까)은 문맥에 적합하지 않습니다. 전치사 (B)와 (D)는 부사절을 이끌 수 없습니다.

어휘 attend 참석하다 training course 교육 과정
in addition to ~에 더하여 because of ~ 때문에

04 상관 접속사 채우기

해석 Gibson 상원 의원은 그가 재선에 출마할지 안 할지 아직 결정하지 않았다.

해설 동사 decided 뒤의 목적어 자리에 절이 있으므로 이 절은 목적어 자리에 올 수 있는 명사절입니다. 따라서 빈칸에는 명사절을 이끄는 명사절 접속사가 와야 하므로 명사절 접속사 (A)와 (B)가 정답의 후보입니다. '재선에 출마할지 안 할지 아직 결정하지 않았다'는 불확실한 사실을 전달하고 있으므로 명사절 접속사 (B) whether가 정답입니다. 부사절 접속사 (C) whereas(~에 반하여)와 (D) in case(~의 경우에는)는 명사절을 이끌 수 없습니다.

어휘 senator 상원 의원 run for 출마하다
reelection 재선

RC

해커스 첫토익 LC+RC+VOCA

[05-08] 05-08번은 다음 기사에 관한 문제입니다.

Wellspoint에 따르면, 그것은 도시 전역에 전기차들을 위한 150개의 충전소를 지을 것이다. 그 작업은 10월 8일에 시작하여 [05]11월 26일까지 계속될 것이다. 그 프로젝트는 운전자들이 더 깨끗한 에너지원을 이용하도록 장려할 것이다. [06]이것 덕분에, 도시의 공기질이 개선될 가능성이 있다.

운전자들은 그들의 차량을 충전할 때마다 보상 포인트를 얻을 것이다. 이 포인트는 다양한 지역 사업체들의 [07]서비스들 뿐만 아니라 제품들로도 교환될 수 있다. 사람들은 그들의 포인트를 휴대폰 애플리케이션을 통해 [08]간단히 확인할 수 있을 것이다.

according to ~에 따르면 charging station 충전소
electric vehicle 전기차 throughout 전역에, 도처에
encourage 장려하다, 권장하다 energy source 에너지원
earn 얻다, 벌다 reward 보상 charge 충전하다
exchange 교환하다 various 다양한, 여러 가지의
local 지역의, 현지의 application 애플리케이션

05 전치사 채우기: 시점

해설 '작업은 10월 8일에 시작하여 11월 26일까지 계속될 것이다'라는 의미가 되어야 하므로 '~까지'라는 시점을 나타내는 전치사 (A) until이 정답입니다. (B) behind(~ 뒤에), (C) for(~ 동안), (D) among(~ 사이에)은 문맥에 적합하지 않습니다.

06 알맞은 문장 고르기

해석 (A) 이것 덕분에, 도시의 공기 질이 개선될 가능성이 있다.
(B) 장기적으로, 도심부의 교통 상황은 좋아질 것이다.
(C) 그 차량들은 여전히 몇몇 기술적인 문제들이 있다.
(D) 벌금은 사람들이 대중교통을 이용하도록 할 것이다.

해설 빈칸에 들어갈 알맞은 문장을 고르는 문제이므로 빈칸의 주변 문맥 또는 전체 문맥을 파악합니다. 앞 문장 'The project will encourage drivers to use a cleaner energy source.'에서 그 프로젝트, 즉 도시 전역에 전기차들을 위한 충전소를 짓는 것은 운전자들이 더 깨끗한 에너지원을 이용하도록 장려할 것이라고 했으므로, 빈칸에는 깨끗한 에너지원 이용에 따른 효과와 관련된 내용이 들어가야 함을 알 수 있습니다. 따라서 (A) Thanks to this, the air quality in the city is likely to improve가 정답입니다. (B), (C), (D)는 깨끗한 에너지원 이용에 따른 효과와 관련된 내용이 아니므로 답이 될 수 없습니다.

어휘 air quality 공기 질 be likely to ~할 가능성이 있다
improve 개선되다, 나아지다
in the long term 장기적으로
traffic condition 교통 상황 city center 도심부
get better 좋아지다 technical 기술적인
penalty 벌금 public transportation 대중교통

07 상관접속사 채우기

해설 '서비스들뿐만 아니라 제품들로도 교환될 수 있다'라는 의미가 되어야 하므로 A as well as B(B뿐만 아니라 A도) 형태로 쓰이는 상관접속사 (C) as well as(~뿐만 아니라)가 정답입니다. 참고로, 상관접속사(as well as)가 명사 products와 명사 services를 연결하고 있음을 알아둡니다. 부사절 접속사 (A)와 (D), 부사 (B)는 두 개의 명사를 대등하게 연결할 수 없습니다. (D)를 '~ 이래로'라는 의미의 전치사로 본다 해도, '서비스들 이래로 제품들로 교환될 수 있다'라는 어색한 문맥을 만들기 때문에 답이 될 수 없습니다.

어휘 unless ~하지 않는 한 additionally 게다가
since ~이기 때문에, ~한 이래로

08 부사 어휘 고르기

해설 '휴대폰 애플리케이션을 통해 간단히 확인할 수 있을 것이다'라는 문맥이므로 부사 (B) simply(간단히)가 정답입니다. (A) early(일찍), (C) suddenly(갑자기), (D) justly(정당하게, 바르게)는 문맥에 적합하지 않습니다.

PART 7

첫토익 **9**일 이메일/편지, 양식, 기사, 메시지 대화문

첫토익 연습문제

p.174

01 (B)   **02** (B)   **03** (A)   **04** (A)

[01] 이메일

제목: 최종 면접

Ms. Lewis께,
제 동료들과 제가 2월 15일에 매우 깊은 인상을 받았기 때문에 [01]저는 귀하를 최종 면접에 다시 초청하기 위해 이메일을 씁니다. 저는 귀하께서 이곳에서 가르치실 수업들에 대해 특별히 논의하고 싶습니다. 2월 26일 오전 10시가 괜찮으실까요? 만약 그렇지 않다면, 저희가 다른 시간과 날짜를 정할 수 있도록 언제 귀하께서 시간이 있으신지 저희에게 알려주시기 바랍니다.

invite 초청하다, 초대하다 colleague 동료
especially 특별히, 특히 available 시간이 있는
arrange 정하다, 마련하다

01

해석 이메일은 왜 쓰여졌는가?

(A) 수업 일정을 확정하기 위해

(B) 추가 만남을 계획하기 위해

해설 지문의 목적은 대부분 앞에서 언급되므로 앞부분에서 정답의 단서를 찾습니다. 단서 [01]에서 최종 면접에 다시 초청하기 위해 이메일을 쓴다고 했으므로 (B)가 정답입니다.

[패러프레이징]

final interview(최종 면접)

→ additional meeting(추가 만남)

어휘 **confirm** 확정하다, 확인하다 **teaching** 수업, 교육

additional 추가의

[02] 광고지

Kitchen Master

청소년 요리사들을 위한 주간 여름 프로그램

신나는 요리 수업에 등록시킴으로써 당신의 아이가 반드시 결실 있는 여름을 보내도록 하세요. 학생들은 갓 만든 파스타에서부터 수제 와플까지 모든 것을 요리하는 것을 배우게 될 것입니다. [02]Kitchen Master 어느 매장에서든 당신의 자녀를 이 프로그램에 등록하실 수 있습니다. 그저 점원들 중 한 명에게 신청서를 요청하시면 됩니다. 이 프로그램은 6월 첫 번째 주에 시작되며, 월요일부터 금요일까지 진행됩니다. 더 많은 정보를 위해서는 555-4837로 전화하세요.

---

junior 청소년의, 나이 어린 **make sure** 반드시 ~하다
productive 결실 있는, 생산적인 **enroll** 등록시키다
fresh 갓 만든, 신선한 **sign up for** ~에 등록하다
registration form 신청서

02

해석 부모들은 어디에서 아이들을 프로그램에 등록할 수 있는가?

(A) 식당에서

(B) 소매점에서

해설 질문의 키워드 register their children이 지문에서 sign your children up for로 패러프레이징 되었으므로 그 주변에서 정답의 단서를 찾습니다. 단서 [02]에서 Kitchen Master 매장에서 등록이 가능하다고 하며 점원에게 신청서를 요청하라고 했으므로 (B)가 정답입니다.

[패러프레이징]

store(매장) → retail outlet(소매점)

어휘 **retail outlet** 소매점

[03] 메시지 대화문

Bernard Lee (오후 4:41) 제 부탁을 좀 들어주실 수 있나요? 저는 고객을 만나러 가는 중인데, [03]내일을 위해 프로젝터가 설치되어 있는지 확실하지 않아서요.

Chandra Laghari (오후 4:45) 안녕하세요, Bernard. 제가 방금 전에 그 회의실에 있었어요. [03]당신 발표를 위한 모든 것이 준비된 것 같았어요.

Bernard Lee (오후 4:48) 탁자 위에 물병들도 있었나요?

Chandra Laghari (오후 4:50) 저는 하나도 보지 못했어요.

Bernard Lee (오후 4:51) 제가 아침에 그걸 처리할게요. 알려주셔서 감사해요.

---

do (a person) a favor ~의 부탁을 들어주다
on one's way (누가 ~하는) 도중에 **set up** 설치하다
take care of ~을 처리하다

03

해석 Mr. Lee에 대해 암시되는 것은?

(A) 그는 내일 발표를 할 것이다.

(B) 그는 아침에 프로젝터를 설치할 계획이다.

해설 질문의 키워드 Mr. Lee와 관련된 세부 사항을 추론하는 문제이므로 이와 관련된 부분에서 정답의 단서를 찾습니다. 단서 [03]에서 Mr. Lee가 내일을 위해 프로젝터가 설치되어 있는지 확실하지 않다고 하자, Chandra Laghari가 당신, 즉 Mr. Lee의 발표를 위한 모든 것이 준비된 것 같았다고 했으므로 Mr. Lee가 내일 발표를 할 것이라는 사실을 추론할 수 있습니다. 따라서 (A)가 정답입니다.

어휘 **presentation** 발표 **plan** 계획하다

[04] 기사

제12회 APFF 관련 세부 사항들이 공지되다

3월 4일 – 멕시코계 미국인 문화 기념행사인 제12회 연례 피닉스 친선 축제(APFF)가 9월 16일에서 18일까지 열릴 것이다. [04]올해의 축제는 유명 음악가들의 공연을 특별히 포함할 것이다. 주최자인 Felipe Golez는 "올해에는 저희 후원자들인 Mesa 대학교와 Santan Sports사의 재정 지원 덕분에 저희의 모든 행사에 무료로 참석하실 수 있습니다."라고 말했다. APFF에 대해 더 알아보려면, www.phoenixfriendfest.org를 방문하면 된다.

---

detail 세부 사항 **friendship** 친선, 우정
feature 특별히 포함하다, 특징으로 삼다 **organizer** 주최자
thanks to ~ 덕분에 **funding** 재정 지원, 자금 제공
sponsor 후원자

04

해석 기사에 따르면, 축제에는 무엇이 포함될 것인가?

(A) 음악 공연들

(B) 스포츠 경기

해설 질문의 키워드 include가 지문에서 feature로 패러프레이징 되었으므로 그 주변에서 정답의 단서를 찾습니다. 단서 [04]에서 축제가 유명 음악가들의 공연을 특별히 포함할 것

이라고 했으므로 (A)가 정답입니다.

[패러프레이징]
performances by ~ musicians(음악가들의 공연)
→ Musical performances(음악 공연들)

어휘 include 포함하다　match 경기

✦첫토익 실전문제

p.176

01 (D)	02 (B)	03 (C)	04 (A)
05 (C)	06 (D)	07 (B)	08 (B)
09 (D)	10 (A)	11 (C)	

[01-02] 01-02번은 다음 일정표에 관한 문제입니다.

^[02]아일랜드 비즈니스 협회 (IBA)
제 44회 연례 학회 - 6월 2일

발표

시간	연사	주제	장소*
오전 9:00 - 9:45	Dr. Jane Higgins	새로운 사업 협력 형성하기	202호
오전 10:00 - 10:45	Dr. Sarah Ross	국제 기업 경영하기	107호
오전 11:00 - 11:45	Dr. Nathan Maclean	투자 유치하기	101호
오후 12:00 - 2:00	점심 식사가 모든 참석자들에게 제공될 것입니다.		구내 식당
^[01]오후 2:00 - 2:45	Dr. Jared Hynes	^[01]직원들 동기부여하기	204호

*저희가 위에 나열된 장소들 중 일부를 바꿔야 할 수도 있다
는 점을 유념해주시기 바랍니다. 최종 배치는 학회 시작 일
주일 전에 확정될 것입니다.

association 협회　annual 연례의　conference 학회
presentation 발표　topic 주제　location 장소
form 형성하다　partnership 협력, 연합　attract 유치하다
investment 투자　participant 참석자
motivate 동기부여하다　employee 직원　switch 바꾸다
arrangement 배치　confirm 확정하다

01

해석 근로자들에게 동기를 부여하기에 대한 발표는 언제 시작할
　　것인가?
　　(A) 오전 9시에
　　(B) 오전 10시에
　　(C) 오전 11시에
　　(D) 오후 2시에

해석 질문의 키워드 motivating workers가 지문에서

Motivating Employees로 패러프레이징 되었으므로 그
주변에서 정답의 단서를 찾습니다. 단서 [01]에서 오후 2시
부터 2시 45분까지 직원들 동기부여하기에 대한 발표가 있
다고 했으므로 (D)가 정답입니다.

어휘 worker 근로자

02

해석 IBA에 대해 언급된 것은?
　　(A) Dr. Higgins에 의해 설립되었다.
　　(B) 매해 학회를 개최한다.
　　(C) 새로운 시설로 이전했다.
　　(D) 회비를 청구한다.

해석 지문 전체가 IBA에 관한 내용이므로 각 보기와 관련된 내용
을 지문에서 찾아 대조합니다. (A), (C), (D)는 지문에 언급
되지 않은 내용입니다. (B)는 단서 [02]에서 IBA의 연례 학
회라고 했으므로 지문의 내용과 일치합니다. 따라서 (B)가
정답입니다.

[패러프레이징]
Annual(연례의) → every year(매해)

어휘 found 설립하다　hold 개최하다　facility 시설
charge 청구하다　membership fee 회비

[03-04] 03-04번은 다음 메시지 대화문에 관한 문제입니다.

Bella Moore	오후 2시 30분

나쁜 소식이에요. 제 기차가 지연되어서, 저는 오후 4시
영업 회의를 놓칠 거예요. 저 대신에 그걸 참석할 수 있을
것 같으신가요?

Daniel Frye	오후 2시 33분

안타깝게도, 저는 그때 제품 시연을 하고 있을 거예요. 하지
만, ^[03]우리 팀원 Frank Durston이 당신을 대신할 수 있어요.

Bella Moore	오후 2시 34분

그것이 괜찮네요. Frank에게 판매 분석 보고서를 가져가라
고 요청해줄 수 있나요? 그건 제 책상 위에 있어요.

Daniel Frye	오후 2시 40분

죄송하지만, 저는 지금 사무실 밖에 있어요. ^[04]당신이 Frank
에게 전화해서 그에게 그 보고서에 대해 직접 말해야 할 것
같아요.

Bella Moore	오후 2시 42분

알겠어요. 그렇게 할 수 있어요. 도움 주셔서 감사해요.

delay 지연시키다　sales 영업, 판매　attend 참석하다
instead 대신에　unfortunately 안타깝게도　product 제품
demonstration 시연　at that time 그때
fill in for ~를 대신하다　analysis 분석　out of ~ 밖에

03

해석 오후 2시 34분에, Ms. Moore가 "That works"라고 쓸 때, 그녀가 의도한 것 같은 것은?

(A) 의견을 제공할 것이다.
(B) 보고서를 가져올 것이다.
(C) 제안을 받아들인다.
(D) 변화를 기대한다.

해설 Ms. Moore가 의도한 것 같은 것을 묻는 문제이므로, 질문의 인용어구(That works)가 언급된 주변 문맥을 확인합니다. 단서 [03]에서 Daniel Frye가 팀원 Frank Durston이 당신, 즉 Ms. Moore를 대신할 수 있다고 하자, Ms. Moore가 'That works.'(그것이 괜찮네요)라고 한 것을 통해 Daniel Frye의 제안을 받아들인다는 것을 알 수 있습니다. 따라서 (C)가 정답입니다.

어휘 **feedback** 의견 **accept** 받아들이다 **suggestion** 제안 **expect** 기대하다

04

해석 Mr. Frye는 무엇을 추천하는가?

(A) 동료에게 연락하기
(B) 자료 복사하기
(C) 회의 연기하기
(D) 정보 수집하기

해설 질문의 키워드 recommend가 지문에서 I think you should로 패러프레이징 되었으므로 그 주변에서 정답의 단서를 찾습니다. 단서 [04]에서 Mr. Frye가 팀원 Frank에게 직접 전화하라고 했으므로 (A)가 정답입니다.

[패러프레이징]
Our team member(우리 팀원) → a coworker(동료)
call(전화하다) → Contacting(연락하다)

어휘 **contact** 연락하다 **coworker** 동료 **material** 자료 **postpone** 연기하다 **collect** 수집하다 **data** 정보

[05-07] 05-07번은 다음 이메일에 관한 문제입니다.

수신: Nina Reed 〈nr9988@shortmail.com〉
발신: Damian Carol 〈carol1224@sanologistics.org〉
제목: 배송 차량
날짜: 3월 26일

Ms. Reed께,

아시다시피, 저희는 조만간 귀하의 지역에 당일 배송 서비스를 제공할 예정입니다. 이 서비스는 추가적인 차량들을 필요로 합니다. [05]이러한 노력을 뒷받침하기 위해, 경리부에서 배달 트럭의 구매를 가능하게 하기 위한 저희의 예산을 늘렸음을 알리게 되어 기쁩니다. [06]귀하의 지사는 저희의 공인된 판매업체들로부터 새 차량

들을 구매해야 합니다. [07]적절한 차량을 찾으시면, 이메일로 송장 복사본을 저에게 보내주십시오. 제가 그것을 검토하고 모든 것이 제대로 되어있는지 확인하자마자 제가 구매를 승인하겠습니다. 만약 질문이 있으시다면, 언제든 자유롭게 저에게 연락해 주시기 바랍니다.

Damian Carrol 드림
[06]재무 관리자
[06]Sano 물류

offer 제공하다 **same-day delivery** 당일 배송 **region** 지역 **require** 필요로 하다 **additional** 추가적인 **aid** 뒷받침하다, 돕다 **inform** 알리다 **budget** 예산 **allow** ~하게 하다 **purchase** 구매하다 **authorized** 공인된 **vendor** 판매업체 **invoice** 송장 **approve** 승인하다

05

해석 이 이메일의 주된 목적은 무엇인가?

(A) 정책 변동의 이유를 설명하기 위해
(B) 신규 차량을 주문하기 위해
(C) 자금이 이용 가능함을 알리기 위해
(D) 배송에 관한 세부 사항을 제공하기 위해

해설 지문의 목적은 대부분 앞에서 언급되므로 앞부분에서 정답의 단서를 찾습니다. 단서 [05]에서 새로운 서비스를 제공하기 위한 노력을 뒷받침하기 위해, 경리부에서 배달 트럭의 구매를 가능하게 하기 위한 예산을 늘렸다고 하였으므로 (C)가 정답입니다.

[패러프레이징]
budget(예산) → funding(자금)

어휘 **policy** 정책 **place and order** 주문하다 **availability** 이용 가능함

06

해석 Ms. Reed에 대해 암시되는 것은?

(A) 그녀는 공인된 트럭 판매업자다.
(B) 그녀는 최근 새로운 직책에 임명되었다.
(C) 그녀는 업무 경비 환급을 요청했다.
(D) 그녀는 Sano 물류 회사의 지사에서 일한다.

해설 질문의 키워드 Ms. Reed와 관련된 세부 사항을 추론하는 문제이므로 이와 관련된 부분에서 정답의 단서를 찾습니다. 단서 [06]에서 Ms. Reed의 지사는 공인된 트럭 판매업체들로부터 새 차량들을 구매해야 한다고 했고, Sano 물류 회사의 재무 관리자가 이 이메일을 썼으므로 Ms. Reed는 Sano 물류 회사의 지사에서 일한다는 사실을 추론할 수 있습니다. 따라서 (D)가 정답입니다.

어휘 **assign** 임명하다, 배정하다 **position** 직책 **reimbursement** 환급 **business expense** 업무 경비

07

해석 이메일에 따르면, 구매가 승인되기 전에 무엇이 완료되어야 하는가?

(A) 계약서가 수정되어야 한다.

(B) 서류가 검토되어야 한다.

(C) 회의가 마련되어야 한다.

(D) 현장이 점검되어야 한다.

해설 질문의 키워드 a purchase is authorized가 지문에서 approve the purchase로 패러프레이징 되었으므로 그 주변에서 정답의 단서를 찾습니다. 단서 [07]에서 적절한 차량을 찾으면 이메일로 송장 복사본을 보내 달라고 하며, 검토 후 구매를 승인하겠다고 하였으므로 (B)가 정답입니다.

[패러프레이징]

a copy of the invoice(송장 복사본) → A document(서류)

looked it over(그것을 검토하다) → be reviewed(검토되다)

어휘 contract 계약서   revise 수정하다   document 서류
review 검토하다   site 현장   inspect 점검하다

[08-11] 08-11번은 다음 기사에 관한 문제입니다.

City Glide가 통근자들에게 인기를 얻다

[08]Cyclo Whiz사의 City Glide 자전거가 올해의 Millennium Tech 시상식에서 최고의 외관을 가진 전기자전거로 선정되었다. — [1] —. 그 10킬로그램짜리 자전거는 [09-C]작은 크기로 접을 수 있고, 조절 가능한 뼈대를 가지고 있으며, [09-A]검정색, 은색, 빨간색으로 구입 가능하다. — [2] —. 게다가, [09-B][11]그것은 완전히 충전하는 데 두 시간밖에 걸리지 않는다. — [3] —.

Cyclo Whiz사의 설립자이자 제품 기획자인 Gwen Morris에 따르면, [08][09]City Glide가 출시된 이래로 매출의 전망이 좋았다. — [4] —. "[10]저희 주요 고객들은 도심지에서 일하고 있는 사람들이었습니다. 그들은 그 자전거에 몹시 만족한다고 말합니다."라고 그녀는 설명했다.

commuter 통근자   electric 전기의   look 외관   fold up 접다
adjustable 조정 가능한   frame 뼈대   charge 충전하다
promising 전망이 좋은   release 출시하다   founder 설립자
creator 기획자   downtown 도심지에서   extremely 몹시
satisfied 만족한

08

해석 기사는 주로 무엇에 관한 것인가?

(A) 시상식

(B) 성공적인 제품

(C) 한 회사 설립자

(D) 손상된 자전거 도로

해설 지문의 주제는 대부분 앞에서 언급되므로 앞부분에서 정답

의 단서를 찾습니다. 단서 [08]에서 City Glide 자전거가 상을 받았다고 했으며, 뒤에서 출시 이래로 매출 전망이 좋았다고 했으므로 (B)가 정답입니다.

어휘 award ceremony 시상식   cycling path 자전거 도로

09

해석 City Glide에 대해 언급되지 않은 것은?

(A) 다양한 색상으로 나온다.

(B) 빠르게 충전될 수 있다.

(C) 작게 만들어질 수 있다.

(D) 안전장치가 포함되어 있다.

해설 지문 전체가 City Glide에 관한 내용이므로 각 보기와 관련된 내용을 지문에서 찾아 대조합니다. (A)는 단서 [09-A]에서 검정색, 은색, 빨간색으로 구입 가능하다고 했으므로 지문의 내용과 일치합니다. (B)는 단서 [09-B]에서 완전히 충전하는 데 두 시간밖에 걸리지 않는다고 했으므로 지문의 내용과 일치합니다. (C)는 단서 [09-C]에서 작은 크기로 접힐 수 있다고 했으므로 지문의 내용과 일치합니다. (D)는 지문에 언급되지 않은 내용입니다. 따라서 (D)가 정답입니다.

[패러프레이징]

available in black, silver, and red(검정색, 은색, 빨간색으로 구입 가능한) → comes in various colors(다양한 색상으로 나오다)

be folded up to a small size(작은 크기로 접힌다)
→ made compact(작게 만들어지다)

어휘 various 다양한   compact 작은, 소형의
safety feature 안전장치

10

해석 City Glide의 주요 고객들은 누구인가?

(A) 도시 직원들

(B) 스포츠 팬들

(C) 외국인 관광객들

(D) 대학교 학생들

해설 질문의 키워드 main customers가 지문에서 그대로 언급되었으므로 그 주변에서 정답의 단서를 찾습니다. 단서 [10]에서 주요 고객들은 도심지에서 일하고 있는 사람들이었다고 했으므로 (A)가 정답입니다.

어휘 urban 도시의   tourist 관광객   university 대학교

11

해석 [1], [2], [3], [4]로 표시된 위치 중, 다음 문장이 들어갈 곳으로 가장 적절한 것은?

"이것은 다른 모델들이 필요로 하는 시간보다 훨씬 적은 시간이다."

(A) [1]

(B) [2]

(C) [3]

(D) [4]

해설 지문의 흐름상 주어진 문장이 들어가기에 가장 적절한 곳을 고르는 문제입니다. 'This is much less than the time required for other models.'에서 이것은 다른 모델들이 필요로 하는 시간보다 훨씬 적은 시간이라고 했으므로, 주어진 문장 앞에 the time(시간)에 대한 내용이 와야 함을 알 수 있습니다. 단서 [11]에서 그것은 완전히 충전하는 데 두 시간밖에 걸리지 않는다고 했으므로, [3]에 주어진 문장이 들어가면 충전하는 데 걸리는 시간을 다른 모델들과 비교하는 문맥으로 자연스럽게 연결됩니다. 따라서 (C)가 정답입니다.

첫토익 10일 광고, 공고, 안내문, 회람

✦첫토익 연습문제

p.186

01 (B)   **02** (B)   **03** (A)   **04** (B)

[01] 회람

수신: 전 직원

발신: 인사팀 George Amhad

제목: 휴가 정책 알림

[01]휴가철이 다가옴에 따라, 모두에게 우리의 휴가 정책을 다시 한 번 알려드리고자 합니다. 적어도 3일 전에는 휴가를 요청해야 한다는 점을 잊지 마십시오. 이것은 회사 측으로 하여금 상충하는 휴가 요청들을 해결할 수 있게 합니다. 휴가 요청은 선착순으로 승인되므로, 원하는 날짜를 얻기 위해서는 반드시 빠른 시일 내로 제출해주시기 바랍니다.

---
holiday season 휴가철 remind 다시 알려주다, 상기시키다
policy 정책 request 요청하다; 요청
in advance 사전에, 미리 deal with 해결하다
conflicting 상충하는, 충돌하는 grant 승인되다, 주어지다
on a first-come-first-served basis 선착순으로

01

해석 회람의 목적은 무엇인가?

(A) 직원들에게 새 프로젝트에 대해 알리기 위해

(B) 직원들에게 규정에 대해 상기시키기 위해

해설 지문의 목적은 대부분 앞부분에서 언급되므로 앞부분에서 정답의 단서를 찾습니다. 단서 [01]에서 휴가철이 다가옴에

따라, 휴가 정책을 다시 알려드리고자 한다고 했으므로 (B)가 정답입니다.

[패러프레이징]

leave policy(휴가 정책) → a regulation(규정)

어휘 regulation 규정

[02] 안내문

---
[02]GC Systems 진공청소기를 선택해주셔서 감사합니다. 시간이 지나도 계속해서 최고의 청소 결과를 얻으시려면 필터는 6개월에 한 번씩 교체되어야 합니다. 교체 필터는 저희 웹사이트 www.gc-appliances.com/filters 또는 공인된 GC 서비스 센터에서 주문하실 수 있습니다. 저희 제품에 관하여 문제가 있으시다면, 저희 고객 서비스 부서 555-2543으로 전화 주시기 바랍니다.

---
vacuum cleaner 진공청소기 result 결과
replacement 교체, 대체 authorized 공인된 product 제품

02

해석 안내문은 어디에서 볼 수 있을 것 같은가?

(A) 가전제품 잡지에서

(B) 제품의 상자 안에서

해설 안내문을 볼 수 있을 것 같은 곳이 어디인지를 묻는 문제입니다. 단서 [02]를 보면 제품을 선택해주셔서 감사하다고 말하고 있으므로 제품 상자에 들어 있는 안내문임을 알 수 있으므로 (B)가 정답입니다.

어휘 home appliance 가전제품 packaging 상자, 포장

[03] 공고

PTA는 이제 경로 우대권을 제공합니다

피츠버그 교통 당국(PTA)은 고령자들에게 할인된 철도 및 버스 승차권을 제공하기 시작했습니다. 이는 주민들을 위한 여러 가지 새로운 복지 혜택들 중 하나입니다. 이 변화는 저렴한 교통 서비스에 대한 고령자들의 접근을 증진할 것으로 예상됩니다. [03]이 우대권을 받기 위해서는, 고령자들은 어느 교통국이든 사진이 부착된 유효한 신분증을 가지고 방문하시면 됩니다.

---
offer 제공하다 discounted 할인된 senior citizen 고령자
welfare 복지 benefit 혜택 resident 주민 expect 예상하다
access 접근 affordable 저렴한, (가격이) 알맞은
transportation 교통, 이동 수단 transit office 교통국
valid 유효한

03

해석 고령자들은 어떻게 우대권을 얻을 수 있는가?

(A) 신분증을 보여줌으로써

(B) 은행 정보를 제공함으로써

해설 질문의 키워드 obtain a discount pass가 지문에서 get the pass로 패러프레이징 되었으므로 그 주변에서 정답의 단서를 찾습니다. 단서 [03]에서 우대권을 받기 위해서는 고령자들은 사진이 부착된 유효한 신분증을 가지고 방문하면 된다고 했으므로 (A)가 정답입니다.

[패러프레이징]
visit ~ a valid photo ID(사진이 부착된 유효한 신분증을 가지고 방문하다) → showing their identification(신분증을 보여주다)

어휘 identification 신분증 provide 제공하다

[04] 광고

구인

[04]Kobi 커피점이 4개월 전에 개점한 이래로, 일일 고객 수가 꾸준히 늘었습니다. 따라서, 저희는 이제 새로운 직원을 찾고 있습니다. 선발된 지원자는 8월 14일부터 시작해서 일주일에 3일간 오전 7시부터 오후 1시까지 근무할 것입니다. 업무는 고객들로부터 주문을 받는 것, 음료를 준비하는 것, 그리고 카페를 깨끗하게 유지하는 것을 포함할 것입니다. 지원하기 위해서는, 당신의 이력서를 kobi@millionmail.com으로 보내주십시오.

steadily 꾸준히 look for 찾다 applicant 지원자
duty 업무, 의무 include 포함하다 take order 주문을 받다
prepare 준비하다 beverage 음료 apply 지원하다
résumé 이력서

04

해석 Kobi Coffee는 왜 새로운 직원을 고용하고 있는가?
(A) 또 다른 지점을 열었다.
(B) 많은 손님을 유치해왔다.

해설 질문의 키워드 hiring a new employee가 지문에서 looking for a new staff member로 패러프레이징 되었으므로 그 주변에서 정답의 단서를 찾습니다. 단서 [04]에서 개점한 이래로 일일 고객 수가 꾸준히 늘었다고 했으므로 (B)가 정답입니다.

어휘 attract 유치하다

✦첫토익 실전문제   p.188

01 (D)	**02** (B)	**03** (A)	**04** (C)
05 (B)	**06** (D)	**07** (C)	**08** (A)
09 (A)	**10** (C)		

[01-02] 01-02번은 다음 광고에 관한 문제입니다.

A to Z Warehouse 봄맞이 세일!

[01]A to Z Warehouse 세일에서 할인된 가격으로 이용할 수 있는 기회를 놓치지 마세요! 4월 10일, 모든 제품이 평상시 가격에서 적어도 10퍼센트 할인됩니다. 여기에는 가정용 원예 도구부터 [02-A]냉장고와 TV까지 모든 것이 포함됩니다. 게다가, 음악 애호가이신 여러분, 이것은 최신 스테레오 장치를 구비할 수 있는 절호의 기회입니다. [02-C]재고가 계속 있는 한, 스피커에 대해 50퍼센트까지 할인받으세요. 또, [02-D]해당 날짜에 구매하시는 고객님 누구나 스마트 시계를 딸 기회를 얻을 수 있는 경품 추첨에 응모될 예정입니다.

reduced 할인된 include 포함하다
home gardening tool 가정용 원예 도구 opportunity 기회
brand-new 최신의 stereo equipment 스테레오 장치
supply 재고 up to ~까지 raffle 경품 추첨

01

해석 무엇이 광고되고 있는가?
(A) 배달 서비스
(B) 개업
(C) 전자 제품 라인
(D) 판촉 행사

해설 지문의 주제는 대부분 앞부분에서 언급되므로 앞부분에서 정답의 단서를 찾습니다. 단서 [01]에서 A to Z Warehouse 세일에서 할인된 가격으로 이용할 수 있는 기회를 놓치지 말라고 했으므로 (D)가 정답입니다.

어휘 grand opening 개업, 개장
promotional event 판촉 행사, 홍보 행사

02

해석 광고에서 언급되지 않은 것은?
(A) 가전제품들이 할인될 것이다.
(B) 무료 보증서가 제공될 것이다.
(C) 상품의 구매 가능성은 한정될 것이다.
(D) 경품 추첨이 열릴 것이다.

해설 지문 전체가 Spring Sale에 관한 내용이므로 각 보기와 관련된 내용을 지문에서 찾아 대조합니다. (A)는 단서 [02-A]에서 냉장고와 TV가 할인되는 품목에 포함된다고 했으므로 지문의 내용과 일치합니다. (C)는 단서 [02-C]에서 재고가 계속 있는 한 스피커에 대해 50퍼센트까지 할인받을 수 있다고 했으므로 지문의 내용과 일치합니다. (D)는 단서 [02-D]에서 해당 날짜에 구매하는 고객 모두 경품 추첨에 응모될 것이라고 했으므로 지문의 내용과 일치합니다. (B)는 지문에 언급되지 않은 내용입니다. 따라서 (B)가 정답입니다.

[패러프레이징]
raffle(경품 추천) → A prize drawings(경품 추첨)

[03-05] 03-05번은 다음 안내문에 관한 문제입니다.

미시간 마케팅 총회 안내

[03]Millennium Center에서 열리는 올해 마케팅 총회에 등록해주셔서 감사합니다. 이전 몇 년들과는 다르게, 저희는 더 이상 실물 입장권을 발행하거나 받지 않을 것입니다. 입장을 위해 저희 웹사이트에서 여러분의 계정으로 로그인 하시고, 고유 전자 코드를 스마트 기기에 다운로드하셔야 합니다. 그다음에, [05]일주일의 총회 동안 [04]행사장에 입장하시려면 메인 로비에 설치된 스캐너에 기기를 통과시키세요. 코드는 또한 여러분의 디지털 지갑과 연결되어 행사에서 음식과 서비스 비용을 지불하는 데 쓰일 수 있습니다. 마지막으로, 여러분께서는 해당 코드를 다양한 제품들의 전자 할인 쿠폰뿐만 아니라 참여하는 후원 업체로부터 판촉 정보를 받기 위해도 쓰실 수 있습니다.

---

register 등록하다 **unlike** ~와 다르게 **previous** 이전의
issue 발급하다 **physical** 실물의, 실제의 **account** 계정
unique 고유의 **device** 기기 **place** 설치하다, 놓다
venue 행사장, 장소 **promotional** 판촉의, 홍보의
participate 참여하다, 참석하다
A as well as B B뿐만 아니라 A도 **various** 다양한

03

해석 안내문은 어디에서 볼 수 있을 것 같은가?

(A) 행사 책자에서
(B) 체육관 입구에서
(C) 지역 신문에서
(D) 주차 시설에서

해설 안내문을 어디에서 볼 수 있을 것 같은지를 묻는 문제입니다. 단서 [03]에서 미시간 마케팅 총회에 등록해주셔서 감사하다고 한 뒤, 해당 행사에 관한 안내 사항을 말하고 있다. 따라서 행사 책자에 들어 있는 글임을 알 수 있으므로 (A)가 정답입니다.

어휘 **parking facility** 주차 시설

04

해석 참가자들은 어떻게 행사장에 들어갈 수 있는가?

(A) 키패드에 타자를 침으로써
(B) 신분증을 보여줌으로써
(C) 기기를 스캔함으로써
(D) 종이 입장권을 제시함으로써

해설 질문의 키워드 enter the venue가 지문에서 그대로 언급되었으므로 그 주변에서 정답의 단서를 찾습니다. 단서 [04]에서 메인 로비에 설치한 스캐너에 기기를 통과시키면 행사장에 들어갈 수 있다고 했으므로 (C)가 정답입니다.

어휘 **present** 제시하다

05

해석 총회에 대해 언급된 것은?

(A) 대학교에서 열릴 것이다.
(B) 여러 날 동안 계속될 것이다.
(C) 무료 음식을 제공할 것이다.
(D) 후원업체를 교체할 것이다.

해설 지문 전체가 conference에 관한 내용이므로 각 보기와 관련된 내용을 지문에서 찾아 대조합니다. 단서 [05]에서 일주일의 총회 동안에는 스캐너에 기기를 통과시키면 입장할 수 있다고 언급했으므로 지문의 내용과 일치합니다. (A), (C), (D)는 지문에 언급되지 않은 내용이므로 (B)가 정답입니다.

어휘 **last** 계속되다 **multiple** 여러, 다수의
replace 교체하다

[06-10] 06-10번은 다음 공고와 이메일에 관한 문제입니다.

Sandhill사
직원들을 위한 공고

[06]2월 5일 건물 전체에 걸쳐 새로운 전자 출입문 잠금장치를 설치하기로 결정되었습니다. 이것들이 일단 설치된 후에는, 여러분은 건물의 다른 구역들에 출입하기 위해 프로그램화된 출입 카드를 이용해야 할 것입니다. 각 카드는 회사 내 여러분의 역할에 따라 전체 혹은 제한된 출입을 승인할 것입니다. 고위 경영진들만 전체 출입권이 주어질 예정입니다. [08]카드를 받기 위해서는 인사부에 방문해주시기 바랍니다.

---

install 설치하다 **lock** 잠금장치 **throughout** 전체에 걸쳐
access 출입 (권한) **gain entry** 출입하다 **grant** 승인하다
restricted 제한된 **human resources department** 인사부

수신: Jacob Kim ⟨j.kim@mailpack.com⟩
발신: Lena Anderson ⟨l.anderson@sandhill.ca⟩
제목: 첫날
날짜: 2월 9일

Mr. Kim께

[09]근무 첫날 어떤 일이 있을지 알려드리기 위해 이메일을 씁니다. 우선, 도착하시면 제가 당신을 로비에서 만날 것입니다. 당신과 다른 새 직원들은 오리엔테이션을 위해 회의실로 안내될 것입니다. 오리엔테이션 후에, [08]당신은 출입증 발급을 담당하는 Ms. Piper를 만날 것입니다. 그녀는 당신의 회사 출입증 카드를 발급해줄 것이고, [10]그것은 마케팅 부서가 위치한 서관의 출입 권한을 부여할 것입니다. 그 후, [09]제가 건물을 둘러보도록 안내해드리고 당신을 동료들에게 소개해줄 것입니다. 마지막으로, 제가 당신을 당신의 업무 공간에 데려다 줄 예정이며, 그곳에서 우리는 당신의 직무에 대해 살펴

볼 것입니다. 실질적인 업무 교육은 그 다음날부터 진행될 것입니다. 예상되는 문제가 있으시다면 제게 알려주시면 감사하겠습니다. 그렇지 않다면 [09]2월 15일에 뵙겠습니다.

Lena Anderson 드림

in charge of ~을 담당하는, 책임이 있는
issue 발급하다, 발행하다 grant 부여하다, 수여하다
afterward 그 후 introduce 소개하다 colleague 동료
lastly 마지막으로 workspace 업무 공간
go over ~을 살펴보다 job duties 직무
anticipate 예상하다, 예측하다 issue 문제
appreciate 감사하다 inform 알려주다

06

해석 공고의 주목적은 무엇인가?

(A) 설치 지연 이유를 설명하기 위해
(B) 수리 작업을 위한 일정을 잡기 위해
(C) 직원들에게 실수에 대해 사과하기 위해
(D) 곧 있을 변화에 관한 정보를 제공하기 위해

해설 지문의 목적은 대부분 앞부분에서 언급되므로 앞부분에서 정답의 단서를 찾습니다. 단서 [06]에서 건물 전체에 전자 출입문 잠금장치를 설치하기로 결정되었다고 한 후, 직원들에게 앞으로 프로그램화된 출입 카드를 이용해야 한다고 알리고 있으므로 (D)가 정답입니다.

어휘 reason 이유 renovation 수리 apologize 사과하다
upcoming 곧 있을, 다가오는

07

해석 공지에서, 두 번째 줄의 단어 "gain"은 의미상 −과 가장 가깝다.

(A) 향상시키다
(B) 모으다
(C) 얻다
(D) 증가하다

해설 질문의 "gain"을 공지의 세 번째 줄에서 찾습니다. gain 이 포함된 문장 'you will need to use a programmed access card to gain entry to different parts of the building'이 건물 다른 구역들의 출입하기 위해 프로그램화된 출입 카드를 이용해야 한다는 뜻이므로 gain은 '얻다'라는 의미로 사용되었습니다. 따라서 '얻다'라는 뜻을 가진 (C)가 정답입니다.

08

해석 Ms. Piper는 누구일 것 같은가?

(A) 인사부 직원
(B) 기업 대표
(C) 마케팅부 관리자
(D) 건물 경비 직원

해설 Ms. Piper는 누구일 것 같은지 묻고 있으므로 먼저 이메일에서 Ms. Piper가 언급된 부분 근처에서 정답의 단서를 찾습니다. 이메일의 단서 [08]에서 출입증 발급을 담당하는 Ms. Piper가 회사 출입증 카드를 발급해줄 것이라 했고, 공고에서 출입 카드에 관해 언급하는 부분인 단서 [08]에서 카드를 받기 위해 인사부에 방문하라고 했으므로 Ms. Piper는 인사부 직원이라는 사실을 확인할 수 있습니다. 따라서 (A)가 정답입니다.

어휘 corporate 기업의 representative 대표

09

해석 이메일에 따르면 2월 15일에 무슨 일이 일어날 것인가?

(A) 견학이 실시될 것이다.
(B) 지원자가 면접에 참여할 것이다.
(C) 부서가 프로젝트를 시작할 것이다.
(D) 사무실에서 친목 모임이 열릴 것이다.

해설 질문의 키워드 February 15가 지문에서 그대로 언급되었으므로 그 주변에서 정답의 단서를 찾습니다. 이메일 마지막에 있는 단서 [09]에서 2월 15일에 뵙겠다고 하였고, 이메일 처음에 있는 단서 [09]에서 근무 첫날 어떤 일이 있을지 알려드리기 위해 이메일을 쓴다고 하였으므로, 2월 15일은 이메일 수신자의 근무 첫날임을 알 수 있습니다. 이메일 중반에 있는 단서 [09]에서 근무 첫날 건물을 둘러보도록 안내할 것이라고 하였으므로 (A)가 정답입니다.

[패러프레이징]
show you around the building(건물을 둘러보도록 하다)
→ a tour will be conducted(견학이 실시되다)

어휘 conduct 실시하다 tour 견학
social gathering 친목 모임

10

해석 Mr. Kim에 대해 암시되는 것은?

(A) 자가용으로 출근할 것이다.
(B) Ms. Piper에게 교육을 받을 것이다.
(C) 마케팅 부서에서 일할 것이다.
(D) 발표를 할 것이다.

해설 질문의 키워드 Mr. Kim에게 쓴 두 번째 지문을 먼저 확인합니다. 단서 [10]에서 Mr. Kim에게는 마케팅 부서가 위치한 서관의 출입 권한을 부여하는 카드를 발급받을 것이라 했으므로 Mr. Kim이 마케팅 부서에서 일할 것임을 확인할 수 있습니다. 따라서 (C)가 정답입니다.

VOCA

첫토익 5일 — Part 5&6 빈출 어휘 ① 명사

보카 쏙쏙 퀴즈 p.203

01 ⓐ **02** ⓑ **03** ⓑ

01
해석 David Tao는 컴퓨터 공학 분야에서의 전문가이다.

해설 '컴퓨터 공학 분야에서의 _____이다'라는 의미가 되어야 하므로 ⓐ expert(전문가)가 정답입니다. ⓑ ability(능력)는 문맥에 적합하지 않습니다.

어휘 field 분야   engineering 공학

02
해석 그 호텔의 고객은 나중에 체크아웃해도 된다는 허가를 받았다.

해설 '나중에 체크아웃해도 된다는 _____을 받았다'라는 의미가 되어야 하므로 ⓑ permission(허가)이 정답입니다. ⓐ intention(의도)은 문맥에 적합하지 않습니다.

어휘 receive 받다

03
해석 강연 마지막에 질문할 기회가 있을 것입니다.

해설 '질문할 _____가 있을 것이다'라는 의미가 되어야 하므로 ⓑ opportunity(기회)가 정답입니다. ⓐ purpose(목적)는 문맥에 적합하지 않습니다.

첫토익 6일 — Part 5&6 빈출 어휘 ② 동사

보카 쏙쏙 퀴즈 p.205

01 ⓐ **02** ⓑ **03** ⓐ

01
해석 Mr. Harris는 Pryex Industries사로부터의 취업 제안을 고려할 것이다.

해설 '취업 제안을 _____할 것이다'라는 의미가 되어야 하므로 ⓐ consider(고려하다)가 정답입니다. ⓑ connect(연결하다)는 문맥에 적합하지 않습니다.

어휘 job offer 취업 제안

02
해석 Porter 출판사는 그 환경 단체에 100,000달러를 기부했다.

해설 '환경 단체에 100,000달러를 _____했다'라는 의미가 되어야 하므로 ⓑ donated(기부했다)가 정답입니다. ⓐ performed(실시했다)는 문맥에 적합하지 않습니다.

03
해석 은행은 대출 신청서를 승인하기 전에 그것을 평가해야 한다.

해설 '대출 신청서를 _____해야 한다'라는 의미가 되어야 하므로 ⓐ evaluate(평가하다)가 정답입니다. ⓑ attend(참석하다)는 문맥에 적합하지 않습니다.

어휘   loan 대출   approve 승인하다

첫토익 7일 — Part 5&6 빈출 어휘 ③ 형용사

보카 쏙쏙 퀴즈 p.207

01 ⓐ **02** ⓑ **03** ⓐ

01
해석 홍수에 관한 초기의 뉴스 보도는 부정확했다.

해설 '_____의 뉴스 보도가 부정확했다'라는 의미가 되어야 하므로 ⓐ initial(초기의)이 정답입니다. ⓑ superior(우수한)는 문맥에 적합하지 않습니다.

어휘 flooding 홍수   inaccurate 부정확한

02

해석 그 스포츠카는 매우 높은 속도에 도달하는 것이 가능하다.

해설 '매우 높은 속도에 도달하는 것이 ____하다'라는 의미가 되어야 하므로 ⓑ capable(가능한)이 정답입니다. ⓐ flexible (융통성 있는)은 문맥에 적합하지 않습니다.

어휘 reach 도달하다

03

해석 예산은 그 회사의 운영비를 대기에 충분하다.

해설 '운영비를 대기에 ____하다'라는 의미가 되어야 하므로 ⓐ sufficient(충분한)가 정답입니다. ⓑ accessible(접근 가능한)은 문맥에 적합하지 않습니다.

어휘 firm 회사   operating expense 운영비

첫토익 **8**일 Part 5&6 빈출 어휘 ④ 부사

보카 쏙쏙 퀴즈 p.209

01 ⓐ	02 ⓐ	03 ⓑ

01

해석 그 의사는 다친 남자에게 조심스럽게 붕대를 둘렀다.

해설 '____하게 붕대를 둘렀다'라는 의미가 되어야 하므로 ⓐ carefully(조심스럽게)가 정답입니다. ⓑ mutually(서로)는 문맥에 적합하지 않습니다.

어휘 bandage 붕대   injured 다친, 부상을 입은

02

해석 그 지역은 폭풍우 동안 일시적으로 전력을 잃었다.

해설 '폭풍우 동안 ____으로 전력을 잃었다'라는 의미가 되어야 하므로 ⓐ temporarily(일시적으로)가 정답입니다. ⓑ extremely(대단히)는 문맥에 적합하지 않습니다.

어휘 neighborhood 지역   power 전력   storm 폭풍우

03

해석 탑승객들은 그 기차가 움직이기를 참을성 있게 기다렸다.

해설 '기차가 움직이기를 ____하게 기다렸다'라는 의미가 되어야 하므로 ⓑ patiently(참을성 있게)가 정답입니다. ⓐ thoroughly(철저히)는 문맥에 적합하지 않습니다.

어휘 wait for 기다리다

첫토익 **9**일 Part 7 빈출 어휘 ①

보카 쏙쏙 퀴즈 p.211

01 ⓐ	02 ⓒ	03 ⓑ

01

해석 Mr. Lewis는 그의 동료들의 의견 충돌을 해결하기 위해 애썼다.

해설 resolve는 '종결되거나 결론에 이르게 하다'를 의미할 때 settle로 바꿔 쓸 수 있으므로 ⓐ가 정답입니다.

어휘 attempt 애쓰다   disagreement 의견 충돌

02

해석 그 잡지의 지난달 호는 매우 인기 있었다.

해설 issue는 '잡지 등의 정기 간행물의 발행호'를 의미할 때 edition으로 바꿔 쓸 수 있으므로 ⓒ가 정답입니다.

03

해석 시장은 그 경찰에게 메달을 수여했다.

해설 present는 '수여하다, 주다'를 의미할 때 give로 바꿔 쓸 수 있으므로 ⓑ가 정답입니다.

어휘 mayor 시장

첫토익 **10**일 Part 7 빈출 어휘 ②

보카 쏙쏙 퀴즈 p.213

01 ⓒ	02 ⓑ	03 ⓐ

01

해석 새로운 집을 알아볼 때 위치가 중요하다.

해설 critical은 '어떤 일이나 요소가 중요하고 결정적임'을 의미할 때 important로 바꿔 쓸 수 있으므로 ⓒ가 정답입니다.

어휘 look for 알아보다, 찾다

02

해석 Mr. Parker는 공정하다는 그의 명성을 유지하고 싶어 한다.

해설 maintain은 '특정한 상태나 위치를 유지하다'를 의미할 때

keep으로 바꿔 쓸 수 있으므로 ⓑ가 정답입니다.

어휘 **reputation** 명성 **fair** 공정한

03

해석 Ms. Harper는 30년 전에 이 사립학교를 설립했다.

해설 establish는 '오랫동안 지속될 것을 설립하는 것'을 나타낼
때 found로 바꿔 쓸 수 있으므로 ⓐ가 정답입니다.

어휘 **private school** 사립학교

MEMO

해커스인강 | HackersIngang.com

본 교재 인강　　무료 MP3　　무료 온라인 실전모의고사　　토린이 맞춤 무료강의 노트

해커스토익 | Hackers.co.kr

무료 매월 적중예상특강　　무료 온라인 모의토익　　무료 실시간 토익시험 정답확인&해설강의

5천 개가 넘는
해커스토익 무료 자료!

대한민국에서 공짜로 토익 공부하고 싶으면 | 해커스영어 Hackers.co.kr ▾ | 검색

RC 정수진　RC 이상길

토익 강의 무료

베스트셀러 1위 토익 강의 150강 무료 서비스,
누적 시청 1,900만 돌파!

토익 실전 문제 무료

토익 RC/LC 풀기, 모의토익 등
실전토익 대비 문제 제공!

LC 한승태　RC 김동영

최신 특강 무료

2,400만뷰 스타강사의
압도적 적중예상특강 매달 업데이트!

고득점 달성 비법 무료

토익 고득점 달성팁, 파트별 비법,
점수대별 공부법 무료 확인

전원
무료
*미션 달성 시

가장 빠른 정답까지!

615만이 선택한 해커스 토익 정답!
시험 직후 가장 빠른 정답 확인

더 많은
토익무료자료 보기 ▶

10일 만에 토린이 졸업

해커스 첫토익

어서와,
토익은
처음이지?

LC+RC+VOCA

들으면서 암기하는

미니 단어장

단어장 내 QR코드를 찍고
MP3를 들으면서 외워보세요.

해커스 어학연구소

미니 단어장

■ 잘 외워지지 않는 단어는 박스에 체크하여 복습하세요.

☐ **open**	동 열다	☐ **put**	동 놓다
☐ **carry**	동 나르다, 들다	☐ **point**	동 가리키다
☐ **use**	동 사용하다	☐ **face**	동 마주하다
☐ **look**	동 보다	☐ **hold**	동 들다
☐ **read**	동 읽다	☐ **shake hands**	악수를 하다
☐ **hang**	동 걸다	☐ **gather**	동 모이다
☐ **kneel**	동 무릎을 꿇다	☐ **tool**	명 도구
☐ **wear**	동 입다, 쓰다	☐ **gate**	명 탑승구
☐ **put on**	입다, 신다	☐ **beverage**	명 음료
☐ **walk**	동 걷다	☐ **outdoors**	부 야외에서
☐ **stand**	동 서다	☐ **shelf**	명 선반
☐ **wait**	동 기다리다	☐ **laundry**	명 세탁물

VOCA Quiz 각 단어의 뜻에 해당하는 알파벳을 괄호 안에 쓰세요.

1. face (   )   2. beverage (   )   3. open (   )
4. gate (   )   5. laundry (   )   6. tool (   )

ⓐ 보다   ⓑ 마주하다   ⓒ 열다   ⓓ 도구
ⓔ 탑승구   ⓕ 세탁물   ⓖ 음료   ⓗ 입다, 쓰다

Answer 1. ⓑ 2. ⓖ 3. ⓒ 4. ⓔ 5. ⓕ 6. ⓓ

■ 잘 외워지지 않는 단어는 박스에 체크하여 복습하세요.

☐ There is / are	~이(가) 있다	☐ covered with	~으로 덮여 있다
☐ filled with	~으로 가득 차 있다	☐ float	동 뜨다
☐ place	동 놓다	☐ left open	열려 있다
☐ position	동 배치하다	☐ lined up	줄 세워져 있다
☐ stack	동 쌓다	☐ set up	세워져 있다, 설치되다
☐ on display	전시되어 있다	☐ lean against	~에 기대다
☐ stocked with	~으로 채워져 있다	☐ material	명 자재, 물건
☐ post	동 게시하다	☐ light	명 조명
☐ arrange	동 배치하다	☐ cabinet	명 수납장
☐ park	동 주차하다	☐ intersection	명 교차로
☐ paint	동 그리다, 칠하다	☐ pedestrian	명 보행자
☐ plant	동 심다 명 식물	☐ pass out	분배하다

VOCA Quiz 각 단어의 뜻에 해당하는 알파벳을 괄호 안에 쓰세요.

1. light (　) 　　2. pass out (　) 　　3. position (　)
4. stack (　) 　　5. pedestrian (　) 　　6. intersection (　)

ⓐ 배치하다 　　ⓑ 줄 세워져 있다 　　ⓒ 분배하다 　　ⓓ 교차로
ⓔ 조명 　　ⓕ 쌓다 　　ⓖ 뜨다 　　ⓗ 보행자

Answer 1. ⓔ 2. ⓒ 3. ⓐ 4. ⓕ 5. ⓗ 6. ⓓ

LC 첫토익 3일

🎧 LC_D03.mp3

■ 잘 외워지지 않는 단어는 박스에 체크하여 복습하세요.

☐ floor	명 층	☐ design	동 디자인하다
☐ lead	동 지도하다, 이끌다	☐ package	명 소포
☐ begin	동 시작하다	☐ on one's way	~에 가는 길이다
☐ play	명 연극	☐ train	동 교육하다
☐ relax	동 휴식을 취하다	☐ human resources	명 인사부
☐ several	형 몇몇의, 여러 가지의	☐ fix	동 수리하다, 고치다
☐ different	형 다른	☐ gallery	명 미술관
☐ order	동 주문하다	☐ information desk	명 안내 데스크
☐ copy	명 사본	☐ artwork	명 미술품
☐ budget	명 예산	☐ tourist	명 관광객
☐ proposal	명 안, 제안	☐ favorite	형 가장 좋아하는
☐ station	명 역	☐ conference room	명 회의실

VOCA Quiz 각 단어의 뜻에 해당하는 알파벳을 괄호 안에 쓰세요.

1. begin (   ) 2. gallery (   ) 3. favorite (   )
4. proposal (   ) 5. package (   ) 6. station (   )

ⓐ 안, 제안 ⓑ 시작하다 ⓒ 역 ⓓ 미술관
ⓔ 층 ⓕ 미술품 ⓖ 소포 ⓗ 가장 좋아하는

Answer 1. ⓑ 2. ⓓ 3. ⓗ 4. ⓐ 5. ⓖ 6. ⓒ

■ 잘 외워지지 않는 단어는 박스에 체크하여 복습하세요.

□ prefer	동 선호하다	□ advertising	명 광고업
□ turn on	켜다	□ job fair	명 취업 설명회
□ air conditioner	명 에어컨	□ reserve	동 예약하다
□ outside	부 밖에, 밖으로	□ helpful	형 도움이 되는
□ forget	동 놓고 오다, 잊다	□ staff	명 직원
□ employee	형 직원	□ missing	형 부족한, 빠진
□ enough	형 충분한	□ part	명 부품, 부분
□ space	명 공간	□ suitcase	명 여행 가방
□ available	형 이용 가능한	□ noon	명 정오
□ book	동 예약하다	□ already	부 이미
□ across	부 건너편에, 가로질러	□ branch	명 지점
□ have to do with	~과 관련되다	□ fill out	기입하다

VOCA Quiz 각 단어의 뜻에 해당하는 알파벳을 괄호 안에 쓰세요.

1. missing ( ) 2. already ( ) 3. enough ( )
4. advertising ( ) 5. part ( ) 6. book ( )

ⓐ 선호하다 ⓑ 이미 ⓒ 광고업 ⓓ 부족한, 빠진
ⓔ 부품, 부분 ⓕ 예약하다 ⓖ 직원 ⓗ 충분한

Answer 1. ⓓ 2. ⓑ 3. ⓗ 4. ⓒ 5. ⓔ 6. ⓕ

■ 잘 외워지지 않는 단어는 박스에 체크하여 복습하세요.

☐ **view**	명 경치, 풍경	☐ **copy machine**	명 복사기
☐ **currently**	부 현재	☐ **option**	명 선택
☐ **on sale**	할인 중인	☐ **flight**	명 비행기, 항공편
☐ **trend**	명 유행	☐ **launch**	동 출시하다
☐ **supply**	동 공급하다	☐ **increase**	동 늘리다
☐ **equipment**	명 용품, 장비	☐ **production**	명 생산량
☐ **delicious**	형 맛있는	☐ **cash**	명 현금
☐ **prefer**	동 ~을 더 좋아하다, 선호하다	☐ **water**	동 물을 주다
☐ **move**	동 이사하다	☐ **agent**	명 대리인
☐ **be supposed to**	~하기로 되어 있다	☐ **negotiation**	명 협상
☐ **prepare**	동 준비하다	☐ **print out**	출력하다, 인쇄하다
☐ **topic**	명 주제	☐ **expense**	명 비용

(**VOCA Quiz**) 각 단어의 뜻에 해당하는 알파벳을 괄호 안에 쓰세요.

1. increase (　　)　　　2. prepare (　　)　　　3. supply (　　)
4. move (　　)　　　　5. on sale (　　)　　　6. flight (　　)

ⓐ 공급하다　　　ⓑ 할인 중인　　　ⓒ 준비하다　　　ⓓ 늘리다
ⓔ 유행　　　　　ⓕ 생산량　　　　ⓖ 비행기, 항공편　　ⓗ 이사하다

Answer 1. ⓓ 2. ⓒ 3. ⓐ 4. ⓗ 5. ⓑ 6. ⓖ

■ 잘 외워지지 않는 단어는 박스에 체크하여 복습하세요.

☐ **totally**	부 전적으로, 완전히	☐ **interview**	동 면접을 보다
☐ **agree**	동 동의하다	☐ **require**	동 필요하다, 요구하다
☐ **work**	동 작동하다	☐ **cancel**	동 취소하다
☐ **sign up**	등록하다	☐ **necessary**	형 필요한
☐ **possible**	형 가능한	☐ **analysis**	명 분석
☐ **leave**	동 떠나다	☐ **transfer**	동 이동하다
☐ **early**	부 일찍	☐ **research**	명 조사
☐ **storage room**	명 창고	☐ **carefully**	부 자세하게, 신중히
☐ **remove**	동 치우다, 제거하다	☐ **strategy**	명 전략
☐ **review**	동 검토하다 명 후기	☐ **effective**	형 효과적인
☐ **task**	명 업무	☐ **purchase**	명 구매품 동 구매하다
☐ **extend**	동 연장하다	☐ **accept**	동 받다

VOCA Quiz) 각 단어의 뜻에 해당하는 알파벳을 괄호 안에 쓰세요.

1. necessary (　　) 　　2. strategy (　　) 　　3. cancel (　　)
4. extend (　　) 　　5. task (　　) 　　6. work (　　)

ⓐ 연장하다 　　ⓑ 취소하다 　　ⓒ 필요한 　　ⓓ 전략
ⓔ 작동하다 　　ⓕ 면접을 보다 　　ⓖ 업무 　　ⓗ 일찍

Answer 1. ⓒ 2. ⓓ 3. ⓑ 4. ⓐ 5. ⓖ 6. ⓔ

■ 잘 외워지지 않는 단어는 박스에 체크하여 복습하세요.

☐ on time	제때에, 정각에	☐ operate	통 작동되다, 가동하다
☐ submit	통 제출하다	☐ competitive	형 경쟁력 있는
☐ paperwork	명 서류 (작업)	☐ maintenance	명 보수, 관리
☐ shift	명 근무 시간, 교대 근무	☐ be in charge of	~을 담당하다
☐ assist	통 돕다	☐ candidate	명 지원자, 후보자
☐ bring up	(안건을) 제기하다	☐ recruit	통 채용하다
☐ make a decision	결정하다	☐ position	명 (일)자리, 직책
☐ sales figures	명 판매 수치	☐ degree	명 학위
☐ organize	통 준비하다	☐ appreciation	명 감사
☐ revision	명 수정(사항)	☐ take part in	~에 참가하다
☐ match	통 어울리다	☐ encourage	통 격려하다
☐ come up with	~을 생각해내다	☐ compensation	명 보상

VOCA Quiz 각 단어의 뜻에 해당하는 알파벳을 괄호 안에 쓰세요.

1. on time (   )   2. degree (   )   3. compensation (   )
4. recruit (   )   5. submit (   )   6. candidate (   )

ⓐ 제출하다   ⓑ 수정(사항)   ⓒ 채용하다   ⓓ 제때에, 정각에
ⓔ 보수, 관리   ⓕ 학위   ⓖ 보상   ⓗ 지원자, 후보자

Answer. 1. ⓓ 2. ⓕ 3. ⓖ 4. ⓒ 5. ⓐ 6. ⓗ

■ 잘 외워지지 않는 단어는 박스에 체크하여 복습하세요.

☐ **exchange**	통 교환하다	☐ **pick up**	~을 찾다, 찾아오다
☐ **defective**	형 결함이 있는	☐ **valid**	형 유효한
☐ **for sale**	판매 중인	☐ **warranty**	명 품질 보증서
☐ **out of stock**	재고가 없는	☐ **out of order**	고장 난
☐ **real estate**	명 부동산	☐ **inspect**	통 점검하다
☐ **recommend**	통 권하다	☐ **transfer**	통 환승하다
☐ **vacant**	형 빈	☐ **sold out**	매진된
☐ **rent**	통 임대하다 명 집세	☐ **accommodate**	통 수용하다
☐ **reschedule**	통 일정을 변경하다	☐ **admission**	명 입장(료)
☐ **damaged**	형 손상된	☐ **on view**	전시 중인
☐ **technician**	명 기술자	☐ **misplace**	통 잘못 놓다
☐ **electronics**	명 전자제품	☐ **relocate**	통 이전하다, 이동하다

VOCA Quiz) 각 단어의 뜻에 해당하는 알파벳을 괄호 안에 쓰세요.

1. real estate ( )   2. damaged ( )   3. inspect ( )

4. transfer ( )   5. vacant ( )   6. out of stock ( )

ⓐ 수용하다   ⓑ 빈   ⓒ 부동산   ⓓ 재고가 없는

ⓔ 점검하다   ⓕ 유효한   ⓖ 손상된   ⓗ 환승하다

Answer 1. ⓒ 2. ⓖ 3. ⓔ 4. ⓗ 5. ⓑ 6. ⓓ

■ 잘 외워지지 않는 단어는 박스에 체크하여 복습하세요.

☐ **opinion** 　명 의견 　　　☐ **guideline** 　명 지침

☐ **approve** 　동 승인하다 　　☐ **result** 　명 결과

☐ **response** 　명 응답 　　　☐ **personnel** 　명 직원

☐ **inquiry** 　명 문의 　　　☐ **workspace** 　명 업무 공간

☐ **instead** 　부 대신에 　　　☐ **satisfaction** 　명 만족

☐ **expect** 　동 기대하다, 예상하다 　☐ **departure** 　명 출발(편)

☐ **remind** 　동 상기시키다 　　☐ **apologize** 　동 사과하다

☐ **reply** 　동 응답하다 　　　☐ **luggage** 　명 짐, 수하물

☐ **fund-raising** 　명 모금 　　☐ **release** 　동 출시하다

☐ **venue** 　명 장소 　　　☐ **unique** 　형 독특한, 특별한

☐ **deal with** 　～을 대하다, 다루다 　☐ **launch** 　명 개시 동 개시하다

☐ **security** 　명 보안 　　　☐ **memorable** 　형 기억할 만한

VOCA Quiz 　각 단어의 뜻에 해당하는 알파벳을 괄호 안에 쓰세요.

1. result (　) 　　2. opinion (　) 　　3. personnel (　)
4. security (　) 　　5. response (　) 　　6. venue (　)

ⓐ 출시하다 　　ⓑ 의견 　　ⓒ 결과 　　ⓓ 장소
ⓔ 응답 　　ⓕ 지침 　　ⓖ 보안 　　ⓗ 직원

Answer 1. ⓒ 2. ⓑ 3. ⓗ 4. ⓖ 5. ⓔ 6. ⓓ

■ 잘 외워지지 않는 단어는 박스에 체크하여 복습하세요.

☐ profit	명 수익	☐ at no cost	무료로
☐ professional	형 전문적인	☐ complimentary	형 무료의
☐ traffic report	명 교통 방송	☐ wrap up	마무리 짓다
☐ alternative	형 대체의	☐ conduct	동 수행하다, 이끌다
☐ be blocked	(길 · 교통 등이) 막히다	☐ renew	동 갱신하다
☐ public transportation	명 대중교통	☐ oversee	동 감독하다
☐ delay	명 지연 동 지연시키다	☐ reimbursement	명 상환
☐ route	명 도로, 노선	☐ target	명 목표, 대상
☐ lane	명 차선, 좁은 길	☐ goal	명 목표, 목적
☐ take a detour	우회하다	☐ development	명 개발
☐ feature	명 특징	☐ contribute to	~에 기여하다
☐ advantage	명 장점	☐ distribute	동 나누어 주다, 배부하다

VOCA Quiz 각 단어의 뜻에 해당하는 알파벳을 괄호 안에 쓰세요.

1. renew ( ) 2. professional ( ) 3. complimentary ( )
4. route ( ) 5. oversee ( ) 6. development ( )

ⓐ 전문적인 ⓑ 무료의 ⓒ 갱신하다 ⓓ 도로, 노선
ⓔ 감독하다 ⓕ 개발 ⓖ 특징 ⓗ 대체의

Answer 1. ⓒ 2. ⓐ 3. ⓑ 4. ⓓ 5. ⓔ 6. ⓕ

■ 잘 외워지지 않는 단어는 박스에 체크하여 복습하세요.

☐ **consultant** 명 상담가

☐ **useful** 형 유용한

☐ **for free** 무료로

☐ **payment** 명 대금

☐ **complete** 동 완료하다

☐ **terms** 명 조건

☐ **take place** 개최하다

☐ **passenger** 명 승객

☐ **firm** 명 회사

☐ **divide** 동 나누다

☐ **limit** 동 제한하다

☐ **discount** 명 할인

☐ **offer** 동 제안하다

☐ **contract** 명 계약 동 계약하다

☐ **construct** 동 건설하다

☐ **expense** 명 비용

☐ **exhibition** 명 전시회

☐ **competitor** 명 경쟁자

☐ **identification** 명 신분증

☐ **assist** 동 지원하다, 돕다

☐ **technology** 명 기술

☐ **beneficial** 형 유익한

☐ **foundation** 명 재단

☐ **local** 형 지역의

VOCA Quiz 각 단어의 뜻에 해당하는 알파벳을 괄호 안에 쓰세요.

1. exhibition ( )　　2. useful ( )　　3. assist ( )

4. local ( )　　5. complete ( )　　6. terms ( )

ⓐ 조건　　　　　ⓑ 전시회　　　　　ⓒ 지역의　　　　　ⓓ 완료하다

ⓔ 지원하다, 돕다　　ⓕ 상담가　　　　　ⓖ 유용한　　　　　ⓗ 비용

Answer 1. ⓑ 2. ⓖ 3. ⓔ 4. ⓒ 5. ⓓ 6. ⓐ

■ 잘 외워지지 않는 단어는 박스에 체크하여 복습하세요.

☐ suitcase	명 여행 가방	☐ immediately	부 즉시
☐ borrow	동 빌리다	☐ department	명 부서
☐ missing	형 없어진	☐ experience	명 경력
☐ choose	동 선택하다	☐ promote	동 홍보하다
☐ order	명 주문	☐ recommend	동 추천하다
☐ status	명 상태	☐ attractive	형 매력적인
☐ committee	명 위원회	☐ gather	동 모으다
☐ select	동 선발하다, 선정하다	☐ pick up	~을 찾다
☐ receive	동 받다	☐ copy	명 사본
☐ engineering	명 공학	☐ encourage	동 권하다
☐ field	명 분야	☐ provide	동 제공하다
☐ hire	동 고용하다	☐ suggestion	명 제안

VOCA Quiz 각 단어의 뜻에 해당하는 알파벳을 괄호 안에 쓰세요.

1. promote (　) 　 2. suitcase (　) 　 3. committee (　)
4. gather (　) 　 5. borrow (　) 　 6. encourage (　)

ⓐ 권하다 　 ⓑ 경력 　 ⓒ 홍보하다 　 ⓓ 빌리다
ⓔ 분야 　 ⓕ 모으다 　 ⓖ 여행 가방 　 ⓗ 위원회

Answer 1. ⓒ 2. ⓖ 3. ⓗ 4. ⓕ 5. ⓓ 6. ⓐ

■ 잘 외워지지 않는 단어는 박스에 체크하여 복습하세요.

☐ **machine**	명 기계	☐ **innovate**	동 혁신하다
☐ **lost**	형 유실된	☐ **strict**	형 엄격한
☐ **recover**	동 복구하다	☐ **develop**	동 개발하다
☐ **understand**	동 이해하다	☐ **addition**	명 추가
☐ **instruction**	명 지시, 설명	☐ **durable**	형 튼튼한, 내구성이 있는
☐ **reserved**	형 예약된	☐ **confirm**	동 확정하다
☐ **security guard**	명 경비원	☐ **budget**	명 예산
☐ **required**	형 요구되는	☐ **district**	명 지구, 구역
☐ **lock**	동 잠그다	☐ **policy**	명 정책
☐ **protect**	동 보호하다	☐ **effect**	명 효과 동 초래하다
☐ **considerate**	형 사려 깊은	☐ **introduce**	동 도입하다, 소개하다
☐ **mistakenly**	부 실수로	☐ **successive**	형 연속적인

VOCA Quiz 각 단어의 뜻에 해당하는 알파벳을 괄호 안에 쓰세요.

1. budget ( )   2. develop ( )   3. addition ( )
4. machine ( )   5. policy ( )   6. required ( )

··

ⓐ 추가   ⓑ 정책   ⓒ 이해하다   ⓓ 요구되는
ⓔ 예약된   ⓕ 예산   ⓖ 기계   ⓗ 개발하다

Answer 1. ⓕ 2. ⓗ 3. ⓐ 4. ⓖ 5. ⓑ 6. ⓓ

■ 잘 외워지지 않는 단어는 박스에 체크하여 복습하세요.

☐ **properly** 부 제대로

☐ **occupy** 동 사용하다

☐ **vendor** 명 노점상

☐ **obtain** 동 구하다, 얻다

☐ **item** 명 물품

☐ **feature** 명 기능
동 특징으로 삼다

☐ **citizen** 명 시민

☐ **facility** 명 시설

☐ **elect** 동 선출하다

☐ **spokesperson** 명 대변인

☐ **mayor** 명 시장

☐ **manufacturer** 명 제조업체

☐ **regulation** 명 규정

☐ **area** 명 지역

☐ **installation** 명 설치

☐ **currently** 부 현재

☐ **require** 동 필요로 하다

☐ **employ** 동 고용하다

☐ **handle** 동 처리하다

☐ **plant** 명 공장

☐ **post** 동 게시하다

☐ **region** 명 지역

☐ **serve** 동 제공하다

☐ **housing** 명 주택

VOCA Quiz 각 단어의 뜻에 해당하는 알파벳을 괄호 안에 쓰세요.

1. mayor (   )   2. post (   )   3. properly (   )
4. facility (   )   5. handle (   )   6. employ (   )

ⓐ 시장   ⓑ 제공하다   ⓒ 게시하다   ⓓ 처리하다
ⓔ 시설   ⓕ 물품   ⓖ 고용하다   ⓗ 제대로

■ 잘 외워지지 않는 단어는 박스에 체크하여 복습하세요.

☐ **efficiently** 뷰 효율적으로

☐ **ceremony** 명 행사

☐ **improve** 동 향상시키다

☐ **quality** 명 품질

☐ **material** 명 자재

☐ **avoid** 동 피하다

☐ **postpone** 동 연기하다

☐ **speech** 명 연설

☐ **manual** 명 설명서

☐ **set up** 설치하다

☐ **manage** 동 관리하다

☐ **upgrade** 동 개선하다

☐ **replace** 동 교체하다

☐ **false** 형 허위의, 거짓의

☐ **alarm** 명 경보

☐ **prevent** 동 방지하다

☐ **briefly** 뷰 간단히

☐ **operate** 동 가동하다

☐ **occur** 동 발생하다

☐ **various** 형 다양한

☐ **complaint** 명 불만사항

☐ **submit** 동 제출하다, 제기하다

☐ **real estate** 명 부동산

☐ **funding** 명 자금

(**VOCA Quiz**) 각 단어의 뜻에 해당하는 알파벳을 괄호 안에 쓰세요.

1. complaint (　　) 　 2. replace (　　) 　 3. alarm (　　)

4. upgrade (　　) 　 5. manual (　　) 　 6. ceremony (　　)

ⓐ 개선하다 　　 ⓑ 행사 　　 ⓒ 품질 　　 ⓓ 설명서

ⓔ 불만사항 　　 ⓕ 교체하다 　　 ⓖ 경보 　　 ⓗ 방지하다

■ 잘 외워지지 않는 단어는 박스에 체크하여 복습하세요.

□ head	동 가다, 향하다	□ seek	동 구하다
□ artwork	명 미술품	□ front desk	명 안내 데스크
□ arrival	명 도착	□ include	동 포함하다
□ direct	동 연출하다	□ detail	동 상세히 알리다 / 명 세부사항
□ discuss	동 논의하다	□ organizer	명 주최자
□ component	명 구성품	□ proud	형 자랑스러운
□ usage	명 사용	□ role	명 직무, 역할
□ quite	부 꽤	□ productivity	명 생산성
□ disappoint	동 실망시키다	□ efficiency	명 효율성
□ transfer	동 환승하다	□ leadership	명 지휘, 지도
□ recycle	동 재활용하다	□ admire	동 존경하다
□ upcoming	형 다가오는	□ propose	동 제안하다

VOCA Quiz 각 단어의 뜻에 해당하는 알파벳을 괄호 안에 쓰세요.

1. seek (   )　　　　2. discuss (   )　　　　3. propose (   )

4. productivity (   )　　5. organizer (   )　　6. efficiency (   )

ⓐ 미술품　　　　ⓑ 주최자　　　　ⓒ 제안하다　　　　ⓓ 논의하다

ⓔ 생산성　　　　ⓕ 구하다　　　　ⓖ 환승하다　　　　ⓗ 효율성

■ 잘 외워지지 않는 단어는 박스에 체크하여 복습하세요.

☐ proposal	명 기획, 제안	☐ training course	명 교육 과정
☐ banquet	명 연회	☐ be open for business	영업 중이다
☐ remove	동 치우다	☐ holiday	명 휴일
☐ lack	명 부족	☐ recall	동 회수하다
☐ space	명 공간	☐ equipment	명 장비
☐ exit	동 나가다, 퇴장하다	☐ major	형 심각한, 주요한
☐ west	명 서쪽	☐ defect	명 결함
☐ journalist	명 기자	☐ participate in	~에 참가하다
☐ launch	동 출시하다	☐ volunteer	명 자원봉사자
☐ investment	명 투자	☐ sign up	등록하다, 신청하다
☐ strategy	명 전략	☐ attract	동 유치하다, 끌어모으다
☐ function	명 기능	☐ visitor	명 관광객, 방문객

(VOCA Quiz) 각 단어의 뜻에 해당하는 알파벳을 괄호 안에 쓰세요.

1. holiday (   )   2. defect (   )   3. remove (   )

4. journalist (   )   5. lack (   )   6. volunteer (   )

ⓐ 장비   ⓑ 부족   ⓒ 결함   ⓓ 휴일

ⓔ 기자   ⓕ 자원봉사자   ⓖ 투자   ⓗ 치우다

Answer 1. ⓓ 2. ⓒ 3. ⓗ 4. ⓔ 5. ⓑ 6. ⓕ

■ 잘 외워지지 않는 단어는 박스에 체크하여 복습하세요.

☐ **participant** 　명 참가자

☐ **turn off** 　끄다

☐ **fully** 　부 온전히

☐ **book** 　동 예약하다

☐ **accounting** 　명 회계

☐ **lack** 　동 부족하다

☐ **enthusiasm** 　명 열정

☐ **negotiation** 　명 협상

☐ **side** 　명 측, 쪽

☐ **outcome** 　명 결과

☐ **incorrect** 　형 잘못된

☐ **turn in** 　제출하다

☐ **senator** 　명 상원 의원

☐ **run for** 　출마하다

☐ **throughout** 　전 전역에, 도처에

☐ **earn** 　동 얻다, 벌다

☐ **reward** 　명 보상

☐ **charge** 　동 충전하다

☐ **exchange** 　동 교환하다

☐ **improve** 　동 개선되다, 나아지다

☐ **be likely to** 　~할 가능성이 있다

☐ **technical** 　형 기술적인

☐ **justly** 　부 정당하게, 바르게

☐ **suddenly** 　부 갑자기

VOCA Quiz 각 단어의 뜻에 해당하는 알파벳을 괄호 안에 쓰세요.

1. technical (　) 2. turn off (　) 3. participant (　)
4. earn (　) 5. outcome (　) 6. reward (　)

ⓐ 끄다 ⓑ 결과 ⓒ 참가자 ⓓ 기술적인
ⓔ 상원 의원 ⓕ 얻다, 벌다 ⓖ 열정 ⓗ 보상

Answer 1. ⓓ 2. ⓐ 3. ⓒ 4. ⓕ 5. ⓑ 6. ⓗ

■ 잘 외워지지 않는 단어는 박스에 체크하여 복습하세요.

☐ itinerary	명 일정	☐ location	명 장소
☐ destination	명 목적지	☐ motivate	동 동기부여하다
☐ order number	명 주문 번호	☐ delay	동 지연시키다
☐ balance	명 잔액	☐ sales	명 영업, 판매
☐ total	명 총액, 합계	☐ analysis	명 분석
☐ item	명 품목	☐ found	동 설립하다
☐ especially	부 주로, 특히	☐ assign	동 임명하다, 배정하다
☐ arrange	동 정하다, 마련하다	☐ reimbursement	명 환급
☐ productive	형 결실 있는, 생산적인	☐ authorized	형 공인된
☐ enroll	동 등록시키다	☐ site	명 현장
☐ thanks to	~ 덕분에	☐ inspect	동 점검하다
☐ annual	형 연례의	☐ adjustable	형 조정 가능한

(**VOCA Quiz**) 각 단어의 뜻에 해당하는 알파벳을 괄호 안에 쓰세요.

1. itinerary ( ) 2. annual ( ) 3. location ( )
4. found ( ) 5. enroll ( ) 6. item ( )

ⓐ 품목 ⓑ 등록시키다 ⓒ 동기부여하다 ⓓ 연례의
ⓔ 설립하다 ⓕ 목적지 ⓖ 장소 ⓗ 일정

Answer 1. ⓗ 2. ⓓ 3. ⓖ 4. ⓔ 5. ⓑ 6. ⓐ

■ 잘 외워지지 않는 단어는 박스에 체크하여 복습하세요.

☐ **appliance** 명 기구, 장치

☐ **brand-new** 형 새로운, 신품의

☐ **manual** 명 설명서

☐ **booklet** 명 소책자, 팸플릿

☐ **up-to-date** 형 최신의, 첨단의

☐ **expiration date** 명 유효기간, 계약 만료일

☐ **list** 명 목록, 명부 동 명단에 올리다

☐ **retire** 동 퇴직하다, 은퇴하다

☐ **forecast** 동 예상하다, 예측하다

☐ **operation** 명 실시, 사업

☐ **qualification** 명 자격, 제한

☐ **remind** 동 다시 알려주다

☐ **in advance** 사전에, 미리

☐ **deal with** 해결하다

☐ **conflicting** 형 상충하는, 충돌하는

☐ **grant** 동 승인되다, 주어지다

☐ **result** 명 결과

☐ **welfare** 명 복지

☐ **benefit** 명 혜택

☐ **resident** 명 주민

☐ **access** 명 접근

☐ **affordable** 형 저렴한, (가격이) 알맞은

☐ **valid** 형 유효한

☐ **steadily** 부 꾸준히

VOCA Quiz 각 단어의 뜻에 해당하는 알파벳을 괄호 안에 쓰세요.

1. up-to-date ( )   2. result ( )   3. remind ( )
4. operation ( )   5. manual ( )   6. deal with ( )

ⓐ 해결하다   ⓑ 혜택   ⓒ 결과   ⓓ 다시 알려주다
ⓔ 최신의, 첨단의   ⓕ 접근   ⓖ 설명서   ⓗ 실시, 사업

Answer 1. ⓔ 2. ⓒ 3. ⓓ 4. ⓗ 5. ⓖ 6. ⓐ

■ 잘 외워지지 않는 단어는 박스에 체크하여 복습하세요.

☐ apron	명 앞치마	☐ remove	동 치우다, 제거하다
☐ empty	형 빈, 비어있는	☐ rack	명 걸이, 선반
☐ assemble	동 조립하다	☐ reach for	~을 향해 손을 뻗다
☐ mop	동 대걸레로 닦다, 청소하다	☐ suitcase	명 여행 가방
☐ install	동 설치하다, 설비하다	☐ wipe	동 닦다, 훔치다
☐ pier	명 부두	☐ adjust	동 조정하다, 적응하다
☐ beverage	명 음료	☐ garage	명 차고, 주차장
☐ bulletin board	명 게시판	☐ document	명 서류
☐ examine	동 살펴 보다, 조사하다	☐ load	동 싣다, 태우다
☐ fold	동 접다	☐ sweep	동 쓸다, 털다
☐ ladder	명 사다리	☐ counter	명 조리대, 계산대
☐ vehicle	명 차량, 운송 수단	☐ take off	벗다

VOCA Quiz 각 단어의 뜻에 해당하는 알파벳을 괄호 안에 쓰세요.

1. fold (   )   2. empty (   )   3. adjust (   )
4. pier (   )   5. wipe (   )   6. counter (   )

ⓐ 조정하다, 적응하다   ⓑ 빈, 비어있는   ⓒ 서류   ⓓ 치우다, 제거하다
ⓔ 닦다, 훔치다   ⓕ 접다   ⓖ 조리대, 계산대   ⓗ 부두

Answer 1. ⓕ 2. ⓑ 3. ⓐ 4. ⓗ 5. ⓔ 6. ⓖ

🎧 VOCA_D02.mp3

■ 잘 외워지지 않는 단어는 박스에 체크하여 복습하세요.

☐ **aisle**	명 통로	☐ **permit**	명 허가(증)
☐ **cabinet**	명 수납장, 진열장	☐ **fee**	명 요금, 수수료
☐ **accounting**	명 회계	☐ **reserve**	동 예약하다
☐ **lead**	동 이끌다	☐ **take over**	동 넘겨받다, 맡다
☐ **deliver**	동 배달하다	☐ **prefer**	동 ~을 (더) 선호하다, 좋아하다
☐ **assign**	동 배치하다, 맡기다	☐ **status**	명 상황; 지위
☐ **client**	명 고객, 의뢰인	☐ **on sale**	할인 중인, 판매 중인
☐ **bill**	명 계산서, 고지서	☐ **due**	형 마감인, 만기의; ~ 때문인
☐ **be supposed to**	~하기로 되어 있다	☐ **subscription**	명 구독, 가입
☐ **approval**	명 승인, 인정	☐ **keynote speaker**	명 기조 연설자
☐ **department**	명 부서, 부처	☐ **shipment**	명 수송품, 적하물; 선적, 배송
☐ **contact**	동 연락하다 명 연락처	☐ **receive**	동 받다

VOCA Quiz 각 단어의 뜻에 해당하는 알파벳을 괄호 안에 쓰세요.

1. receive ( )   2. cabinet ( )   3. client ( )
4. reserve ( )   5. status ( )   6. aisle ( )

ⓐ 고객, 의뢰인   ⓑ 받다   ⓒ 통로   ⓓ 승인, 인정
ⓔ 구독, 가입   ⓕ 예약하다   ⓖ 상황; 지위   ⓗ 수납장, 진열장

Answer 1. ⓑ 2. ⓗ 3. ⓐ 4. ⓕ 5. ⓖ 6. ⓒ

■ 잘 외워지지 않는 단어는 박스에 체크하여 복습하세요.

☐ **expense**	명 비용, 경비	☐ **additional**	형 추가의
☐ **fabric**	명 천, 직물	☐ **commute**	동 통근하다
☐ **process**	명 과정, 절차	☐ **expire**	동 만료되다, 끝나다
☐ **legal**	형 법률의, 합법적인	☐ **payment**	명 지불, 납부
☐ **on-site**	형 현장의	☐ **fill out**	작성하다, 기입하다
☐ **reject**	동 거절하다, 거부하다	☐ **malfunction**	명 오작동, 기능 부전
☐ **furniture**	명 가구	☐ **equipment**	명 장비, 설비
☐ **merchandise**	명 상품	☐ **supplier**	명 공급업체, 공급자
☐ **location**	명 곳, 장소	☐ **reduce**	동 줄이다, 축소하다
☐ **colleague**	명 (직장) 동료	☐ **demonstration**	명 시연; (시범) 설명
☐ **facility**	명 시설, 기능	☐ **patent**	명 특허(권) 형 전매특허의
☐ **receipt**	명 영수증	☐ **review**	동 검토하다 명 (재)검토

VOCA Quiz 각 단어의 뜻에 해당하는 알파벳을 괄호 안에 쓰세요.

1. commute ( )   2. facility ( )   3. expire ( )
4. expense ( )   5. payment ( )   6. colleague ( )

ⓐ 비용, 경비   ⓑ 지불, 납부   ⓒ 통근하다   ⓓ 만료되다, 끝나다
ⓔ 영수증   ⓕ 시설, 기능   ⓖ (직장) 동료   ⓗ 천, 직물

Answer 1. ⓒ 2. ⓕ 3. ⓓ 4. ⓐ 5. ⓑ 6. ⓖ

■ 잘 외워지지 않는 단어는 박스에 체크하여 복습하세요.

☐ **extra**　형 추가의
　　　　　　명 추가되는 것

☐ **coworker**　명 동료, 협력자

☐ **ingredient**　명 재료, 성분

☐ **refreshments**　명 다과, 가벼운 식사

☐ **reliable**　형 믿을 만한, 믿을 수 있는

☐ **emphasize**　동 강조하다

☐ **express**　동 나타내다　형 급행의

☐ **fulfill**　동 이행하다, 충족시키다

☐ **financial**　형 금융의, 재정의

☐ **manufacturer**　명 생산업체, 제조업자

☐ **athletic**　형 운동의, 체육의

☐ **complete**　동 완성하다
　　　　　　　형 완전한

☐ **job fair**　명 취업 설명회

☐ **medical**　형 의료의, 의학의

☐ **author**　명 작가, 저자

☐ **trail**　명 등산로, 자취

☐ **complaint**　명 불평, 불평거리

☐ **certificate**　명 자격(증), 증명서

☐ **human resources**　명 인사부, 인적 자원

☐ **recommendation**　명 권고, 추천

☐ **extend**　동 연장하다

☐ **avoid**　동 피하다

☐ **finalize**　동 마무리하다, 완결하다

☐ **urgent**　형 긴급한, 다급한

VOCA Quiz　각 단어의 뜻에 해당하는 알파벳을 괄호 안에 쓰세요.

1. financial (　　)　　2. emphasize (　　)　　3. complaint (　　)

4. ingredient (　　)　　5. urgent (　　)　　6. coworker (　　)

ⓐ 연장하다　　　ⓑ 불평, 불평거리　　ⓒ 의료의, 의학의　　ⓓ 동료, 협력자

ⓔ 재료, 성분　　　ⓕ 금융의, 재정의　　ⓖ 긴급한, 다급한　　ⓗ 강조하다

■ 잘 외워지지 않는 단어는 박스에 체크하여 복습하세요.

☐ **detail**	명 세부 사항	☐ **permission**	명 허가
☐ **committee**	명 위원회	☐ **section**	명 (신문 등의) 난, 부분
☐ **information**	명 정보	☐ **capacity**	명 생산 능력, 용량
☐ **expert**	명 전문가	☐ **device**	명 장치, 도구
☐ **market**	명 시장	☐ **service**	명 서비스
☐ **ability**	명 능력	☐ **purpose**	명 목적, 용도
☐ **effort**	명 노력	☐ **range**	명 종류, 범위, 다양성
☐ **average**	명 평균	☐ **intention**	명 의도, 의지
☐ **opportunity**	명 기회	☐ **request**	명 신청, 요청
☐ **income**	명 수입, 소득	☐ **aspect**	명 면, 측면
☐ **selection**	명 모음, 선정(된 것), 선택	☐ **type**	명 종류, 유형
☐ **option**	명 선택(권)	☐ **knowledge**	명 지식

VOCA Quiz 각 단어의 뜻에 해당하는 알파벳을 괄호 안에 쓰세요.

1. purpose (　　) 　　2. permission (　　) 　　3. aspect (　　)

4. device (　　) 　　5. detail (　　) 　　6. information (　　)

....

ⓐ 시장　　　　　ⓑ 정보　　　　　ⓒ 목적, 용도　　　　ⓓ 기회

ⓔ 허가　　　　　ⓕ 장치, 도구　　　ⓖ 면, 측면　　　　ⓗ 세부 사항

Answer 1. ⓒ 2. ⓔ 3. ⓖ 4. ⓕ 5. ⓗ 6. ⓑ

■ 잘 외워지지 않는 단어는 박스에 체크하여 복습하세요.

☐ **decide**	통 결정하다	☐ **claim**	통 주장하다
☐ **accept**	통 받아들이다, 수용하다	☐ **perform**	통 실시하다, 행하다
☐ **demand**	통 요구하다	☐ **implement**	통 시행하다
☐ **connect**	통 연결하다, 잇다	☐ **serve**	통 제공하다, 차려 내다
☐ **support**	통 지원하다, 지지하다	☐ **accomplish**	통 완수하다, 달성하다
☐ **occupy**	통 차지하다	☐ **reveal**	통 드러내 보이다, 밝히다
☐ **continue**	통 계속되다	☐ **measure**	통 측정하다
☐ **donate**	통 기부하다	☐ **explore**	통 답사하다, 탐험하다
☐ **attend**	통 참석하다	☐ **consider**	통 고려하다, 숙고하다
☐ **anticipate**	통 예상하다	☐ **address**	통 제기하다, 처리하다
☐ **evaluate**	통 평가하다	☐ **conclude**	통 마치다, 끝내다
☐ **respond**	통 답장을 보내다, 응답하다	☐ **allow**	통 가능하게 하다, 허락하다

VOCA Quiz 각 단어의 뜻에 해당하는 알파벳을 괄호 안에 쓰세요.

1. implement (　　)   2. anticipate (　　)   3. measure (　　)

4. address (　　)   5. conclude (　　)   6. demand (　　)

ⓐ 제기하다, 처리하다   ⓑ 요구하다   ⓒ 시행하다   ⓓ 측정하다

ⓔ 기부하다   ⓕ 평가하다   ⓖ 예상하다   ⓗ 마치다, 끝내다

Answer 1. ⓒ 2. ⓖ 3. ⓓ 4. ⓐ 5. ⓗ 6. ⓑ

■ 잘 외워지지 않는 단어는 박스에 체크하여 복습하세요.

□ popular	형 인기 있는, 대중적인	□ previous	형 이전의, 앞의
□ necessary	형 필요한	□ certain	형 확신하는, 틀림없는
□ entire	형 전체의	□ superior	형 (~보다) 우수한
□ acceptable	형 받아들일만한, 만족스러운	□ reasonable	형 합리적인, 타당한
□ last	형 지난, 마지막의	□ accurate	형 정확한, 정밀한
□ flexible	형 융통성 있는, 유연한	□ primary	형 주된, 주요한
□ daily	형 매일의 부 매일, 나날이	□ capable	형 가능한, 유능한
□ confident	형 확신하는, 자신감 있는	□ proud	형 자랑스러워하는, 자랑할 만한
□ early	형 이른, 빠른	□ former	형 예전의, 과거의
□ objective	형 객관적인	□ mandatory	형 의무적인, 강제의
□ initial	형 초기의, 처음의	□ eligible	형 ~의 자격이 있는, 적격의
□ accessible	형 접근 가능한, 이용 가능한	□ sufficient	형 충분한

VOCA Quiz 각 단어의 뜻에 해당하는 알파벳을 괄호 안에 쓰세요.

1. initial (   )　　　2. early (   )　　　3. superior (   )
4. necessary (   )　　5. objective (   )　　6. former (   )

ⓐ (~보다) 우수한　　ⓑ 가능한, 유능한　　ⓒ 예전의, 과거의　　ⓓ 이른, 빠른
ⓔ 초기의, 처음의　　ⓕ 객관적인　　　　ⓖ 필요한　　　　　ⓗ 정확한, 정밀한

■ 잘 외워지지 않는 단어는 박스에 체크하여 복습하세요.

☐ effectively	튀 실질적으로, 효과적으로	☐ especially	튀 특히, 유난히
☐ patiently	튀 참을성 있게	☐ punctually	튀 시간을 엄수하여, 정각에
☐ highly	튀 매우, 크게	☐ originally	튀 원래, 처음에
☐ carefully	튀 조심스럽게, 신중히	☐ regularly	튀 자주, 정기적으로
☐ instantly	튀 즉시	☐ mutually	튀 서로, 상호 간에
☐ extremely	튀 대단히, 극도로	☐ thoroughly	튀 철저히, 완전히
☐ generally	튀 대개, 일반적으로	☐ unfortunately	튀 안타깝게도
☐ closely	튀 면밀히, 가까이	☐ exactly	튀 정확히, 틀림없이
☐ quickly	튀 빠르게, 곧	☐ properly	튀 제대로, 올바로
☐ eventually	튀 결국, 끝내	☐ temporarily	튀 일시적으로, 임시로
☐ promptly	튀 지체 없이, 시간을 엄수하여	☐ shortly	튀 곧, 얼마 안 되어
☐ rapidly	튀 빠르게, 급속히	☐ nearly	튀 거의

VOCA Quiz   각 단어의 뜻에 해당하는 알파벳을 괄호 안에 쓰세요.

1. patiently (   )   2. eventually (   )   3. thoroughly (   )
4. highly (   )   5. mutually (   )   6. nearly (   )

ⓐ 제대로, 올바로   ⓑ 철저히, 완전히   ⓒ 결국, 끝내   ⓓ 매우, 크게
ⓔ 빠르게, 급속히   ⓕ 참을성 있게   ⓖ 거의   ⓗ 서로, 상호 간에

Answer 1. ⓕ 2. ⓒ 3. ⓑ 4. ⓓ 5. ⓗ 6. ⓖ

🎧 VOCA_D09.mp3

■ 잘 외워지지 않는 단어는 박스에 체크하여 복습하세요.

☐ local	형 지역의, 현지의	☐ settle	형 끝내다, 해결하다
☐ achievement	명 성취, 업적	☐ representative	명 대리인, 대표
☐ issue	명 문제, 쟁점, (발행)호	☐ potential	형 잠재적인, 가능성이 있는
☐ executive	명 경영진, 경영 간부	☐ notify	동 알리다, 통지하다
☐ lease	명 임대차 (계약) 동 임대하다	☐ publicize	동 발표하다, 알리다
☐ acknowledge	동 인정하다	☐ procedure	명 절차, 방법
☐ limited	형 제한된	☐ obtain	동 얻다, 달성하다
☐ agreement	명 계약, 동의	☐ qualified	형 자격을 갖춘
☐ present	동 수여하다, 주다	☐ resolve	동 해결하다
☐ in advance	전에, 미리	☐ supervisor	명 관리자, 감독관
☐ requirement	명 필요조건, 필요	☐ vendor	명 판매업체
☐ multiple	형 다수의, 많은	☐ specialist	명 전문의, 전문가

VOCA Quiz 각 단어의 뜻에 해당하는 알파벳을 괄호 안에 쓰세요.

1. limited ( )   2. notify ( )   3. settle ( )
4. achievement ( )   5. publicize ( )   6. in advance ( )

ⓐ 발표하다, 알리다   ⓑ 전에, 미리   ⓒ 알리다, 통지하다   ⓓ 제한된
ⓔ 성취, 업적   ⓕ 인정하다   ⓖ 끝내다, 해결하다   ⓗ 판매업체

Answer 1. ⓓ 2. ⓒ 3. ⓖ 4. ⓔ 5. ⓐ 6. ⓑ

■ 잘 외워지지 않는 단어는 박스에 체크하여 복습하세요.

☐ **anniversary**	명 ~주년, 기념일	☐ **maintain**	동 유지하다
☐ **private**	형 전용의, 개인의	☐ **deposit**	명 보증금
☐ **verify**	동 (정확한지) 확인하다, 입증하다	☐ **upcoming**	형 곧 있을, 다가오는
☐ **article**	명 기사, 글	☐ **frequently**	부 자주
☐ **critical**	형 중요한, 비판적인	☐ **trial**	형 시범의, 시험적인
☐ **authorize**	동 ~을 인가하다	☐ **industry**	명 ~업, 산업
☐ **annual**	형 연간의, 연례의	☐ **condition**	명 조건, 상태
☐ **establish**	동 설립하다, 수립하다	☐ **determine**	동 밝히다, 결정하다
☐ **concern**	동 걱정시키다	☐ **property**	명 부동산, 재산
☐ **assistant**	명 조수	☐ **resident**	명 주민, 거주자
☐ **guarantee**	명 품질 보증서 동 보장하다	☐ **restore**	동 복구하다, 회복시키다
☐ **confirm**	동 확정하다, 확인하다	☐ **specific**	형 구체적인, 명확한

VOCA Quiz 각 단어의 뜻에 해당하는 알파벳을 괄호 안에 쓰세요.

1. deposit (　　)　　　　2. private (　　)　　　　3. resident (　　)

4. property (　　)　　　　5. article (　　)　　　　6. assistant (　　)

ⓐ 기사, 글　　　　ⓑ 걱정시키다　　　　ⓒ 전용의, 개인의　　　　ⓓ 구체적인, 명확한

ⓔ 부동산, 재산　　　ⓕ 주민, 거주자　　　ⓖ 보증금　　　　ⓗ 조수

Answer 1. ⓖ 2. ⓒ 3. ⓕ 4. ⓔ 5. ⓐ 6. ⓗ

memo